HOLDING

VISÃO SOCIETÁRIA, CONTÁBIL E TRIBUTÁRIA

Elaine Cristina de Araujo
Arlindo Luiz Rocha Junior

HOLDING

VISÃO SOCIETÁRIA, CONTÁBIL E TRIBUTÁRIA

2ª Edição

Freitas Bastos Editora

Copyright © 2021 by
Elaine Cristina de Araujo, Arlindo Luiz Rocha Junior.

Todos os direitos reservados e protegidos pela Lei 9.610, de 19.2.1998. É proibida a reprodução total ou parcial, por quaisquer meios, bem como a produção de apostilas, sem autorização prévia, por escrito, da Editora.

Direitos exclusivos da edição e distribuição em língua portuguesa:

Maria Augusta Delgado Livraria, Distribuidora e Editora

Editor: *Isaac D. Abulafia*
Capa e Diagramação: *Jair Domingos de Sousa*

DADOS INTERNACIONAIS PARA CATALOGAÇÃO
NA PUBLICAÇÃO (CIP)

A663h

Araujo, Elaine Cristina de
Holding: visão societária, contábil e tributária / Elaine Cristina de Araujo, Arlindo Luiz Rocha Junior. – 2ª ed. – Rio de Janeiro: Freitas Bastos, 2021.

274 p. ; 23 cm

Inclui bibliografia.

ISBN: 978-65-5675-030-9

1. Administração. 2. Holding. 3. Visão societária. 4. Visão contábil. 5. Visão tributária. I. Rocha Junior, Arlindo Luiz. II. Título.

2018-853   CDD 658   CDU 658

Freitas Bastos Editora

Tel. (21) 2276-4500
freitasbastos@freitasbastos.com
vendas@freitasbastos.com
www.freitasbastos.com

Gratidão eterna à família que nos conduz pelo caminho da ética e do respeito. Aos amigos e aos profissionais que estão ao nosso lado, que nos ensinam, nos apoiam e nos incentivam sempre à escrita e ao estudo.

"A educação é a arma mais poderosa que você pode usar para mudar o mundo".
(Nelson Mandela)

NOTA À 2ª EDIÇÃO

Nesta nova edição repaginamos a maioria dos capítulos para focarmos especificamente no que interessa em relação à Holding.

O capítulo que trata da parte societária foi totalmente modificado para facilitar a compreensão, tendo em vista que esse tipo de empresa segue as regras gerais dos tipos societários existentes.

Quanto à tributação, as normas e informações foram atualizadas, tendo em vista o Regulamento do Imposto de Renda de 2018 e outros dados importantes que verificamos ao longo de nossas pesquisas.

Com todas as modificações efetuadas, ainda mantivemos o nosso objetivo primordial de zelar pela escrita simples e objetiva, visando atender a todos os públicos que se interessam pelo tema.

Desejamos boa leitura!

INTRODUÇÃO

Há algum tempo o tema Holding vem ganhando espaço entre as diversas mídias existentes e se expandindo mais e mais entre os profissionais de diversas áreas.

Tal fato nos levou a pesquisarmos mais o assunto e a descobrirmos a sua vastidão e importância para os negócios atuais.

Sabendo da gama de informações em nossa legislação, percebemos como os dados sobre a matéria estão espalhados, dificultando o conhecimento e a análise.

Assim, reunimos o tema em um livro, prezando a praticidade, objetividade e a 'tradução' da legislação para facilitar o dia a dia dos profissionais de diversas áreas.

A Holding, nada mais é do que uma sociedade que participa do capital de outras sociedades, mediante a detenção de quotas ou ações em seu capital social, onde seus sócios e acionistas têm por finalidade o controle indireto de patrimônio.

O objeto social é bastante variado, não se restringindo apenas a mera participação societária, mas também ao ramo de empreendimentos imobiliários e outros que veremos ao longo do livro.

Procuramos abordar as áreas societária, contábil e tributária, com alguns detalhamentos de situações importantes, que ajudam para a tomada de decisões relativas a um planejamento tributário/contábil/societário, tais como: integralização do capital social com bens e direitos; distribuição de lucros e dividendos; formas de tributação; tipos societários e tratamento contábil da participação societária.

Um assunto específico e bastante discutido na atualidade refere-se ao Investidor-Anjo, que também será abordado e relacionado ao tema principal deste livro.

Acreditamos que um dos principais tópicos está na avaliação do investimento, seja na visão contábil, seja na visão tributária, com a definição de conceitos e demonstrações de forma simples e direta baseadas na legislação vigente.

Dessa forma, esperamos que este livro sirva como uma espécie de guia inicial de orientação para a formação e acompanhamento da empresa Holding, cujas informações são inesgotáveis e se concretizam a cada dia com novas possibilidades.

SUMÁRIO

Capítulo 1 – Conceito, Origem, Finalidade e Visão Geral da Holding 1
   1.1. O que é Holding? 1
   1.2. Origem 3
   1.3. A Holding e suas Classificações 3
      1.3.1. Holding Pura 3
      1.3.2. Holding Mista 4
      1.3.3. Holding Familiar 4
      1.3.4. Holding Imobiliária 5
      1.3.5. Holding Patrimonial ou Sociedade Patrimonial 5
      1.3.6. Holding de Controle 5
      1.3.7. Holding de Participação 5
      1.3.8. Holding de Administração 6
   1.4. Controladora e Controlada 6
   1.5. Grupo de Sociedades 6
   1.6. Tipo Societário 7
   1.7. Objeto Social 8
   1.8. Finalidade 8
   1.9. Blindagem Patrimonial 8
   1.10. Brasil ou Exterior 9
   1.11. Remuneração de Acionistas e Sócios 9
   1.12. Visão Contábil e Tributária 9

Capítulo 2 – Visão Societária da Holding 10
   2.1. Introdução 10
   2.2. Elemento de Empresa 10
      2.2.1. Diferença entre a Sociedade Simples e a Sociedade Empresária 11
      2.2.2. Registro de Holding no Registro Civil das Pessoas Jurídicas (Cartório) 12
   2.3. Sociedade Simples 15

2.3.1. Características 16
2.3.2. Contrato Social 16
2.4. Sociedade Empresária Limitada 17
2.4.1. Sociedade Limitada Unipessoal 18
2.4.2. Características 18
2.4.3. Contrato Social 18
2.4.4. Objetos Possíveis – Pesquisa na Junta Comercial do
Estado de São Paulo 19
2.4.5. Administração de Bens Próprios ou de Terceiros
– Peculiaridade 20
2.4.6. Receita Federal do Brasil – CNAE 20
2.4.7. Formalidades para Constituição 22
2.5. Sociedade Anônima ou por Ações – Breves Considerações 22
2.5.1. Características 23
2.5.2. Estatuto Social 23
2.5.3. Objeto social 23
2.6. Empresa Individual de Responsabilidade Limitada – EIRELI ... 24
2.6.1. Características 24
2.6.1.1. Holding versus EIRELI 25
2.6.2. Contrato Social 25
2.6.2.1. Objeto Social 25
2.7. Natureza Jurídica – CNPJ 26
2.8. Empresário Individual 28
2.9. Grupo de Sociedades – Constituição 29
2.9.1. Constituição 29
2.9.2. Natureza Jurídica – CNPJ 29
2.10. Consórcio de Empresas 30
2.11. Sociedade em Conta de Participação 30
2.12. Alteração Contratual e Extinção 30

Capítulo 3 – Visão Contábil da Holding 32
3.1. Introdução 32
3.2. Coligadas 32
3.3. Controladas 33
3.4. Empreendimentos Controlados em Conjunto (Joint Venture) . 34
3.5. Premissas Básicas para o Tratamento Contábil da Holding 34

3.6. Avaliação do Investimento..35
3.6.1. Investimentos Sujeitos ao Método de Equivalência
       Patrimonial..35
3.6.2. Exceções para Aplicação do Método da Equivalência
       Patrimonial..35
3.6.3. Investimentos Avaliados pelo Método de Custo...................37
3.6.4. Caso Prático de Avaliação do Investimento com Base no
       Método de Equivalência Patrimonial..............................38
3.6.5. Método de Avaliação do Investimento pelo Custo x
       Equivalência Patrimonial..43
3.6.5.1. Classificação Contábil dos Investimentos Avaliados pelo
         Custo..43
3.6.5.2. Diferença entre Método de Custo x Equivalência
         Patrimonial..43
3.6.6. Aspectos Legais e Normativos....................................48
3.6.7. Patrimônio Líquido da Investida Negativo
       (Investimento Zero)..51
3.6.7.1. Tratamento Contábil quando o Patrimônio Líquido
         da Investida estiver Negativo (Passivo a Descoberto)..........51
3.6.7.2. Aspectos Legais e Normativos..................................55
3.7. Desdobramento do Custo de Aquisição (Investimento)..............56
3.7.1. Introdução e Conceito...56
3.7.2. Mais-valia de Ativos Líquidos...................................60
3.7.2.1. Cálculo da Mais-valia..60
3.7.3. Goodwill (Expectativa por Rentabilidade Futura).................62
3.7.3.1. Cálculo do Goodwill..62
3.7.3.2. Lançamento Contábil da Mais-valia e Goodwill..................63
3.7.4. Ganho por Compra Vantajosa......................................63
3.7.4.1. Cálculo do Ganho por Compra Vantajosa.........................63
3.7.4.2. Lançamento Contábil proveniente de Compra Vantajosa....65
3.7.5. Realização da Mais-valia..65
3.7.5.1. Contabilização da Realização da Mais-valia....................65
3.7.6. Realização do Goodwill..66
3.7.7. Ajuste do Valor Justo dos Ativos e Passivos na Data
       da Aquisição do Controle (aquisição).............................67
3.7.7.1. Conceitos Técnicos...67

3.7.7.2. Exemplo de Ajuste a Valor Justo dos Ativos e Passivos na Consolidação da Data da Aquisição do Controle: 68
3.7.8. Classificação no Balanço das Contas Investimento, Mais-valia, Goodwill 76
3.8. Resultados Não Realizados em Operações do Mesmo Grupo ...77
3.9. Notas Explicativas Sobre os Investimentos da Holding e suas Participações em Coligadas e Controladas 82
3.9.1. Introdução 82
3.9.2. Básicas 82
3.9.3. Principais Diretrizes Gerais contidas no Pronunciamento Conceitual Básico – CPC 00 84
3.9.4. Principais Diretrizes Gerais contidas no Pronunciamento Técnico CPC 26 86
3.9.5. Principais Diretrizes Gerais contidas na Lei das Sociedades por Ações (Lei nº 6.404/1976) 88
3.9.6. Informações Complementares – (Orientação Técnica OCPC 07) 89
3.10. Conjunto das Demonstrações Contábeis 90
3.11. Investimentos no Exterior 90
3.11.1. Avaliação de Investimentos no Exterior 90
3.11.2. Conversão das Demonstrações Contábeis e Taxas de Câmbio 92
3.11.2.1. Taxas de Câmbio a serem utilizadas para Conversão das Demonstrações Contábeis 92
3.11.2.2. Conversão dos Ativos e Passivos 93
3.11.2.3. Conversão das Contas do Patrimônio Líquido 93
3.11.2.4. Conversão das Contas de Resultado 94
3.11.3. Exemplo Prático de Conversão das Demonstrações Contábeis da Investida e o Reconhecimento do Resultado de Equivalência Patrimonial 94
3.11.3.1. Conversão das Contas de Resultado 96
3.11.3.2. Conversão das Contas do Ativo e do Passivo 99
3.11.3.3. Conversão das Contas do Patrimônio Líquido 99
3.11.3.4. Apresentação das Demonstrações Contábeis da Investida convertida em Reais 100

3.11.3.5. Reconhecimento da Receita de Equivalência
Patrimonial..101
3.11.3.6. Reconhecimento do Ganho da Variação Cambial............101
3.11.3.7. Movimentação da Conta Investimento..............................101
3.11.3.8. Exemplo Prático de Demonstração dos Resultados
auferidos no Exterior na ECF...102
3.11.4. Atos Legais e Normativos..109
3.11.5. Demonstrativos Fiscais para Lucros auferidos no
Exterior pelas Pessoas Jurídicas Domiciliadas no País..........109
3.11.5.1. Introdução..109
3.11.5.2. Demonstrativo de Resultados no Exterior........................109
3.11.5.3. Demonstrativo de Consolidação.......................................111
3.11.5.4. Demonstrativo de Prejuízos Acumulados no Exterior.....111
3.11.5.5. Demonstrativo de Rendas Ativas e Passivas.....................112
3.11.5.6. Demonstrativo de Estrutura Societária............................115
3.11.5.7. Demonstrativo de Resultados no Exterior Auferidos
por Intermédio de Coligadas em Regime de Caixa..........116

Capítulo 4 – Visão Tributária da Holding...119
4.1. Conceito de Receita Bruta..119
4.1.1. Conceito de Receita Bruta para a Holding...................................120
4.2. Aquisição de Investimento pela Holding..121
4.2.1. Classificação Contábil do Investimento......................................121
4.2.1.1. Investimento Permanente Versus Investimento
Temporário..122
4.2.1.2. Perguntas e Respostas – Investimentos Temporários.........124
4.3. Avaliação de Investimento – Custo de Aquisição.....................125
4.3.1.Tributação...125
4.3.2.Lucro Real..126
4.3.2.1. Lucro Real Calculado por Estimativa (Aplicação
de Percentuais de Presunção Sobre a Receita Bruta)..........127
4.3.2.2. Lucro Real Calculado com Base no Balancete de
Redução ou Suspensão...127
4.3.2.3. Plano de Contas Referencial da Escrituração
Contábil Fiscal – ECF...127
4.3.3. Lucro Presumido..128

4.3.3.1. Plano de Contas Referencial da Escrituração Contábil
    Fiscal – ECF 129
4.4. PIS/Pasep e Cofins 129
4.4.1. PIS/Pasep e Cofins – Regime Cumulativo 129
4.4.1.1. Tratamento dos Lucros e Dividendos na
    EFD-Contribuições – Regime Cumulativo – Análise 130
4.4.1.2. PIS/Pasep e Cofins – Regime Não Cumulativo 132
4.4.1.3. Tratamento dos Lucros e Dividendos na EFD-
    Contribuições – Regime Não Cumulativo – Análise 132
4.4.2. Quadro Sinótico de Tributação – Lucros ou dividendos –
    Investimento Avaliado pelo Custo de Aquisição 134
4.5. Avaliação do Investimento pelo Custo de Aquisição –
    Holding Pura e Holding Mista 134
4.6. Receitas Financeiras..135
4.6.1. Regime Cumulativo 135
4.6.2. Regime Não Cumulativo..136
4.6.3. Juros Sobre o Capital Próprio – Considerações Gerais
    e Distorções em Relação ao Lucro Presumido 137
4.7. Distribuição Disfarçada de Lucros...138
4.8. Avaliação do Investimento pelo Método de Equivalência
    Patrimonial (MEP) 140
4.9. Definição do MEP..140
4.10. Requisitos de Obrigatoriedade ao MEP.................................141
4.11. Desdobramento do Custo de Aquisição 141
4.11.1. Registro em Subcontas 142
4.11.2. Elaboração de Laudo 142
4.11.2.1. Protocolo e Prazo do Laudo 142
4.11.2.2. Dispensa de Registro do Laudo no Cartório...................143
4.11.3. Tratamento do Ganho Proveniente da Compra Vantajosa .144
4.12. Avaliação do Investimento...145
4.13. Ajuste do Valor Contábil do Investimento 146
4.13.1. Ajuste do Valor Contábil do Investimento –
    Sociedades estrangeiras 147
4.13.2. Tratamento Fiscal Patrimônio Líquido da Investida
    Negativo (Passivo a descoberto)......................................147
4.13.3. Ajuste Decorrente de Avaliação a Valor Justo na Investida.147

4.13.3.1. Registro do Ganho..148
4.13.3.2. Utilização de Subconta e Tratamento..............................148
4.13.4. Ajuste do valor do Patrimônio Líquido –
   Ganho Relativo ao Ajuste de Avaliação ao Valor Justo
   na Investida – Cômputo no Lucro real ou Subconta..........149
4.13.5. Ajuste do valor do Patrimônio Líquido – Perda Relativa
   ao Ajuste de Avaliação ao Valor Justo na Investida –
   Compensação e Subcontas...149
4.13.5.1. Registro de Subconta e Tratamento................................150
4.14. Tratamento dos Lucros ou Dividendos Distribuídos
   pela Investida..151
4.15. Tratamento da Redução da Mais-Valia ou Menos-Valia
   e do Goodwill..151
4.16. Aquisição de Participação Societária em Estágios..................152
4.16.1. Utilização de Subcontas..152
4.17. Alienação do Investimento..153
4.18. Extinção da Controlada e seus Reflexos na Holding..............153
4.19. Tratamento para o Lucro Presumido – Avaliação de
   Investimento...157
4.20. Solução de Consulta COSIT nº 204 de 2019 –
   Obrigatoriedade do MEP – Lucro Presumido.......................159
4.21. Súmula CARF 137 – Lucro Presumido – Equivalência
   Patrimonial – Não Tributação..159
4.22. Lucro Presumido – Participação Não Permanente –
   Tributação..159
4.23. MEP – Tributação do PIS/Pasep e da Cofins –
   Regimes Cumulativo e Não Cumulativo................................161
4.24. Incorporação, Fusão e Cisão..161
4.25. Breves Considerações sobre o Ágio e o Deságio....................163
4.26. Tributação em Bases Universais – Participação em
   Investimentos no Exterior – Breve Relato.............................164
3.27. Obrigações Acessórias...172
4.28. Opção pelo Simples Nacional..173
4.29. Concentração em única empresa – Rateio de despesas.........173
4.30. Investidor-Anjo...175
4.30.1. Investidor-Anjo e a Tributação..176

4.30.2. Investidor-Anjo e a Holding 177
4.31. Atividade Imobiliária: Locação, Compra e Venda de Imóveis. 178
4.31.1. Receita de Aluguel de Imóveis Próprios 178
4.31.2. Lucro Presumido – Administração de imóveis próprios –
   Despesas Condominiais, Taxas e Tributos Incidentes
   sobre o Imóvel Administrado. 179
4.32. Atividade Imobiliária – Desconto Condicional Concedido
   por Empresas do Lucro Presumido – Regime de Caixa.........180
4.33. Regime Especial de Tributação – RET 180
4.34. Doação de Bens Imóveis – Empresa do Lucro Presumido 180
4.35. Solução de Consulta Cosit nº 7 de 2021 – Lucro Presumido
   – Atividade Imobiliária – Venda de imóveis – Imobilizado
   – Investimento – Tratamento Tributário....................................181
4.36. Tratamento Contábil sobre os imóveis adquiridos para
   locação e vendidos posteriormente conforme a Solução
   de Consulta Cosit nº 7 /2021 183
4.36.1. Introdução 183
4.36.2. Lançamentos contábeis conforme a Solução de
   Consulta Cosit 7/2021 185
4.36.3. Comparativo da carga tributária conforme a Solução
   de Consulta Cosit 7/2021 (Venda de imóveis dentro e
   fora do Objeto social) 189

Capítulo 5 – Partes Relacionadas – Conceito Contábil e Fiscal 191
5.1. Introdução..191
5.2. Partes Relacionadas Sobre a Ótica Contábil.............................191
5.3. Partes Relacionadas Sobre a Ótica Fiscal..................................193

Capitulo 6 – Lucros e Dividendos..199
6.1. Introdução..199
6.2. Dividendos...199
6.2.1. Exemplo Prático do Cálculo dos Dividendos Obrigatórios ..200
6.3. Lucros 203
6.4. Lucros e Dividendos Distribuídos com Base nos Resultados
   Apurados entre 1º de janeiro de 2008 e 31 de dezembro
   de 2013..203

6.5. Lucros ou Dividendos Apurados no Ano-Calendário de 2014....204
6.5.1. Optante pela Lei nº 12.973/2013..205
6.5.2. Não Optante pela Lei nº 12.973/2013...205
6.6. Lucros e Dividendos Distribuídos com Base nos Resultados Apurados a partir de 1º de janeiro de 2015.............205
6.7. Cálculo dos Lucros e Dividendos para Empresas Tributadas pelo Lucro Presumido..206
6.7.1. Distribuição com Base na Presunção...206
6.7.2. Distribuição com Base no Lucro Apurado pela Contabilidade..206
6.8. Tratamento dos Lucros e Dividendos Recebidos pela Pessoa Física..211
6.9. Tratamento Contábil dos Lucros e Dividendos........................213
6.10. Aspectos Legais e Normativos...213
6.11. Usufruto de ações e quotas – Tributação.................................217

Capítulo 7 – Critérios Gerais Sobre a Responsabilidade dos Sócios e Administradores..219
7.1. Responsabilidade Tributária dos Sócios e Administradores....219
7.2. A Responsabilidade perante o CTN...223
7.3. Responsabilidade Civil..223
7.4. Tabela – Resumo de Responsabilidades dos Sócios e Acionistas – Sociedades em geral..227
7.5. Parecer Normativo COSIT nº 4 de 2018 – Responsabilidade Tributária...229

Capítulo 8 – Integralização do Capital Social....................................231
8.1. Sócios Pessoas Físicas..231
8.2. Sócios Pessoas Jurídicas..231
8.3. Ato Declaratório Interpretativo RFB nº 7 de 2016 – Integralização de Capital de Pessoa Jurídica no Brasil com Cessão de Direito por Residente no Exterior – IRRF e CIDE..233
8.4. Devolução de Capital em Bens e Direitos – Redução do Capital Social Excessivo 233

**Capítulo 9 – A Holding: Planejamentos
e Outras Disposições** 234
   9.1. Vantagens e Desvantagens na Constituição de Holding 234
   9.2. Formação da Holding Imobiliária 237
   9.3. Perguntas e Respostas 237
   9.4. Outras Disposições 244
   9.5. Lei Geral de Proteção de Dados Pessoais 245

BIBLIOGRAFIA 252

SIGLAS

Art. – Artigo
CBE – Capitais Brasileiros no Exterior
CNAE – Classificação Nacional de Atividades Econômicas
COAF – Conselho de Controle de Atividade Financeira
CPC – Comitê de Pronunciamentos Contábeis
CSLL – Contribuição Social sobre o Lucro Líquido
CST – Código da Situação Tributária
CTN – Código Tributário Nacional
DCTF – Dispõe sobre a Declaração de Débitos e Créditos Tributários Federais
DME – Declaração de Operações Liquidadas com Moeda em Espécie
DOU – Diário Oficial da União
ECD – Escrituração Contábil Digital
ECF – Escrituração Contábil Fiscal
FIPECAFI – Fundação Instituto de Pesquisas Contábeis, Atuariais e Financeiras
IN – Instrução Normativa
IRPJ – Imposto de Renda das Pessoas Jurídicas
JCP – Juros sobre o Capital Próprio
Lalur – Livro de Apuração do Lucro Real
LC – Lei Complementar
LSA – Lei das Sociedades Anônimas
MEP – Método da Equivalência Patrimonial

RFB – Secretaria da Receita Federal do Brasil

RIR/99 – Regulamento do Imposto de Renda/1999

SISCOSERV – Sistema Integrado de Comércio Exterior de Serviços, Intangíveis e Outras Operações que Produzam Variações no Patrimônio

STJ – Superior Tribunal de Justiça

CAPÍTULO 1
CONCEITO, ORIGEM, FINALIDADE E VISÃO GERAL DA HOLDING

1.1. O que é Holding?

A expressão Holding origina-se no verbo inglês *to hold* que tem por significado: "controlar", "manter" ou "guardar".

De forma mais direta, pode ser definida como: uma empresa de participação societária (faz parte do quadro societário de outras empresas), gestora de participações, quer por meio de ações (Sociedade Anônima), quer por meio de quotas (Sociedade Limitada).

De acordo com o Oxford Languages:

"empresa que detém a posse majoritária de ações de outras empresas, ger. denominadas subsidiárias, centralizando o controle sobre elas [De modo geral a holding não produz bens e serviços, destinando-se apenas ao controle de suas subsidiárias.]".

É uma investidora. Empresa capitalista!

Seus sócios, geralmente são pessoas físicas que integralizam o capital social com bens e direitos, tendo como retorno legal e lícito, os rendimentos relativos a lucros ou dividendos com isenção do imposto de renda, os juros sobre o capital próprio e o *pro labore*.

Quanto às sócias pessoas jurídicas, estas também possuem o direito aos lucros ou dividendos, juros remuneratórios sobre o capital próprios e a avaliação do investimento.

Basicamente, é uma empresa sócia de uma empresa que como regra geral não realiza nenhuma atividade, apenas controla a outra empresa.

Vejamos a figura a seguir:

União de sócios: Pessoas físicas e/ou pessoas jurídicas

⬇

Constituição da Holding

Objetivo: Controle/ Participação/Patrimônio

⬇

Essa participação pode ou não ser significativa, sendo que em alguns casos a participação pode lhe conferir a administração/controle das sociedades das quais participa.

Sendo assim, a Holding pode ser apenas para investimento ou para "blindagem patrimonial" que veremos no momento oportuno.

De forma bem objetiva é um modelo de negócios.

1.2. Origem

A Holding surgiu com a publicação da Lei nº 6.404/1976 (Lei das S.A. – Sociedades Anônimas), estabelecendo em seu artigo 2º, § 3º, contido no "Capítulo I – Características e Natureza da Companhia ou Sociedade Anônima", o que segue:

"Objeto Social

Art. 2º Pode ser objeto da companhia qualquer empresa de fim lucrativo, não contrário à lei, à ordem pública e aos bons costumes.

§ 1º Qualquer que seja o objeto, a companhia é mercantil e se rege pelas leis e usos do comércio.

§ 2º O estatuto social definirá o objeto de modo preciso e completo.

§ 3º A companhia pode ter por objeto participar de outras sociedades; ainda que não prevista no estatuto, a participação é facultada como meio de realizar o objeto social, ou para beneficiar-se de incentivos fiscais". (grifo nosso)

Ou seja, a sociedade pode ter a participação de forma permanente ou temporária.

1.3. A Holding e suas Classificações

A Holding pode ser classificada como pura, mista, familiar, imobiliária, patrimonial, de controle, de participação e de administração.

Essas classificações serão indicadas nos tópicos a seguir.

1.3.1. Holding Pura

São sociedades não operacionais que têm seu patrimônio composto de ações de outras companhias, cujo objeto social é exclusivamente a titularidade de ações ou de quotas de outras sociedades.

É a sociedade de participação.

Como não desenvolve atividade negocial "operacional", a receita de tais sociedades é composta exclusivamente pelos juros sobre o capital próprio e pela distribuição de lucros, pagos pelas sociedades nas quais têm participação.

Havendo permissão estatutária ou no seu contrato social, ou autorização por meio de reunião ou assembleia dos sócios, a receita poderá resultar de operações realizadas com os títulos que tenham em carteira, como aluguel de ações, aquisição/alienação de participações societárias, debêntures etc.

1.3.2. Holding Mista

Tem-se uma sociedade que não se dedica exclusivamente à titularidade de participação (quotas/ações), todavia, se dedica conjuntamente a atividades empresariais em sentido estrito, ou seja, à produção e/ou circulação de bens, prestação de serviços etc.

1.3.3. Holding Familiar

Não é um tipo específico, mas uma contextualização específica.

Pode ser uma Holding pura ou mista, de administração, organização ou patrimonial; isso é indiferente.

Sua marca característica é servir ao planejamento desenvolvido por seus membros, considerando desafios como organização do patrimônio, administração de bens, otimização fiscal, sucessão hereditária etc.

A opção pela constituição da Holding familiar na forma de sociedade limitada de pessoas pode favorecer aqueles que desejam impedir o ingresso de terceiros estranhos ao quadro societário, mantendo apenas membros da família como sócios.

Sendo este o objetivo da família, a limitada permite atingi-lo, diferente da anônima: "Ao contrário do que se verifica na sociedade anônima típica, em muitas limitadas os sócios se conhecem desde antes da constituição da sociedade, e não raro são amigos ou parentes, frequentam-se". (COELHO, 2008, p. 359.)

Ou seja, fica tudo em família.

Os bens e direitos das pessoas físicas são integralizados ao capital social.

A titularidade desses bens e direitos é transferida para a empresa. Os sócios não são mais "donos" diretos.

Temos a separação patrimonial: os bens dos sócios não se misturam com os bens da empresa.

1.3.4. Holding Imobiliária

Tipo específico de sociedade patrimonial, organizada com o objetivo de ser proprietária de imóveis e para gerir os recebimentosde aluguéis.

1.3.5. Holding Patrimonial ou Sociedade Patrimonial

Tem como objetivo ser proprietária de um determinado patrimônio. É a mais utilizada atualmente, tendo em vista a diminuição de impostos praticados com os meios da elisão fiscal.

Trata-se da utilização da Holding como forma de proteção patrimonial.

Esta aplicação decorre dos riscos e custos elevados de se ter um patrimônio substancial em nome de pessoas físicas. Assim, cria-se uma pessoa jurídica controladora de patrimônio denominada Holding patrimonial.

Esta empresa recebe todos os bens de seus sócios, os quais passam a deter apenas quotas da empresa, sendo ela normalmente constituída sob a forma de uma sociedade.

1.3.6. Holding de Controle

É uma sociedade de participação constituída para deter participações societárias, sem ter o objetivo de controlar outras sociedades.

1.3.7. Holding de Participação

É sociedade de participação, porém, a participação é minoritária, todavia, há interesses pessoais de se continuar em sociedade.

É mais tranquilo deixar que profissionais capacitados administrem e os acionistas/sócios recebem os dividendos/lucros.

1.3.8. Holding de Administração

É sociedade de participação organizada para centralizar a administração de outras sociedades, decidindo planos, metas, orientações etc.

1.4. Controladora e Controlada

Como verificamos em momento anterior, a Holding também pode ser uma sociedade controladora.

Considera-se controlada a sociedade na qual a controladora, diretamente ou por intermédio de outras controladas, é titular de direitos de sócio que lhe assegurem, de modo permanente, preponderância nas deliberações sociais e o poder de eleger a maioria dos administradores (Lei nº 6.404/1976, artigo 243, § 2º).

Esse fato de ser controladora também pode ser verificado na Lei nº 10.406/2002 (Código Civil), Capítulo VIII – Das Sociedades Coligadas, nos artigos 1.097 a 1.101, onde também temos a figura da controlada.

Logo, é controlada:

a) a sociedade de cujo capital outra sociedade possua a maioria dos votos nas deliberações dos quotistas ou da assembleia geral e o poder de eleger a maioria dos administradores;

b) a sociedade cujo controle, referido no inciso antecedente, esteja em poder de outra, mediante ações ou quotas possuídas por sociedades por esta já controladas.

Dessa forma geral, em resumo, a Holding controla outras sociedades.

1.5. Grupo de Sociedades

A sociedade controladora e suas controladas podem constituir, nos termos do Capítulo XXI – Grupo de Sociedades da Lei nº 6.404/1976, o grupo de sociedades, mediante convenção pela qual se obriguem a combinar recursos ou esforços para a realização dos respectivos objetos, ou a participar de atividades ou empreendimentos comuns.

A sociedade controladora, ou de comando do grupo, deve ser brasileira, e exercer, direta ou indiretamente, e de modo permanente, o controle das sociedades filiadas, como titular de direitos de sócio ou acionista, ou mediante acordo com outros sócios ou acionistas.

Capítulo 1 - Conceito, Origem, Finalidade e Visão Geral da Holding 7

As relações entre as sociedades, a estrutura administrativa do grupo e a coordenação ou subordinação dos administradores das sociedades filiadas serão estabelecidas na convenção do grupo, mas cada sociedade conservará personalidade e patrimônios distintos.

No grupo de sociedades, temos a governança corporativa, contudo, cada sociedade mantém a sua autonomia, a personalidade e o patrimônio, observando o Princípio da Entidade.

Vale destacar que o grupo de sociedades não possui personalidade jurídica própria, sendo apenas uma relação interempresarial formalizada, conforme menciona Fábio Ulhoa Coelho em sua obra Manual de Direito Comercial, 23ª ed., p. 257.

1.6. Tipo Societário

A Holding não é um tipo societário específico e não possui nenhuma legislação própria, devendo seguir a regra geral conforme o tipo de empresa.

O artigo 44 do Código Civil (Lei nº 10.406/2002) relaciona as pessoas jurídicas de direito privado, existentes em nosso País.

Observe a tabela abaixo:

Tipo	Previsão legal (Lei nº 10.406/2002)
Associações	artigos 53 a 61
Sociedades	artigos 981 a 1.141
Fundações	artigos 62 a 69
Organizações religiosas	artigo 44, §1º
Partidos políticos	artigo 44, § 3º
Empresa Individual de Responsabilidade Limitada – EIRELI	artigo 980-A

Esses tipos classificam-se em sociedades empresárias (registradas na Junta Comercial) e em sociedades simples (registradas no Registro Civil das Pessoas Jurídicas) conforme as características e as disposições do Código Civil.

Portanto, a **Holding não é uma espécie societária**, sendo uma sociedade com a característica de participar ou controlar outras sociedades.

1.7. Objeto Social

Para a criação de uma Holding, é necessário seguir os preceitos estabelecidos pelo já mencionado Código Civil e pela Lei nº 6.404/1976, com regras de registro determinadas pelo Departamento de Registro Empresarial e Integração – DREI ou Cartório de Registro de Pessoas Jurídicas.

A determinação do objeto social deve ser feita como de toda e qualquer sociedade, e para isso precisa também definir qual a CNAE (Classificação Nacional de Atividades Econômicas) mais adequada.

O objeto social deve ser claro e objetivo, para que a sociedade possa ser caracterizada como Holding.

1.8. Finalidade

A constituição de uma Holding tem por finalidade a organização do patrimônio societário, investimento e/ou proteção do patrimônio.

Sendo muito comum utilizá-la com o objetivo de "blindagem patrimonial".

1.9. Blindagem Patrimonial

No que consiste essa blindagem patrimonial?

Blindagem patrimonial ou proteção patrimonial refere-se ao conjunto de ações preventivas, objetivando defender/resguardar o patrimônio de determinada entidade às contingências externas.

É comum verificarmos uma pessoa física que possui muitos imóveis, se interessar pela constituição de uma Holding.

O motivo desse interesse está ligado à sucessão patrimonial. Por exemplo, quando o pai constitui uma empresa de administração de patrimônio próprio e integraliza o capital social com os bens e direitos que possui.

Isso faz com que, quando da abertura da sucessão hereditária, os herdeiros tenham direito às quotas ou ações da sociedade e não aos bens.

Tal procedimento pode evitar discussões em relação aos bens e contribuir para um planejamento tributário. Mas tratar de família e sucessões sempre requer cuidado, pois o assunto é sensível e pode causar disruptura entre seus membros.

Afinal, cada um tem seu ponto de vista e precisa ser respeitado.

Talvez o ponto negativo dessa blindagem, é a falta de compreensão dos herdeiros em relação aos bens e direitos (patrimônio) da empresa.

Muitas vezes não possuem o conhecimento técnico do princípio da entidade e consequentemente realizam uma confusão patrimonial, podendo até serem responsabilizados pelas obrigações da empresa ou até mesmo acabarem com o patrimônio.

Assim, a criação dessa ferramenta jurídica requer que sejam estabelecidos os objetivos a que ela se destina e orientação para os envolvidos.

1.10. Brasil ou Exterior

A Holding pode participar de sociedades constituídas no Brasil, bem como de sociedades constituídas no exterior, sem que haja qualquer impedimento legal, sempre observando a legislação pertinente.

Também é possível participar do seu quadro societário, pessoas físicas e jurídicas residentes e domiciliadas no exterior, desde que atendam a legislação societária.

1.11. Remuneração de Acionistas e Sócios

Os acionistas e sócios podem ter direito à retirada de *pro labore*, lucros e dividendos, assim como, também, à remuneração dos juros sobre o capital próprio.

1.12. Visão Contábil e Tributária

Na contabilidade, a Holding deve reconhecer o investimento em outras sociedades e se sujeita também a avaliação do investimento.

A tributação segue o mesmo critério de outras sociedades, ou seja, pode ser com base no Lucro Real, Lucro Presumido ou Arbitrado, com algumas diferenças conforme o objeto social determinado.

Com essa visão geral de uma empresa com objeto tão peculiar, agora podemos abordar os tópicos a que nos propomos.

CAPÍTULO 2
VISÃO SOCIETÁRIA DA HOLDING

2.1. Introdução

Como verificamos anteriormente, a Holding não constitui um tipo jurídico (natureza jurídica).

A diferença entre ela e as demais sociedades está no objeto social determinado no Estatuto ou Contrato Social.

Assim, analisaremos os tipos societários que são permitidos para a sua constituição.

Esclarecemos que a nossa intenção não é tratar essas informações de forma minuciosa, mas, sim, focar na criação dos principais pontos dessa sociedade.

2.2. Elemento de Empresa

É muito comum na área societária o uso da expressão "elemento de empresa".

Com base nela é definido o órgão de registro da empresa: Junta Comercial ou Cartório.

Elemento de empresa é uma estrutura organizacional mais complexa da atividade.

Um exemplo mais claro pode ser visto pelo fato de não ocorrer mais a prestação de serviços, mas sim a venda de serviços.

Vejamos um exemplo retirado do Wikipedia, transformado em tabela para simplificar o tema:

Capítulo 2 – Visão Societária da Holding 11

Caso	Objetivo	Elemento de empresa	Órgão para registro
Médico especialista que inicialmente atende em um consultório particular e conta somente com a ajuda de uma secretária.	Presta serviços pessoalmente.	Não tem elemento de empresa.	Registro Civil das Pessoas Jurídica (Cartório)
Expande suas atividades e vê a necessidade de contratar mais médicos especialistas para trabalharem no local, bem como disponibilizar serviços referentes a atividade que exercem, oferecer exames, estrutura hospitalar, atendimento personalizado passando a contar com toda uma equipe de administradores, secretários, serviço de limpeza, setor de Recursos Humanos, advogados. Assim, passa-se a constituir uma empresa, onde o médico que deu início será um elemento da empresa, fará parte do todo. Ou seja, o consultório passou a ter um crescimento em sua estrutura.	Venda de serviços.	Há o elemento de empresa.	Junta Comercial

Havendo o elemento de empresa, o registro da sociedade será na Junta Comercial independente do objeto.

Com o advento do Código Civil de 2002 deixamos de ter a definição do órgão de registro conforme o objeto a ser desenvolvido, de comércio (Junta Comercial) e de prestação de serviços (Cartório).

Hoje, essa determinação baseia-se no elemento de empresa. Se a atividade é mercantil ou não.

Veja a comparação entre a Sociedades Simples e a Sociedade Empresária no tópico a seguir.

2.2.1. Diferença entre a Sociedade Simples e a Sociedade Empresária

Para a escolha do tipo societário de uma pessoa jurídica, é necessário saber a diferença entre as sociedades mais utilizadas: a sociedade simples e a sociedade empresária.

A seguir elaboramos um quadro comparativo:

Sociedade Simples – Características	Sociedade empresária – Características
Pessoalidade na administração da sociedade e no exercício da atividade.	Impessoalidade na administração da sociedade e no exercício da atividade pelos próprios sócios.
Instalações simplificadas.	Estabelecimento complexo.
Regras simplificadas (regime jurídico).	Regras complexas (regime jurídico).
Não está sujeita às regras de falência, sujeitando-se às regras da insolvência civil (regras mais simplificadas).	Sujeita às regras de falência e recuperação judicial previstas pela Lei nº 11.101/2005.

Ou seja, tudo está ligado ao elemento de empresa.

2.2.2. Registro de Holding no Registro Civil das Pessoas Jurídicas (Cartório)

Algumas pessoas possuem dúvida em relação ao órgão competente para registro da Holding.

Para tentar dirimir essa dúvida, o Colégio Registral do Rio Grande do Sul publicou em seu site (https://www.colegioregistralrs.org.br/registro_de_titulos/rcpj-holding-registro-fomos-consultados-sobre-a-possibilidade-de-registro/) uma resposta à consulta feita por um associado, a qual transcrevemos a seguir:

RCPJ – HOLDING – REGISTRO Fomos consultados sobre apossibilidade de registro de HOLDING cuja [...]

CONSULTA:

RCPJ – HOLDING – REGISTRO

Fomos consultados sobre a possibilidade de registro de HOLDING cuja finalidade será administrar os aluguéis de imóveis. Estamos com dúvidas de como proceder. A competência para registro é o Registro de Pessoas Jurídicas ou a Junta Comercial?

HOLDING – NOÇÕES GERAIS

Essa figura jurídica provém do direito inglês, cuja tradição é diferente da nossa escola jurídica, que provém do direito romano.

Não se faz um registro de holding, enquanto espécie ou categoria de pessoa jurídica de direito privado.

O importante na figura empresarial da holding é que ela significa que uma sociedade possui o controle acionário (ou maioria de capital, que também pode ser em quotas, como nas limitadas) em relação a outras tantas sociedades por ela controladas. Ou seja, ela representa o resultado da aquisição de controles acionários de uma controladora em relação às várias controladas.

Pode até mesmo ser criada uma empresa que será encarregada (pela controladora) de administrar os negócios das controladas, mas essa é somente uma das opções de como o poder decisório será exercido. Geralmente é a própria controladora que desempenha esse papel, designando os administradores das controladas.

Essa figura denominada de holding é mais comumente utilizada, entretanto, entre sociedades anônimas (sociedades de capital).

Considerando, então, que holding não é espécie societária, a sociedade controladora deve-se constituir de acordo com uma das formas existentes, a saber:

a) Sociedade simples (Art. 997 e seguintes da Lei nº 10.406/2002);

b) Sociedade limitada (Art. 1.052 e seguintes da Lei nº 10.406/2002);

c) Sociedade em comandita por ações (Arts. 1.090 a 1.092 da Lei nº 10.406/2002 e Arts. 280 a 284 da Lei nº 6.404/1976);

d) Sociedade anônima – capital aberto (Arts. 1.088 e 1.089 da Lei nº 10.406/2002 e Art. 4º da Lei nº 6.404/1976);

e) Sociedade anônima – capital fechado (Arts. 1.088 e 1.089 da Lei nº 10.406/2002 e Art. 4º da Lei nº 6.404/1976).

Quanto ao local de registro, o Código Civil assim define:

Art. 1.150. O empresário e a sociedade empresária vinculam-se ao Registro Público de Empresas Mercantis a cargo das Juntas Comerciais, e a sociedade simples ao Registro Civil das Pessoas Jurídicas, o qual deverá obedecer às normas fixadas para aquele registro, se a sociedade simples adotar um dos tipos de sociedade empresária.

Vejamos em qual destes registros enquadrar as holdings.

Existem duas modalidades de holding:

HOLDING PURA

As holdings puras são criadas com o fim especial de participar como quotista ou acionista de outras empresas, não explorando qualquer outra atividade. O objetivo social consiste somente a participação no capital de outras sociedades.

A holding pura (repetimos: sem exercer outras atividades, a não ser o mero controle de outras sociedades) somente tem uma atuação interna, direcionada às relações mantidas com as sociedades controladas. Relações internas e externas são as que têm lugar entre acionistas, destes para com a sociedade e ainda entre os controladores e a administração da sociedade, enquanto as relações externas são as que se desenvolvem entre a sociedade e os terceiros que com ela contratam ou de alguma forma se relacionam". (Tavares Borba in Direito Societário, 8ª ed., Renovar, p. 508).

Por maior que seja o modo pelo qual organiza suas atividades, a holding pura sempre se restringirá a uma face interna e as eventuais contratações com terceiros também têm por mira produzir efeitos para a autuação no âmbito interno das relações societárias, e não ao mercado.

Relembre-se que cada sociedade se define se qualifica por si, sendo irrelevante a natureza de seus sócios. A sociedade e seus sócios, ainda que por ficção jurídica, constituam realidades autônomas, individualidades próprias, distinguem-se entre si em virtude da atribuição de efeitos consequentes à personificação.

A holding pura terá sempre natureza de sociedade simples, uma vez que estará constantemente agindo como sócia, direcionando suas atividades não ao mercado, mas para o âmbito interno caracterizado pelas relações societárias, salvo se for constituída sob a forma de sociedade por ações.

A holding pura, em decorrência de seu enquadramento como sociedade simples, resulta na sua inscrição no Cartório do Registro Civil de Pessoas Jurídicas e na insubmissão à falência, mas ao processo de insolvência civil.

HOLDING MISTA

Figura que está se tornando comum no Brasil, a holding familiar é uma espécie de holding mista, utilizada principalmente com o objetivo de facilitar a administração dos bens e a sucessão hereditária, garantindo a manutenção do conglomerado de empresas em poder dos descendentes do sucessor.

A preocupação com os negócios da família, bem assim a sua continuidade, tem levado muitas pessoas a constituírem holdings familiares. Essa medida visa principalmente evitar possíveis mudanças de filosofia na gestão dos negócios, advindas em decorrência dos diferentes perfis dos herdeiros, impedindo, inclusive, que problemas familiares atinjam os negócios.

Por meio da holding, o sucessor pode garantir a todos o devido direito à herança, sem prejudicar o andamento dos negócios da família. Para tanto, basta atribuir poderes de voto aos herdeiros mais responsáveis, ou que estejam em sintonia com a filosofia que vem sendo adotada pela empresa. Aos demais herdeiros será permitido o acesso aos proventos gerados pelos negócios, sem participarem de suas decisões.

Na constituição da holding familiar deve-se levar em consideração as mesmas preocupações levantadas no subtópico VI.1 em relação à escolha do tipo societário (S/A ou limitada), de acordo com os interesses e objetivos intentados com sua criação. Faz-se fundamental na elaboração do estatuto ou do contrato social, conforme o caso, também considerar os interesses buscados com a holding.

RESPOSTA:

Prezado associado, segue a resposta:

Em conclusão e resposta ao questionamento, como a finalidade social inclui o recebimento e administração de capital derivado de aluguel de imóveis, tem-se que é uma holding mista, sociedade empresária e, portanto, com registro na Junta Comercial.

Atenciosamente

Colégio Registral do Rio Grande do Sul. Fontes consultadas:

1. Empresa JOTA Contábil www.jotacontabil.com.br

2. Ronald A. Sharp Júnior, professor da Escola da Magistratura e coordenador do LL.M. do Instituto Brasileiro de Mercado de Capitais, todos no Rio de Janeiro – www.irtdpjbrasil.com.br/NEWSITE/Holding.htm

Dessa forma, com base nas definições e informações analisadas até aqui, acreditamos ser possível a determinação do órgão de registro para a Holding.

2.3. Sociedade Simples

A Sociedade Simples está prevista no Código Civil (Lei nº 10.406/2002) a partir do artigo 997 e tem por objeto o não exercício de atividade própria de empresário, ou seja, é uma pessoa jurídica constituída para o exercício de atividade econômica de cunho não empresarial.

Este tipo societário é ideal para pequenas empresas, pois não está sujeito a muitas burocracias.

2.3.1. Características

A sociedade simples tem por características:

- registro no Cartório Civil das Pessoas Jurídicas da Comarca da sede;
- redução da burocracia para sua constituição e manutenção;
- maior controle e decisões mais flexíveis;
- responsabilidade limitada ao capital, desde que conste no contrato;
- sociedade de pessoas (*intuitu personae*);
- não se sujeita à Lei nº 11.101/2005, não podendo pedir recuperação judicial ou extrajudicial. Sujeitando-se ao processo de insolvência civil conforme o Código Civil e o Código de Processo Civil;
- escrituração contábil simplificada;
- indicada para a Holding Familiar, Holding Pura.

2.3.2. Contrato Social

A configuração de uma Sociedade Simples como Holding está no objeto social estipulado no contrato social.

O contrato social, por sua vez, deve ser elaborado com observância do Código Civil e as orientações do Cartório, podendo ter cláusulas elaboradas para atender aos interesses dos sócios, desde que não afrontem direitos.

Como a nossa finalidade é focar no objeto social para caracterizar a empresa em estudo, suprimimos o modelo do contrato social exemplificado na 1ª edição, para sermos objetivos.

Cláusula que trata do objeto social: A sociedade terá como objetivo social a prestação de serviços de____. (o objeto deverá ser claro, detalhado e preciso).

> 📢 Atenção para o objeto da holding conforme já analisamos anteriormente:

→ Cláusula para caracterização da Holding Pura:

A sociedade terá como objetivo social a participação no capital de outras sociedades, de forma permanente.

→ Cláusula para caracterização da Holding Mista:

A sociedade terá como objetivo social a participação no capital de outras sociedades, de forma permanente; a administração e locação de imóveis próprios.

Ou seja, como o registro será no Cartório e tendo em vista e consulta feita ao RCPJ, muito pertinente para o caso, o objeto social precisará ser única e exclusivamente a participação no capital de outras sociedades.

2.4. Sociedade Empresária Limitada

Sociedade limitada é aquela que realiza atividade empresarial, formada por um ou mais sócios que contribuem com moeda ou bens avaliáveis em dinheiro para formação do capital social.

A responsabilidade dos sócios é restrita ao valor do capital social, porém, respondem solidariamente pela integralização da totalidade do capital, ou seja, cada sócio tem obrigação com a sua parte no capital social, no entanto, poderá ser chamado a integralizar as quotas dos sócios que deixaram de integralizá-las.

A sociedade empresária tem por objetivo o exercício de atividade própria de empresário, ou seja, tem atividade econômica necessariamente organizada para a produção ou a circulação de bens e/ou serviços.

Esta é a sociedade por ações ou quotas que precisa ser registrada na Junta Comercial da sede.

2.4.1. Sociedade Limitada Unipessoal

A sociedade unipessoal limitada, nada mais é que uma ramificação da sociedade limitada.

Com a alteração trazida pela Lei nº 13.874 de 2019, que inseriu os parágrafos 1º e 2º ao artigo 1.052 da Lei nº 10.406 de 2002, passamos a ter a oportunidade de constituir a empresa com apenas uma pessoa, seja pessoa física ou pessoa jurídica.

Basicamente o que difere essa sociedade da EIRELI é a que esta não possui capital mínimo.

Para fins de constituição desse tipo societário, observe a Instrução Normativa DREI nº 81 de 2020 e seu Anexo IV.

Pode ser uma boa forma de planejamento.

2.4.2. Características

A sociedade empresária tem por características:
- ✓ registro na Junta Comercial do Estado da sede;
- ✓ responsabilidade limitada ao capital;
- ✓ sociedade de pessoas ou de investimento;
- ✓ sujeição à Lei nº 11.101/2005 (recuperação judicial ou extra-judicial e falência);
- ✓ escrituração contábil completa;
- ✓ indicada para a Holding que além da participação pratique o comércio em geral, como a compra e venda; a venda de serviços; a locação de imóveis.

2.4.3. Contrato Social

Assim, como vimos em relação à Sociedade Simples, para que uma Holding se caracterize como Sociedade Empresária, o objeto social deve estar condizente no contrato social.

A elaboração do contrato social deve ser realizada com observância do Código Civil, as orientações do Departamento Nacional de Registro Empresarial e Integração – DREI, assim como das Juntas Comerciais, podendo ter cláusulas elaboradas para atender aos interesses dos sócios, desde que não afrontem direitos.

Cláusula que trata do objeto social: a sociedade terá como objetivo social a prestação de serviços de____. (o objeto deverá ser claro, detalhado e preciso).

> 📢 Atenção para o objeto da holding conforme o tópico anterior:

→ Cláusula para caracterização da Holding Pura:

A sociedade terá como objetivo social a participação no capital de outras sociedades, de forma permanente.

→ Cláusula para caracterização da Holding Mista:

A sociedade terá como objetivo social a participação no capital de outras sociedades, de forma permanente; a administração e locação de imóveis próprios.

Portanto, como o registro será na Junta Comercial, caracterizando o elemento de empresa, o objeto social indicado e exemplificativo é a participação no capital de outras sociedades, de forma permanente; a administração (importante detalhar), compra e venda de imóveis, e locação de imóveis próprios e outros que os sócios decidirem.

2.4.4. Objetos Possíveis – Pesquisa na Junta Comercial do Estado de São Paulo

A seguir relacionamos alguns objetos de empresas Holding, a partir de pesquisa realizada em fichas cadastrais de empresas, no site da Junta Comercial do Estado de São Paulo – JUCESP:

Incorporação de empreendimentos imobiliários
Construção de edifícios
Serviços de engenharia
Atividades de intermediação e agenciamento de serviços e negócios em geral, exceto imobiliários

Holdings de instituições não-financeiras
Aluguel de imóveis próprios
Compra e venda de imóveis próprios

Holdings de instituições não-financeiras
Gestão de ativos intangíveis não-financeiros
Aluguel de imóveis próprios
Atividades de intermediação e agenciamento de serviços e negócios em geral, exceto imobiliários
Compra e venda de imóveis próprios
Existem outras atividades

Gestão e administração dos negócios das empresas do grupo e holding patrimonial.

2.4.5. Administração de Bens Próprios ou de Terceiros – Peculiaridade

A sociedade que tenha por objeto a administração de bens próprios ou de terceiros pode estar sujeita à inscrição no Conselho Regional de Administração.

Portanto, antes de sua constituição é necessário obter informações perante o referido Conselho.

2.4.6. Receita Federal do Brasil – CNAE

Para a inscrição da empresa na Secretaria da Receita Federal do Brasil e obter o Cadastro Nacional da Pessoa Jurídica – CNPJ é necessário que sejam seguidas as disposições constantes na Instrução Normativa RFB nº 1863/2018.

Contudo, como estamos tratando da Holding, precisamos nos ater à CNAE (Classificação Nacional de Atividades Econômicas).

Assim, indicamos a CNAE que condiz com o objeto social:

→ participação societária com controle acionário:

6462-0/00 – HOLDINGS DE INSTITUIÇÕES NÃO FINANCEIRAS

Esta subclasse compreende: as atividades de entidades econômicas que detêm o controle de capital de um grupo de empresas com atividades preponderantemente não-financeiras. Essas Holdings podem exercer ou não funções de gestão e administração dos negócios das empresas do grupo.

→ Participação societária e outros objetos sociais:

Para a Holding que tem outros objetos sociais, além indicar a CNAE da participação societária, basta determinar a CNAE adequada para os demais objetos.

Exemplo de objeto social mais amplo:

Holdings de instituições não-financeiras;

Gestão de ativos intangíveis não-financeiros;

Aluguel de imóveis próprios;

Atividades de intermediação e agenciamento de serviços e negócios em geral, exceto imobiliários;

Compra e venda de imóveis próprios.

CNAE para cada objeto social:

64.62-0-00 – Holdings de instituições não financeiras

68.10-2-01 – Compra e venda de imóveis próprios

68.10-2-02 – Aluguel de imóveis próprios

68.22-6-00 – Gestão e administração da propriedade imobiliária

77.40-3-00 – Gestão de ativos intangíveis não-financeiros

74.90-1-04 – Atividades de intermediação e agenciamento de serviços e negócios em geral, exceto imobiliários

Uma ferramenta que facilita a locação é a CNAEWeb disponível no site: <http://www.cnae.ibge.gov.br/>.

Caso persistam dúvidas na definição da CNAE, é possível entrar em contato com o IBGE por meio da "Central de Dúvidas".

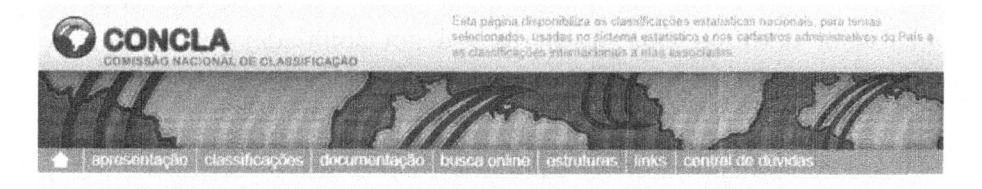

2.4.7. Formalidades para Constituição

A seguir uma orientação geral para as formalidades de registro da Holding, observando que hoje temos na maioria das Juntas Comerciais, uma forma simplificada de abertura que comporta não apenas a Junta, mas também a Receita Federal e outros:

- Junta Comercial ou Cartório;
- Aprovação prévia de órgãos e entidades governamentais, quando for o caso;
- Inscrição nos conselhos de classe, quando for o caso (CREA, CRM, CRC etc.).
- Secretaria da Receita Federal do Brasil;
- Secretaria de Fazenda do Estado;
- Prefeitura Municipal;
- Inscrição no FGTS (Caixa Econômica Federal).

2.5. Sociedade Anônima ou por Ações – Breves Considerações

A sociedade anônima, também chamada de companhia, está regulamentada pela Lei nº 6.404/1976.

Esta sociedade é pessoa jurídica de direito privado composta por dois ou mais acionistas, de natureza eminentemente empresarial, independentemente da atividade econômica desenvolvida por ela (artigo 13 da Lei nº 6.404/1976), em que o capital social é dividido em ações de igual valor nominal, que são de livre negociabilidade, limitando-se a responsabilidade do acionista ao preço de emissão das ações subscritas ou adquiridas.

A companhia poderá ser classificada em aberta ou fechada.

O artigo 4º da Lei das Sociedades Anônimas as distingue:

"Para os efeitos desta lei, a companhia é aberta ou fechada conforme os valores mobiliários de sua emissão estejam ou não admitidos à negociação no mercado de valores mobiliários".

A aberta é aquela em que os valores mobiliários (ações, debêntures, partes beneficiárias etc.) são admitidos à negociação nas bolsas de valores ou mercado de balcão, devendo, portanto, ser registrada e ter seus valores mobiliários registrados perante a CVM (Comissão de Valores Mobiliários), enquanto a fechada não emite valores mobiliários negociáveis nesses mercados.

2.5.1. Características

A sociedade por ações tem por características:
- ✓ registro na Junta Comercial do Estado da sede;
- ✓ capital dividido em ações;
- ✓ sociedade de capital (investimento);
- ✓ responsabilidade de cada acionista pelo preço de emissão das ações que subscrever ou adquirir;
- ✓ sujeição à Lei nº 11.101/2005 (recuperação judicial ou extrajudicial e falência);
- ✓ escrituração contábil completa;
- ✓ nível elevado de burocracia (sociedade de capital aberto) e nível de exigência razoável (sociedade de capital fechado);
- ✓ capital mínimo (sociedade de capital aberto);
- ✓ indicação para a Holding administrativa, grupos empresariais (sociedade de capital aberto) e captação de recursos de terceiros (sociedade de capital aberto).

2.5.2. Estatuto Social

Seja sociedade por ações de capital aberto ou fechado, a constituição deve ocorrer por meio de estatuto social, observando as diversas peculiaridades para este tipo societário.

Os detalhes para sua constituição podem ser verificados no Anexo V – Manual de Registro de Sociedade Anônima da Instrução Normativa DREI nº 81 de 2020.

2.5.3. Objeto social

O objeto social da sociedade anônima, para fins da constituição de Holding é o mesmo utilizado para a sociedade empresária limitada.

2.6. Empresa Individual de Responsabilidade Limitada – EIRELI

A Empresa Individual de Responsabilidade Limitada – EIRELI é aquela constituída por uma única pessoa titular da totalidade do capital social, devidamente integralizado, que não poderá ser inferior a 100 (cem) vezes o maior salário mínimo vigente no País. O titular não responderá com seus bens pessoais pelas dívidas da empresa.

Pode ser constituída tanto por pessoa natural quanto por pessoa jurídica, nacional ou estrangeira.

Do ato constitutivo constituído por pessoa natural deverá constar cláusula com a declaração de que o seu titular não participa de nenhuma outra empresa dessa modalidade.

A constituição por pessoa jurídica impede a constituição de outra com os mesmos sujeitos naturais integrantes a titular, em respeito ao disposto no § 2º do art. 980-A do Código Civil.

Ao nome empresarial deverá ser incluído a expressão "EIRELI" depois da firma ou da denominação social da Empresa Individual de Responsabilidade Limitada.

Essa pessoa jurídica também poderá resultar da concentração das quotas de outra modalidade societária num único sócio, independentemente das razões que motivaram tal concentração.

A EIRELI será regulada, no que couber, pelas normas aplicáveis às sociedades limitadas e pela Instrução Normativa DREI nº 81/2020, Anexo III – Manual de Registro de Empresa Individual de Responsabilidade Limitada – EIRELI (registrada na Junta Comercial) ou pelas normas do Cartório.

2.6.1. Características

A EIRELI tem por características:
- ✓ registro na Junta Comercial do Estado da sede ou no Cartório Civil das Pessoas Jurídicas da Comarca da sede;
- ✓ responsabilidade limitada ao capital;
- ✓ sociedade unipessoal;
- ✓ sujeição à Lei nº 11.101/2005 (recuperação judicial ou extra-judicial e falência);

Capítulo 2 – Visão Societária da Holding

- ✓ escrituração contábil simplificada;
- ✓ capital social mínimo;
- ✓ indicação para a Holding que além da participação pratique o comércio em geral, como a compra e venda.

2.6.1.1. Holding versus EIRELI

O Código Civil (Lei nº 10.406/2002) classifica a EIRELI em seu artigo 44, VI, como pessoa jurídica.

Logo, ela nada mais é que uma sociedade com titular, ou seja, uma pessoa jurídica com apenas um sócio – sociedade unipessoal.

Conforme a Deliberação Jucesp nº 13, de 4 de dezembro de 2012, que traz os Enunciados da Junta Comercial do Estado de São Paulo, temos a disposição que a Empresa Individual de Responsabilidade limitada – EIRELI (Art. 980-A do Código Civil) pode participar, como cotista ou acionista, do capital das sociedades personificadas.

Referida disposição vem para confirmar de que não há impedimento para que essa pessoa jurídica seja constituída como Holding.

2.6.2. Contrato Social

Assim, como as demais sociedades mencionadas ao longo do Capítulo, a EIRELI para se caracterizar como Holding precisa ter o objeto social condizente no contrato social.

O registro ocorrerá na Junta Comercial ou Cartório.

2.6.2.1. Objeto Social

O objeto social da EIRELI a ser constituída como Holding, é o mesmo utilizado para a sociedade empresária limitada, quando o registro ocorrer na Junta Comercial, com observância das disposições já mencionadas.

Todavia, caso a decisão de constituição seja no Cartório Civil das Pessoas Jurídicas da Comarca da sede, o objeto deverá ser conforme as disposições da sociedade simples.

2.7. Natureza Jurídica – CNPJ

No quadro abaixo, relacionamos a natureza jurídica de cada sociedade mencionada ao longo deste capítulo:

Código	Descrição	Abrangência da natureza jurídica
204-6	Sociedade Anônima Aberta	As entidades dotadas de personalidade jurídica de direito privado, de natureza empresária, cujos valores mobiliários de sua emissão estão admitidos à negociação no mercado de valores mobiliários, estando sob a fiscalização da Comissão de Valores Mobiliários (CVM). Compreende também os bancos privados, quando assumirem a natureza jurídica de sociedade anônima aberta; e as Empresas Binacionais Brasileiro-Argentinas (EBBA), quando assumirem a natureza jurídica de sociedade anônima aberta. Esta Natureza Jurídica não compreende as sociedades de crédito ao microempreendedor (ver códigos 205-4 e 206-2).
205-4	Sociedade Anônima Fechada	As entidades dotadas de personalidade jurídica de direito privado, de natureza mercantil, as quais, ao invés das companhias abertas, não contam com a admissão dos valores mobiliários de sua emissão à negociação no mercado de valores mobiliários, não estando sujeitas, portanto, à fiscalização da Comissão de Valores Mobiliários (CVM). Compreende também: • as subsidiárias integrais (artigo 251 da Lei nº 6.404, de 1976); • as sociedades de garantia solidária (artigo 25 da Lei nº 9.841, de 5 de outubro de 1999); • as sociedades de crédito ao microempreendedor (Resolução nº 2.627, de 02 de agosto de 1999, artigo 1º, § 1º, inciso I, do Conselho Monetário Nacional (CMN)); • os bancos privados, quando assumirem a natureza jurídica de sociedade anônima fechada; • as entidades de previdência complementar abertas (artigo 36 da Lei Complementar nº 109, de 29 de maio de 2001); • as Empresas Binacionais Brasileiro-Argentinas (EBBA), quando se revestirem da forma de sociedade anônima fechada.

Código	Descrição	Abrangência da natureza jurídica
206-2	Sociedade Empresária Limitada (Seja com apenas um titular ou para dois ou mais sócios)	As entidades dotadas de personalidade jurídica de direito privado, de natureza empresária, cujo capital social é dividido em quotas, iguais ou desiguais, cabendo uma ou diversas a cada sócio, que responde de forma restrita ao valor de suas quotas, porém todos os sócios respondem solidariamente pela integralização do capital social. A firma ou denominação social é sempre seguida da palavra "limitada" ou "Ltda.". Os seus atos constitutivos, alteradores e extintivo são arquivados na Junta Comercial. Base legal: Código Civil (Lei 10.406 de 10/01/2002, art. 1.052 a 1.087). Esta Natureza Jurídica compreende também: • as sociedades de crédito ao microempreendedor, quando assumirem a natureza jurídica de sociedade de responsabilidade limitada (Resolução CMN n.º 2.627, de 1999, art. 1º, § 1º, inciso II) • as Empresas Binacionais Brasileiro-argentinas (EBBA), quando adotarem a forma de sociedade de responsabilidade limitada. **Esta Natureza Jurídica não compreende as sociedades simples que se revestirem da forma de sociedade de responsabilidade limitada (224-0).**
224-0	Sociedade Simples Limitada	As entidades dotadas de personalidade jurídica de direito privado, com finalidades lucrativas, que têm por objeto o exercício de atividade rural ou intelectual, de natureza científica, literária ou artística, não sujeitas à falência, identificadas por uma denominação ou razão social sempre seguidas da palavra "limitada" ou "Ltda.", cujos atos constitutivos, alteradores e extintivos são registrados no Cartório de Registro Civil das Pessoas Jurídicas, com capital social dividido em quotas, iguais ou desiguais, cabendo uma ou mais a cada sócio, sendo a responsabilidade individual do sócio restrita ao valor de suas quotas, apesar de todos os sócios responderem solidariamente pela integralização do capital social.

Código	Descrição	Abrangência da natureza jurídica
230-5	Empresa Individual de Responsabilidade Limitada (de Natureza Empresária)	A Empresa Individual de Responsabilidade Limitada (EIRELI), cuja natureza seja empresária (não simples), prevista na Lei nº 12.441, de 11.07.2011. Esta Natureza Jurídica não compreende: • a Empresa Individual de Responsabilidade Limitada (EIRELI), cuja natureza seja simples (ver código 231-3); • o Empresário (Individual) (ver código 213-5); • a Empresa Individual Imobiliária (ver código 401-4); • a subsidiária integral; • a empresa pública unipessoal.
213-5	Empresário (Individual)	O empresário pessoa física que exerce profissionalmente atividade econômica, organizada para a produção ou circulação de bens ou de serviços, sem se constituir pessoa jurídica e sem a participação de qualquer sócio, mas que, para fins do Imposto de Renda é equiparado à pessoa jurídica.

2.8. Empresário Individual

O Empresário Individual está previsto no Código Civil, artigos 966 a 980, sujeitando-se apenas ao registro na Junta Comercial.

Para a sua constituição é necessário seguir as disposições da Instrução Normativa DREI nº 81 de 2020, Anexo II – Manual de Registro de Empresário Individual.

Com possibilidades de tipo de empresas, atualmente pode não ser interessante a inscrição como Empresário Individual, tendo em vista de que não há segregação dos bens da pessoa física e os da empresa. Apenas para fins tributários é que existe uma equiparação à pessoa jurídica.

2.9. Grupo de Sociedades – Constituição

Como já verificamos rapidamente, a sociedade controladora e suas controladas podem constituir, nos termos do Capítulo XXI – Grupo de Sociedades da Lei nº 6.404/1976, artigos 265 a 277, grupo de sociedades, mediante convenção pela qual se obriguem a combinar recursos ou esforços para a realização dos respectivos objetos, ou a participar de atividades ou empreendimentos comuns.

A sociedade controladora, ou de comando do grupo, deve ser brasileira, e exercer, direta ou indiretamente, e de modo permanente, o controle das sociedades filiadas, como titular de direitos de sócio ou acionista, ou mediante acordo com outros sócios ou acionistas.

As relações entre as sociedades, a estrutura administrativa do grupo e a coordenação ou subordinação dos administradores das sociedades filiadas serão estabelecidas na convenção do grupo, mas cada sociedade conservará personalidade e patrimônios distintos.

No grupo de sociedades, temos a governança corporativa, contudo, cada sociedade mantém a sua autonomia, a personalidade e o patrimônio, observando o Princípio da Entidade.

Vale destacar que o grupo de sociedades não possui personalidade jurídica própria, sendo apenas uma relação interempresarial formalizada, conforme menciona Fábio Ulhoa Coelho em sua obra Manual de Direito Comercial, 23ª ed., p. 257.

Portanto, nada impede que a Holding constitua um grupo de sociedades com base nas disposições mencionadas.

2.9.1. Constituição

O grupo de sociedades será constituído por convenção aprovada pelas sociedades que o componham, observando os detalhes determinados pela Instrução Normativa DREI nº 81 de 2020, artigos 86 a 89.

2.9.2. Natureza Jurídica – CNPJ

O grupo de sociedades, para fins do CNPJ, possui a natureza jurídica "216-0 – Grupo de Sociedades" que compreende as sociedades que se encontram sob controle comum, a partir de ato formal de constituição (grupo de direito) ou não (grupo de fato), às quais são reservadas as designações "grupo de sociedades" ou "grupo".

Do grupo, apenas participam a controladora e as sociedades que estejam sob seu controle direto ou indireto.

O grupo se constitui mediante uma convenção ou contrato, registrado na Junta Comercial, no qual são declinados os fins almejados, os recursos que serão combinados, as atividades a serem empreendidas em comum, as relações entre as sociedades, a estrutura administrativa do grupo e as condições de coordenação ou de subordinação dos administradores das filiadas à administração geral.

A formação do grupo não conduz à constituição de uma nova sociedade, tanto que não se cria uma pessoa jurídica, não se estabelece um capital comum, não se tem um patrimônio distinto.

2.10. Consórcio de Empresas

Uma Holding também pode participar do Consórcio de Empresas previsto nos artigos 278 e 279 da Lei nº 6.404 de 1976.

As formalidades para sua constituição estão previstas nos artigos 90 a 94 da Instrução Normativa DREI nº 81 de 2020.

A sua natureza jurídica para fins do CNPJ é 215-1 – Consórcio de Sociedades, lembrando que o mesmo não possuirá personalidade jurídica mesmo com o registro na Junta Comercial.

2.11. Sociedade em Conta de Participação

É muito comum a constituição de uma Sociedade em Conta de Participação para fins de empreendimentos imobiliários. Assim, nada impede que uma Holding seja a sócia ostensiva ou até mesmo a participante.

Esse tipo societário não possui personalidade jurídica.

As disposições sobre essa sociedade estão previstas nos artigos 991 a 996 do Código Civil.

Para mais detalhes sobre essa sociedade, desenvolvemos um livro sobre o tema, com o título "Sociedade Em Conta de Participação – Visão Societária, Contábil e Tributária" – 1ª Edição – Freitas Bastos Editora.

2.12. Alteração Contratual e Extinção

Para a alteração contratual ou estatutária, bem como para a extinção da empresa de participações, os procedimentos são os mesmos que devem ser seguidos por outras sociedades com outros objetos. O foco para a alteração deve ser observado em relação ao tipo societário.

Vale lembrar que a Holding também se sujeita à Cisão, Incorporação, Fusão e Transformação.

Dessa forma, finalizamos este capítulo que foi repaginado para fins de objetividade, observando que a principal abordagem foi para fins de análise do objeto social da Holding, lembrando de que ela não constitui um tipo societário.

Capítulo 3
VISÃO CONTÁBIL DA HOLDING

3.1. Introdução

Este capítulo tem como objetivo expor através de casos práticos, os procedimentos de avaliação, reconhecimento e contabilização dos investimentos avaliados pelos métodos de custo e equivalência patrimonial.

É interessante frisar que os procedimentos abordados neste capítulo refletem a visão contábil e para elaboração deste material foram utilizados como base os CPCs abaixo:

Tipo de Documento	ID	Descritivo
CPC	00	Estrutura conceitual para relatório financeiro
CPC	02	Efeitos das mudanças nas taxas de câmbio e conversão de demonstrações contábeis
CPC	15	Combinação de Negócios
CPC	18	Investimento em Coligada, em Controlada e em Empreendimento Controlado em Conjunto
CPC	19	Negócios em Conjunto
CPC	35	Demonstrações Separadas
CPC	36	Demonstrações Consolidadas
ICPC	09	Demonstrações Contábeis Individuais, Demonstrações Separadas, Demonstrações Consolidadas e Aplicação do Método de Equivalência Patrimonial

3.2. Coligadas

É a entidade sobre a qual o investidor tenha influência significativa; influência que se caracteriza com o poder do investidor em participar das decisões politicas operacionais e financeiras da investida, mas sem que haja o controle individual ou conjunto dessas políticas, sendo assim considerada como influência significativa.

Pode ser classificado como influência significativa pela Holding, caso fiquem evidenciadas uma ou mais das seguintes situações:
a) representação no conselho de administração ou na diretoria da investida;
b) participação nos processos de elaboração de políticas, inclusive em decisões sobre dividendos e outras distribuições;
c) operações materiais entre o investidor e a investida;
d) intercâmbio de diretores ou gerentes;
e) fornecimento de informação técnica essencial;
f) a investidora (Holding) é titular de 20% (vinte por cento) ou mais do capital votante da investida, sem controlá-la, neste caso, é considerado influência significativa presumida.

Exemplo 1:

A **empresa Holding Participações Ltda.** detém 5% do capital da **empresa Coligada Ltda.** e participa das tomadas de decisões pelo conselho de administração ou diretoria da empresa Coligada S.A. Por mais que a participação da Holding seja pequena em percentuais, diante do cenário apresentado, o tratamento deste investimento é de Coligada.

Exemplo 2:

A empresa Holding Participações Ltda., participa de 20% do capital da empresa Coligada Ltda. sem controlá-la. Neste caso, é dado a ela a influência significativa presumida caracterizando-a como coligada.

3.3. Controladas

Considera-se controlada a sociedade na qual a controladora, diretamente ou por intermédio de outras controladas, é titular de direitos de sócio que lhe assegurem, de modo permanente, preponderância nas deliberações sociais e o poder de eleger a maioria dos administradores.

Exemplo: a empresa Holding Participações Ltda. participa de 80% do capital da empresa Controlada S/A. Além da Holding ter um percentual de participação significativo sobre a Controlada Ltda., ela participa de todas as tomadas de decisões pelo conselho de administração ou na diretoria. Neste caso, a Holding é controladora e a investida controlada.

3.4. Empreendimentos Controlados em Conjunto (*Joint Venture*)

É um acordo conjunto por meio do qual as partes, que detêm o controle em conjunto do acordo contratual, têm direitos sobre os ativos líquidos desse acordo.

O controle em conjunto pode ter as seguintes formas ou estruturas:
- operações controladas em conjunto;
- ativos controlados em conjunto;
- entidades controladas em conjunto.

Exemplo: as empresas Alfa e Beta adquiriram em conjunto uma plataforma de petróleo (50% para cada um) e um acordo contratual de fabricação e compartilhamento das despesas e receitas deste ativo.

Conforme o exemplo exposto, a forma de controle conjunto desta operação é o **Ativo**.

3.5. Premissas Básicas para o Tratamento Contábil da Holding

Vejamos quais são as premissas para tratamos a Holding:
- ✓ Analisar o tipo de investimento (temporário ou permanente).
- ✓ Verificar qual método de avaliação está obrigado este investimento (Método de Equivalência Patrimonial ou método de custo).
- ✓ Classificar a condição da investida (controlada, coligada ou *joint venture*).
- ✓ Segregar a conta de investimento, conforme o caso:
  - valor do patrimônio líquido do investimento;
  - mais-valia de ativos líquidos (ou menos valia);
  - ágio fundamentado em rentabilidade futura – *Goodwill*.
- ✓ Efetuar a Contabilização do investimento inicial.
- ✓ Ajustar o Patrimônio Líquido da investida caso tenha Lucros Não Realizados dentro das operações entre as empresas do mesmo grupo, para a aplicação do MEP.
- ✓ Ajustar o investimento conforme o Método da Equivalência Patrimonial.
- ✓ Reconhecer o resultado do investimento (lucro ou prejuízo da investida).

- ✓ Elaborar o conjunto das Demonstrações Contábeis individuais e consolidadas conforme o caso (vide o item 3.10. Conjunto das Demonstrações Contábeis).
- ✓ Elaborar notas explicativas.
- ✓ Preencher e cumprir as obrigações acessórias exigidas pelas autoridades fiscais, societária, governamental e etc...

3.6. Avaliação do Investimento

Neste tópico trataremos sobre avaliação do investimento realizado pela Holding.

3.6.1. Investimentos Sujeitos ao Método de Equivalência Patrimonial

Os investimentos em **coligadas, controladas ou empreendimentos controlados em conjunto** devem ser avaliados pelo Método de Equivalência Patrimonial, operação que reconhecerá a participação do investidor na investida conforme a proporção de sua participação, ou seja, se o patrimônio da investida aumenta ou diminui, consequentemente, estes ajustes refletem no investimento realizado pela Holding, que aumentará ou reduzirá a sua participação proporcionalmente.

3.6.2. Exceções para Aplicação do Método da Equivalência Patrimonial

Como regra geral o Método de Equivalência Patrimonial é utilizado para avaliar investimentos em coligadas e controladas, mas, como toda regra tem sua exceção, a Holding não precisa aplicar o Método da Equivalência Patrimonial caso tenha previsão legal de dispensa.

Item 10, CPC 18

10.Pelo método da equivalência patrimonial, o investimento em coligada, em empreendimento controlado em conjunto e em controlada (neste caso, no balanço individual) ***deve ser inicialmente reconhecido pelo custo e o seu valor contábil será aumentado ou diminuído pelo reconhecimento da participação do investidor nos lucros ou prejuízos do período, gerados pela investida depois da aquisição.*** *A participação do investidor no lucro ou prejuízo do período da investida deve ser reconhecida no resultado do período do investidor.*

Itens 17 e 18 do CPC 18

17. A entidade não precisa aplicar o método da equivalência patrimonial aos investimentos em que detenha o controle individual ou conjunto (compartilhado), ou exerça influência significativa, se a entidade for uma controladora, que, se permitido legalmente, estiver dispensada de elaborar demonstrações consolidadas por seu enquadramento na exceção de alcance do item 4(a) da NBC TG 36, ou se todos os seguintes itens forem observados:

(a) a entidade é controlada (integral ou parcial) de outra entidade, a qual, em conjunto com os demais acionistas ou sócios, incluindo aqueles sem direito a voto, foram informados a respeito e não fizeram objeção quanto à não aplicação do método da equivalência patrimonial;

(b) os instrumentos de dívida ou patrimoniais da entidade não são negociados publicamente (bolsas de valores domésticas ou estrangeiras ou mercado de balcão, incluindo mercados locais e regionais);

(c) a entidade não arquivou e não está em processo de arquivamento de suas demonstrações contábeis na Comissão de Valores Mobiliários (CVM) ou outro órgão regulador, visando à emissão e/ou distribuição pública de qualquer tipo ou classe de instrumentos no mercado de capitais; e

(d) a controladora final ou qualquer controladora intermediária da entidade disponibiliza ao público suas demonstrações contábeis consolidadas, elaboradas em conformidade com os Pronunciamentos, Interpretações e Orientações do CPC, em que as controladas são consolidadas ou são mensurados ao valor justo por meio do resultado de acordo com o Pronunciamento Técnico CPC 36.

18. Quando o investimento em coligada, em controlada ou em empreendimento controlado em CPC 18(R2) conjunto for mantido, direta ou indiretamente, pela entidade que seja organização de capital de risco, essa entidade pode adotar a mensuração ao valor justo por meio do resultado para esses investimentos, em consonância com o CPC 48. A entidade deve fazer essa escolha separadamente para cada coligada, controlada ou empreendimento controlado em conjunto em seu reconhecimento inicial.

19. Quando a entidade possuir investimento em coligada ou em controlada, ou em empreendimento controlado em conjunto, cuja par-

cela da participação seja detida indiretamente por meio de organização de capital de risco, a entidade pode adotar a mensuração ao valor justo por meio do resultado para essa parcela da participação no investimento, em consonância com o CPC 48, independentemente de a organização de capital de risco exercer influência significativa sobre essa parcela da participação. Se a entidade fizer essa escolha contábil, deve adotar o método da equivalência patrimonial para a parcela remanescente da participação que detiver no investimento em coligada ou em controlada, ou em empreendimento controlado em conjunto que não seja detida indiretamente por meio de organização de capital de risco.

3.6.3. Investimentos Avaliados pelo Método de Custo

Os investimentos sujeitos ao método de custo geralmente têm participações irrelevante na sociedade e não possuem influência nas decisões políticas financeiras e operacionais da investida e não estão obrigados a mensuração pelo Método de Equivalência Patrimonial.

Uma das principais particularidades do investimento avaliado pelo custo é a forma de reconhecer o lucro da investida; lucro que deve ser reconhecido quando for pago ou deliberado.

Cabe ressaltar que o valor contábil do investimento avaliado pelo método de custo deve ser alterado nas seguintes hipóteses:

- dividendos distribuídos em excesso aos lucros apurados depois da data de aquisição;
- perdas permanentes comprovadas na investida;
- provisão para atender às perdas prováveis na realização do seu valor;
- redução do custo de aquisição ao valor de mercado, quando este for inferior.

Art. 183 da Lei nº 6.404/1976. *No balanço, os elementos do ativo serão avaliados segundo os seguintes critérios:*

I – as aplicações em instrumentos financeiros, inclusive derivativos, e em direitos e títulos de créditos, classificados no ativo circulante ou no realizável a longo prazo: (Redação dada pela Lei nº 11.638, de 2007)

a) pelo seu valor justo, quando se tratar de aplicações destinadas à negociação ou disponíveis para venda; e (Redação dada pela Lei nº 11.941, de 2009)

b) pelo valor de custo de aquisição ou valor de emissão, atualizado conforme disposições legais ou contratuais, ajustado ao valor provável de realização, quando este for inferior, no caso das demais aplicações e os direitos e títulos de crédito; (Incluída pela Lei nº 11.638, de 2007)

II – os direitos que tiverem por objeto mercadorias e produtos do comércio da companhia, assim como matérias-primas, produtos em fabricação e bens em almoxarifado, pelo custo de aquisição ou produção, deduzido de provisão para ajustá-lo ao valor de mercado, quando este for inferior;

III – os investimentos em participação no capital social de outras sociedades, ressalvado o disposto nos artigos 248 a 250, pelo custo de aquisição, deduzido de provisão para perdas prováveis na realização do seu valor, quando essa perda estiver comprovada como permanente, e que não será modificado em razão do recebimento, sem custo para a companhia, de ações ou quotas bonificadas;

Observa-se que o inciso III do artigo 183 da Lei das S.A. prevê um tratamento específico para avaliação de investimento que não se enquadre na obrigatoriedade da aplicação da equivalência patrimonial (coligadas ou controladas).

3.6.4. Caso Prático de Avaliação do Investimento com Base no Método de Equivalência Patrimonial

Para explicar e visualizar melhor os efeitos contábeis das movimentações dos investimentos iremos trabalhar com duas colunas, onde a primeira se refere à Holding e a outra à investida.

Exemplo 1:

Em 01.01.X1 a Holding Participações S.A. adquiriu à vista 25% do capital da Empresa Coligada S.A., pelo valor de R$ 7.500.000,00 (25% do Patrimônio Líquido de R$ 30.000.000,00).

No período X1 a Coligada S.A. teve o seguinte comportamento

Capítulo 3 – Visão Contábil da Holding

Saldo do Patrimônio Líquido em 01.01.X1..........................R$	30.000.000,00
Lucro apurado em 31.12.X1..R$	3.000.000,00
Dividendos pagos em 05.02.X2 ....R$	3.000.000,00

• **Lançamento contábil pela aquisição do investimento**

D- Investimento em coligadas (ativo) (25% do PL de R$ 30.000.000,00)...R$ 7.500.000,00
C- Banco (ativo) ....R$ 7.500.000,00

• **Posição patrimonial depois do lançamento contábil pela aquisição do investimento**

Holding Participações S.A.	Coligada S.A.
Situação em 01.01.X1	Situação em 01.01.X1
Investimento R$ 7.500.000,00 *25% sobre o PL da Coligada S.A	Patrimônio líquido R$ 30.000.000,00

• **Lançamento contábil pelo Lucro apurado na investida em 31.12.X1**

Lucro de R$ 3.000.000,00 x 25 % de participação = R$ 750.000,00
D- Investimento em coligadas (ativo).. R$ 750.000,00
C- Receita de Equivalência Patrimonial (resultado)............... R$ 750.000,00

• **Posição patrimonial depois do lançamento contábil do lucro apurado em 31.12.X1**

Holding Participações S.A.	Coligada S.A.
Situação em 31.12.X1	Situação em 31.12.X1
*Investimento R$ 8.250.000,00	**Patrimônio líquido R$ 33.000.000,00
Investimento Inicial R$ 7.500.000,00 + Lucro de R$ 750.000,00 = R$ 8.250.000,00	

* O investimento da Holding Participações S.A. aumentou em 10%, exatamente o percentual de aumento do patrimônio líquido da Coligada S.A. (**25% sobre PL de R$ 33.000.000,00 da Coligada S.A**).

** A Coligada S.A. fechou o resultado e apurou lucros de R$ 3.000.000,00 no exercício, com isso o patrimônio líquido de R$ 30.000.000,00 passou a ser R$ 33.000.000,00 tendo um aumento de 10% em relação ao saldo do patrimônio líquido em 01.01.X1.

- Cálculo dos dividendos referente ao lucro apurado em 31.12.X1

Holding Participações S.A. Situação em 31.12.X1	Coligada S.A. Situação em 31.12.X1
*Dividendos a Receber: R$ 750.000,00 *25% do lucro apurado de R$ 3.000.000,00	Dividendos a distribuir: R$ 3.000.000,00

- Lançamento contábil pela deliberação e pagamento do lucro apurado em 31.12.X1

Holding Participações S.A.	Coligada S.A.
D- Lucros ou dividendos a receber ....R$ 750.000,00 *C- Investimento em coligadas ....(ativo) R$ 750.000,00 **Pelo Recebimento do lucro** D- Banco ....R$ 750.000,00 C- Lucros ou dividendos a receber ....R$ 750.000,00	D- Lucros (PL)............... R$ 750.000,00 C- Dividendos a distribuir ....R$ 750.000,00 **Pelo pagamento do lucro** D- Lucros a Pagar..........R$ 750.000,00 C- Banco.......................R$ 750.000,00

*Quando a Holding delibera os pagamentos dos Lucros o Investimento deve ser reduzido contra uma conta do ativo.

Capítulo 3 – Visão Contábil da Holding

- **Posição patrimonial depois do lançamento contábil do pagamento dos dividendos**

Holding Participações S.A. Situação em 05.02.X2	Coligada S.A. Situação em 05.02.X2
Banco .... R$ 750.000,00 *Investimento ....R$ 7.500.000,00 Total .... R$ 8.250.000,00	** Patrimônio líquido R$ 30.000.000,00

* Como reflexo do recebimento dos dividendos, a conta investimento reduziu em contrapartida a conta banco aumentou.

É interessante frisar que o lucro ou dividendos recebidos ou creditados reduz o valor contábil do investimento.

+	Valor total do Investimento	R$ 8.250.000,00
(-)	Recebimento dos Lucros	R$ 750.000,00
= **Investimento**		**R$ 7.500.000,00**

** A Coligada S.A. distribuiu 100% do lucro apurado para seus acionistas.

Com as distribuições do lucro apurado, o Patrimônio Líquido da Coligada S.A. reduziu.

Nota

Para simplificar o entendimento não foram considerados as constituições de reservas, ajustes por lucros não realizados e saldos por conta da mais-valia (menos-valia) ou *goodwill*.

Exemplo 2: Investimento com Prejuízo no exercício

Em 01.01.X1 a Holding Participações S.A. adquiriu 25% do capital da Coligada S.A., pelo valor de R$ 7.500.000,00 (25% do Patrimônio líquido R$ 30.000,000,00).

No período X1, a Coligada S.A. teve os seguintes comportamentos:

Saldo do Patrimônio líquido em 01.01.X1 ....R$ 30.000.000,00

Prejuízo apurado em 31.12.X1..R$ 3.000.000,00

- **Lançamento contábil pela aquisição do investimento**

25% do Patrimônio Líquido da Investida de R$ 30.000.000,00
D- Investimento em coligadas (ativo)..R$ 7.500.000,00
C- Banco (ativo)..R$ 7.500.000,00

- **Posição patrimonial depois do lançamento contábil da aquisição do investimento**

Holding Participações S.A. Situação em 01.01.X1	Coligada S.A. Situação em 01.01.X1
Investimento *R$ 7.500.000,00 *25% do PL de 30.000.000,00	Patrimônio líquido ....R$ 30.000.000,00

- **Lançamento contábil pelo Prejuízo apurado no exercício**

Holding Participações S.A.
D- Despesa de Equivalência patrimonial (resultado)...........................R$ 750.000,00
C- Investimento em coligadas (ativo) ....R$ 750.000,00
Item 10, CPC 18 Pelo método da equivalência patrimonial, o investimento em coligada, em empreendimento controlado em conjunto e em controlada (neste caso, no balanço individual) *deve ser inicialmente reconhecido pelo custo e o seu valor contábil será aumentado ou diminuído pelo reconhecimento da participação do investidor nos lucros ou prejuízos do período, gerados pela investida depois da aquisição.* A participação do investidor no lucro ou prejuízo do período da investida deve ser reconhecida no resultado do período do investidor.

- **Posição patrimonial após o Prejuízo apurado em 31.12.X1**

Holding Ltda. Situação em 31.12.X1	Coligada S.A. Situação em 31.12.X1
*Investimento.................. R$ 6.750.000,00	**Patrimônio líquido...R$ 27.000.000,00

*Composição do saldo Investimento

Nota-se que o investimento da Holding reduziu em 10%, exatamente o percentual de redução do patrimônio líquido da Coligada S.A.

+	Valor total do Investimento	R$ 7.500.000,00
(-)	Prejuízo	-R$ 750.000,00
=	Total do Investimento	**R$ 6.750.000,00**

** Patrimônio da Coligada

A Coligada S.A. fechou o resultado e apurou um prejuízo de R$ 3.000.000,00 no exercício, com isso o patrimônio líquido que era de R$ 30.000.000,00 passou a ser R$ 27.000.000,00, reduzindo 10% em relação ao saldo do Patrimônio líquido em 01.01.X1

3.6.5. Método de Avaliação do Investimento pelo Custo x Equivalência Patrimonial

3.6.5.1. Classificação Contábil dos Investimentos Avaliados pelo Custo

Conforme o artigo 183 da Lei nº 6.404/1976, a investidora deverá julgar o tipo de investimento (permanente ou temporário) e, por sua vez, classificá-lo na contabilidade.

Posição patrimonial da conta investimento

ATIVO CIRCULANTE
INVESTIMENTO TEMPORÁRIOS A CURTO PRAZO
Ações ou Quotas
ATIVO NÃO CIRCULANTE INVESTIMENTOS
INVESTIMENTOS AVALIADOS PELO MEP
Investimento em controlada
INVESTIMENTOS AVALIADOS PELO CUSTO
Participação em outros investimentos

3.6.5.2. Diferença entre Método de Custo x Equivalência Patrimonial

Conforme as orientações de avaliação de Equivalência Patrimonial desta obra, uma vez definido o investimento a ser avaliado pelo Método de Equivalência Patrimonial (investimentos em coligadas, controladas e *joint venture*), os demais investimentos deverão ser avaliados pelo método de custo.

Os investimentos avaliados pelo método de custo são mantidos pelo valor histórico, ou seja, pelo valor desembolsado para a aquisição mais taxas, tributos etc.; para investimentos avaliados pela equivalência patrimonial, devem refletir as variações ocorridas no Patrimônio da investida.

Vamos verificar por meio de exemplos práticos as diferenças de tratamentos contábeis para cada método.

Em 01.01.X1 a empresa Investidora S.A. adquiriu 15% das cotas de capital da empresa Investida Ltda., pelo valor de R$ 7.500,00 (15% do patrimônio líquido R$ 50.000,00).

No decorrer do período, o Patrimônio Líquido da Investida Ltda. apresentou as seguintes movimentações:

Saldo do Patrimônio Líquido em 01.01.X1	R$ 50.000,00
Lucro apurado em 31.12.X1	R$ 8.000,00
Dividendo declarado em 31.12.X1, a ser pago em 08.03.X2	R$ 6.000,00
Saldo do Patrimônio Líquido em 31.12.X1 (depois da deliberação do lucro)	R$ 52.000,00

Método de Custo		Método de Equivalência Patrimonial	
01.01.X1		01.01.X1	
D- INVESTIMENTO	R$ 7.500,00	D - INVESTIMENTO	R$ 7.500,00
C- BANCO	R$ 7.500,00	C - BANCO	R$ 7.500,00
31.12.X1		31.12.X1	
D- DIVIDENDO A RECEBER	R$ 900,00	D - INVESTIMENTO	R$ 1.200,00
C- RECEITA – DIVIDENDO	R$ 900,00	C - RECEITA DE EQUIVALÊNCIA	R$ 1.200,00
		D - DIVIDENDO A RECEBER	R$ 900,00
		C - INVESTIMENTO	R$ 900,00
08.03.X2		08.03.X2	
D- BANCO	R$ 900,00	D - BANCO	R$ 900,00
C- DIVIDENDO A RECEBER	R$ 900,00	C - DIVIDENDO A RECEBER	R$ 900,00

Nota

Observa-se que não houve alterações para o investimento avaliado pelo custo, entretanto, o investimento avaliado pelo Método de Equivalência Patrimonial sofreu alterações conforme variação do patrimônio da investida.

Lucro apurado em 31.12.x2	3.000,00
Dividendo declarado em 31.12.x2, a ser pago em 08.03.X3	4.000,00
Saldo do Patrimônio Líquido em 31.12.x2 (depois da deliberação do lucro)	51.000,00

Método de Custo		Método de Equivalência Patrimonial	
31.12x2		31.12.x2	
D- DIVIDENDO A RECEBER	R$ 600,00	D- INVESTIMENTO	R$ 450,00
C- RECEITA DE DIVIDENDO	R$ 450,00	C- RECEITA DE EQUIVALÊNCIA	R$ 450,00
*C- INVESTIMENTO	R$ 150,00		

* O excesso de distribuição de lucro reduz o investimento:
- **Lucro do período (31/12/x 2):**
R$ 3.000,00 x 15% = R$ 450,00
- **Dividendos declarados:**
    R$ 4.000,00 x 15% = R$ 600,00
- **Excesso de lucro:**
    R$ 150,00 = (R$ 600,00 − R$ 450,00)

Pagamento dos lucros ref. ao período X2

08.03.X3		08.03.X3	
D- BANCO	R$ 600,00	D- BANCO	R$ 600,00
C- DIVIDENDO A RECEBER	R$ 600,00	C- DIVIDENDO A RECEBER	R$ 600,00

Prejuízo apurado em 31.12.x3	R$ 1.500,00
Saldo do Patrimônio Líquido em 31.12.x3	R$ 49.500,00

Método de Custo 31.12.X3	Método de Equivalência Patrimonial 31.12.X3
D-PERDA COM INVESTIMENTO R$ 225,00	D- DESPESA R$ 225,00 EQUIVALÊNCIA
C- INVESTIMENTO R$ 225,00	C- INVESTIMENTO R$ 225,00

Aumento de Capital, em julho/X4, respeitando a proporção dos investidores.	30.000,00
Prejuízo apurado em 31.12.X4, provocado por incêndio no depósito (sem seguro)	40.000,00
Saldo do Patrimônio Líquido em 31.12.X4	39.500,00

Método de Custo 31.07.X4		Método de Equivalência Patrimonial 31.07.X4	
D- INVESTIMENTO (15% x R$ 30.000,00)	R$ 4.500,00	D- INVESTIMENTO (15% x R$ 30.000,00)	R$ 4.500,00
C- BANCO	R$ 4.500,00	C- BANCO	R$ 4.500,00
31.12.X4		31.12.X4	
*D- PERDAS COM INVESTIMENTOS	R$ 6.000,00	*D- DESPESA EQUIVALÊNCIA PATRIMONIAL	R$ 6.000,00
C- INVESTIMENTOS	R$ 6.000,00	C- INVESTIMENTO	R$ 6.000,00

*Prejuízo apurado em 31.12.X4, provocado por incêndio no depósito (sem seguro):

R$ 40.000,00* 15% (Participação do investimento) = Perda para ser reconhecida no resultado R$ 6.000,00.

Capítulo 3 – Visão Contábil da Holding

Lucro apurado em 31.12.X5	R$ 18.600,00
Dividendo declarado em 31.12.X5, a ser pago em 08.03.X6	R$ 5.000,00
Saldo em 31.12.X5 (depois da deliberação do dividendo)	R$ 53.100,00

Método de Custo		Método de Equivalência Patrimonial	
31.12. X5		31.12.X5	
D - DIVIDENDO A RECEBER	R$ 750,00	D - INVESTIMENTO	R$ 2.790,00
*C - RECEITA – DIVIDENDO	R$ 750,00	** C- RECEITA – EQUIVALÊNCIA	R$ 2.790,00
		D - DIVIDENDO A RECEBER	R$ 750,00
		C - INVESTIMENTO	R$ 750,00
08.03.X6		08.03.X6	
D - BANCO	R$ 750,00	D - BANCO	R$ 750,00
C - DIVIDENDO A RECEBER	R$ 750,00	C -DIVIDENDO A RECEBER	R$ 750,00

*Dividendos declarados:

R$ 5.000,00 * 15% (Participação do investimento) = R$ 750,00 Receita de Dividendo

**Dividendos declarados:

R$ 18.600,00 * 15% (Participação do investimento) = R$ 2.790,00 Receita de Equivalência

Nota

Para elaboração deste comparativo não foram considerados as regras de obrigatoriedade para aplicação do Método de Equivalência Patrimonial e sim a metodologia para visualizar as variações que ocorrem nos investimentos conforme os fatos contábeis.

Movimentação da Conta Investimento

Método de Custo Situação em 01.01.X1		Método de Equivalência Situação em 01.01.X1	
Investimento	R$ 7.500,00	Investimento	R$ 7.500,00
= Saldo em 08/03/X2	R$ 7.500,00	Resultado de equivalência	R$ 1.200,00
Excesso de lucro	(R$ 150,00)	Recebimento de dividendos	(R$ 900,00)
=Saldo investimento em 08.03.X3	R$7.350,00	= Saldo em 08/03/X2	R$ 7.800,00
Perda do investimento	(R$ 225,00)	Resultado de equivalência	R$ 450,00
= Saldo do investimento em 31.12.x3	R$ 7.125,00	Recebimento de dividendos	(R$ 600,00)
Amento de capital	R$ 4.500,00	= Saldo do investimento em 08.03.X3	R$ 7.650,00
Perda do investimento	(R$ 6.000,00)	Despesa de Equivalência	(R$ 225,00)
= Saldo do investimento em 31.12.X4	R$ 5.125,00	= Saldo do investimento em 31.12.x3	R$ 7.425,00
= Saldo do investimento em 08.03.X5	R$ 5.125,00	Aumento de capital	R$ 4.500,00
		Despesa de Equivalência	(R$ 6.000,00)
		= Saldo do investimento em 31.12.X4	R$ 5.925,00
		Resultado de equivalência	R$ 2.790,00
		Recebimento de dividendos	(R$ 750,00)
		= Saldo do investimento em 08.03.X5	R$ 7.965,00

Nota

Conforme o saldo da conta investimento, podemos visualizar que o investimento avaliado pela equivalência patrimonial está diferente do método de avaliação pelo custo.

3.6.6. Aspectos Legais e Normativos

Lei nº 6.404/1976

Art. 183. No balanço, os elementos do ativo serão avaliados segundo os seguintes critérios:

I – as aplicações em instrumentos financeiros, inclusive derivativos, e em direitos e títulos de créditos, classificados no ativo circulante ou no realizável a longo prazo: (Redação dada pela Lei nº 11.638, de 2007)

Capítulo 3 – Visão Contábil da Holding

    a) pelo seu valor justo, quando se tratar de aplicações destinadas à negociação ou disponíveis para venda; e (Redação dada pela Lei nº 11.941, de 2009)

    b) pelo valor de custo de aquisição ou valor de emissão, atualizado conforme disposições legais ou contratuais, ajustado ao valor provável de realização, quando este for inferior, no caso das demais aplicações e os direitos e títulos de crédito; (Incluída pela Lei nº 11.638, de 2007)

(...)

II – os investimentos em participação no capital social de outras sociedades, ressalvado o disposto nos artigos 248 a 250, pelo custo de aquisição, deduzido de provisão para perdas prováveis na realização do seu valor, quando essa perda estiver comprovada como permanente, e que não será modificado em razão do recebimento, sem custo para a companhia, de ações ou quotas bonificadas;

III – os demais investimentos, pelo custo de aquisição, deduzido de provisão para atender às perdas prováveis na realização do seu valor, ou para redução do custo de aquisição ao valor de mercado, quando este for inferior;

(...)

§ 1º Para efeitos do disposto neste artigo, considera-se valor justo: (Redação dada pela Lei nº 11.941, de 2009)

    a) das matérias-primas e dos bens em almoxarifado, o preço pelo qual possam ser repostos, mediante compra no mercado;

    b) dos bens ou direitos destinados à venda, o preço líquido de realização mediante venda no mercado, deduzidos os impostos e demais despesas necessárias para a venda, e a margem de lucro;

    c) dos investimentos, o valor líquido pelo qual possam ser alienados a terceiros;

    d) dos instrumentos financeiros, o valor que pode se obter em um mercado ativo, decorrente de transação não compulsória realizada entre partes independentes; e, na ausência de um mercado ativo para um determinado instrumento financeiro: (Incluída pela Lei nº 11.638, de 2007)

1) o valor que se pode obter em um mercado ativo com a negociação de outro instrumento financeiro de natureza, prazo e risco similares; (Incluído pela Lei nº 11.638, de 2007)

2) o valor presente líquido dos fluxos de caixa futuros para instrumentos financeiros de natureza, prazo e risco similares; ou (Incluído pela Lei nº 11.638, de 2007)

3) o valor obtido por meio de modelos matemático-estatísticosde precificação de instrumentos financeiros. (Incluído pela Lei nº 11.638, de 2007)

§ 2º A diminuição do valor dos elementos dos ativos imobilizado e intangível será registrada periodicamente nas contas de: (Redação dada pela Lei nº 11.941, de 2009)

a) depreciação, quando corresponder à perda do valor dos direitos que têm por objeto bens físicos sujeitos a desgaste ou perda de utilidade por uso, ação da natureza ou obsolescência;

b) amortização, quando corresponder à perda do valor do capital aplicado na aquisição de direitos da propriedade industrial ou comercial e quaisquer outros com existência ou exercício de duração limitada, ou cujo objeto sejam bens de utilização por prazo legal ou contratualmente limitado;

c) exaustão, quando corresponder à perda do valor, decorrente da sua exploração, de direitos cujo objeto sejam recursos minerais ou florestais, ou bens aplicados nessa exploração.

§ 3º A companhia deverá efetuar, periodicamente, análise sobre a recuperação dos valores registrados no imobilizado e no intangível, a fim de que sejam: (Redação dada pela Lei nº 11.941, de 2009)

I – registradas as perdas de valor do capital aplicado quando houver decisão de interromper os empreendimentos ou atividades a que se destinavam ou quando comprovado que não poderão produzir resultados suficientes para recuperação desse valor; ou (Incluído pela Lei nº 11.638, de 2007)

II – revisados e ajustados os critérios utilizados para determinação da vida útil econômica estimada e para cálculo da depreciação, exaustão e amortização. (Incluído pela Lei nº 11.638, de 2007)

§ 4º Os estoques de mercadorias fungíveis destinadas à venda poderão ser avaliados pelo valor de mercado, quando esse for o costume mercantil aceito pela técnica contábil.

3.6.7. Patrimônio Líquido da Investida Negativo (Investimento Zero)

Neste *tópico trataremos do patrimônio líquido da investida negativo.*

3.6.7.1. Tratamento Contábil quando o Patrimônio Líquido da Investida estiver Negativo (Passivo a Descoberto)

Uma das principais dúvidas geradas entre os profissionais da área é sobre o tratamento contábil para investimento negativo, situação pela qual a coligada ou controlada está com passivo descoberto ou patrimônio líquido negativo (as obrigações da entidade superam os ativos).

Caso seja comprovado que o patrimônio líquido da investida esteja negativo, a investidora deverá julgar suas responsabilidades perante o passivo gerado pela controlada ou coligada. Feita esta análise, a controladora deverá provisionar um passivo.

Se a investida apurar lucros nos períodos subsequentemente, o investidor deverá retomar o reconhecimento de sua participação nesses lucros somente depois do ponto em que a parte que lhe cabe nesses lucros posteriores se igualar à sua participação nas perdas não reconhecidas.

Para simplificar o entendimento, vamos aplicar um caso prático de investimento com saldo zero e nos períodos seguintes a investida continua gerando prejuízos.

Em 01.01.X1, a Holding Participações S.A. adquiriu à vista, 75% de participação da Controlada S.A. por R$ 750.000,00 (75% x Patrimônio líquido R$ 1.000.000,00)

Nos períodos X1, X2 e X3 a Controlada S.A. teve os seguintes comportamentos	
Saldo do Patrimônio Líquido em 01.01.X1	R$ 1.000.000,00
Prejuízo apurado em 31.12.X1	R$ 2.000.000,00
Lucro apurado em 31.12.x2	R$ 2.500.000,00
Absorção do Prejuízo 31.12.x2.	R$ 2.000.000,00
Distribuição de Lucro em 01.03.X3	R$ 500.000,00

• **Lançamento contábil pela aquisição do investimento**

Holding Participações S.A. Operação ocorrida em 01.01.X1	
D- Investimento em controlada (ativo)	R$ 750.000,00
C- Banco (ativo)	R$ 750.000,00

• **Posição patrimonial pela aquisição do investimento**

Holding Participações S.A. Situação em 01.01.X1		Controlada S.A. Situação em 01.01.X1	
*Investimento	R$ 750.000,00	Patrimônio líquido	R$ 1.000.000,00
*(75% do PL R$ 1.000.000,00)			

• **Reconhecimento do prejuízo apurado em 31.12.X1**

Holding Participações S.A. Operação ocorrida em 31.12.X1	
D- Despesa de Equivalência patrimonial (resultado)	R$ 750.000,00
*C- Investimento em controlada (ativo)	R$ 750.000,00

Nota

*A Controlada S.A. teve prejuízo no período de R$ 2.000.000,00, consequentemente, gerou um passivo a descoberto de R$ 1.000.000,00, de acordo com os itens 38 e 39 do CPC 18. A Holding S.A. deve reconhecer em seu resultado este prejuízo até o limite de seu investimento, ou seja, R$ 750.000.00, em seguida reconhecer um passivo até o limite de sua responsabilidade legal.

• **Reconhecimento do passivo por conta do patrimônio líquido negativo da controlada**

Holding Participações S.A.	
Operação ocorrida em 31.12.X1	
D- Despesa por prováveis perdas sobre patrimônio líquido negativo (resultado)	R$ 750.000,00
*C- Provisão para perdas em investimentos – Controlada S.A.	R$ 750.000,00

Nota

*A Holding Participações S.A. deve constituir uma provisão para perda até o limite da sua responsabilidade legal; para este exemplo o limite legal de obrigação da Holding Participações S.A. é proporcional ao seu investimento. Por isso, a Holding Ltda. deve reconhecer um passivo de R$ 750.000,00 (passivo descoberto R$ 1.000.000,00 x 75% participação).

• **Posição patrimonial após o reconhecimento do passivo**

Holding Participações S.A. Situação em 31.01.X1		Controlada S.A. Situação em 31.01.X1	
Investimento em controladas	R$ 0,00	Patrimônio líquido	R$ 1.000.000,00
Provisão para perdas em investimentos	(R$ 750.000,00)	Prejuízo acumulado	(R$ 2.000.000,00)
		Total	(R$ 1.000.000,00)

Observa-se que o Balanço da Holding Participações S.A. espelha a situação patrimonial da investida, ou seja, a conta "investimento" com saldo Zero, igual ao saldo do Patrimônio da investida e consequentemente o reconhecimento de uma obrigação por conta do Passivo a descoberto da investida.

O objetivo desta provisão é refletir a futura saída de recursos da investidora por conta do seu investimento negativo, como a Holding Participações responde por 75% do bônus e ônus da investida, tendo como resultado um balanço que espelha sua real posição financeira.

• **Lucros Futuros e Reversão da provisão**

No período X2, a Controlada S.A. apurou um lucro de R$ 2.500.000,00.

Holding Participações S.A. Operação ocorrida em 31.12.x2	Controlada S.A. Operação ocorrida em 31.12.x2
Reversão da provisão D- Provisão p/perdas em investimentos .... R$ 750.000,00 C- Reversão de Provisão (Resultado) ....R$ 750.000,00 **Reconhecimento do Resultado de equivalência** D- Investimento em controlada (ativo)* R$ 1.125.000,00 C- Receita de Eq. patrimonial (resultado)* R$ 1.125.000,00 * 75% sobre o Patrimônio Líquido de R$ 1.500.000,00 **Reconhecimento do Direito ao Lucro do exercício X2** **D- Lucros a Receber R$ 375.000,00 C- Investimento R$ 375.000,00 ** Cálculo do lucro R$ 500.000,00 x 75% de participação = R$ 375.000,00 **Recebimento de Lucro em 01.03.X3** D- Banco R$ 375.000,00 C- Lucros a Receber R$ 375.000,00	**Reconhecimento do resultado do exercício** D- ARE........................... R$ 2.500.000,00 C- Lucros Acumulados...R$ 2 500.000,00 **Absorção prejuízo do exercício X1 e deliberação do lucro do exercício X2** D- Lucros Acumulados...R$ 2.500.000,00 C- Prejuízo Acumulado...R$ 2.000.000,00 C- Lucros a Distribuir.......*R$ 500.000,00 Atenção: Para simplificar a operação, não foi constituído reservas **Pagamento de lucro para a Holding S.A. em 01.03.X3** D- Lucros a Distribuir .....R$ 375.000,00 C- Banco .... R$ 375.000,00

Nota

*Após o saldo contábil da participação do investidor ser reduzido até zero, as perdas adicionais devem ser consideradas, e um passivo deve ser reconhecido, somente até a extensão das suas obrigações legais ou construtivas (não formalizadas) ou tiver feito pagamentos em nome da investida.

Caso a investida apure lucros nos períodos seguintes, o investidor deve retomar o reconhecimento de sua participação nesses lucros somente após o ponto em que a parte que lhe cabe nesses lucros posteriores se igualar à sua participação nas perdas não reconhecidas.

- **Posição patrimonial após o lucro apurado em X2**

Holding Participações S.A. Situação em 31.01.X1	Controlada S.A. Situação em 31.01.X1
Investimento .... R$ 1.125.000,00 Provisão para perdas em investimentos – R$ 0,00	Patrimônio líquido R$ 1.500.000,00

Depois da absorção do prejuízo, o patrimônio da investida voltou a ficar positivo e com isso o investidor reverte a provisão e aplica a equivalência conforme a posição do patrimônio líquido da investida.

3.6.7.2. Aspectos Legais e Normativos

CPC 18 – Investimento em Coligada, em Controlada e em Empreendimento Controlado em Conjunto (R2)

Item 38

Quando a participação do investidor nos prejuízos do período da coligada ou do empreendimento controlado em conjunto se igualar ou exceder o saldo contábil de sua participação na investida, o investidor deve descontinuar o reconhecimento de sua participação em perdas futuras. A participação na investida deve ser o valor contábil do investimento nessa investida, avaliado pelo método da equivalência patrimonial, juntamente com alguma participação de longo prazo que, em essência, constitui parte do investimento líquido total do investidor na investida. Por exemplo, um componente, cuja liquidação não está planejada, nem tampouco é provável que ocorra num futuro previsível, é, em essência, uma extensão do investimento da entidade naquela investida. Tais componentes podem incluir ações preferenciais, bem como recebíveis ou empréstimos de longo prazo, porém não incluem componentes como recebíveis ou exigíveis de natureza comercial ou quaisquer recebíveis de longo prazo para os quais existam garantias adequadas, tais como empréstimos garantidos. O prejuízo reconhecido pelo método da equivalência patrimonial que exceda o investimento em ações ordinárias do investidor deve ser aplicado aos demais componentes que constituem a participação do investidor na investida em ordem inversa de interesse residual – seniority (isto é prioridade na liquidação).

Item 39

Após reduzir, até zero, o saldo contábil da participação do investidor, perdas adicionais devem ser consideradas, e um passivo deve ser reconhecido, somente na extensão em que o investidor tiver incorrido em obrigações legais ou construtivas (não formalizadas) ou tiver feito pagamentos em nome da investida. Se a investida subsequentemente apurar lucros, o investidor deve retomar o reconhecimento de sua participação nesses lucros somente após o ponto em que a parte que lhe cabe nesses lucros posteriores se igualar à sua participação nas perdas não reconhecidas.

Item 39A

O disposto nos itens 38 e 39 não é aplicável a investimento em controlada no balanço individual da controladora, devendo ser observada a prática contábil que produzir o mesmo resultado líquido e o mesmo patrimônio líquido para a controladora que são obtidos a partir das demonstrações consolidadas do grupo econômico, para atendimento ao requerido quanto aos atributos de relevância e de representação fidedigna (o que já inclui a primazia da essência sobre a forma), conforme dispõem o Pronunciamento Conceitual Básico – Estrutura Conceitual para Elaboração e Divulgação de Relatório Contábil-Financeiro e o Pronunciamento Técnico CPC 26 – Apresentação das Demonstrações Contábeis.

3.7. Desdobramento do Custo de Aquisição (Investimento)

3.7.1. Introdução e Conceito

Com advento das normas internacionais de contabilidade, surge a necessidade de segregar o custo de aquisição do investimento em subcontas. Estas subcontas têm como objetivo demonstrar a origem do ágio (mais-valia e *goodwill*) e controlar sua realização que pode ser pela: amortização, depreciação, exaustão, venda, liquidação, alteração no valor contabilizado, baixa, *impairment* (CPC 01) ou qualquer outra mutação nos registros contábeis desses ativos e passivos.

As referidas subcontas compõem o saldo contábil da conta do investimento em **coligadas** ou controladas, a qual deve figurar no subgrupo **investimentos** do **Ativo Não Circulante** no balanço.

O valor inicial de aquisição para fins contábeis deve ser segregado pelas seguintes subcontas:

- **valor do patrimônio líquido do investimento:** conforme o item 4.64 do CPC 00 (R2) – *Estrutura Conceitual para Elaboração e Divulgação de Relatório Contábil-Financeiro*: "é a participação residual nos ativos da entidade após a dedução de todos os seus passivos.";
- **mais-valia de ativos líquidos**: diferença entre o valor justo e o valor contábil dos ativos líquidos, na data da aquisição da participação;

- ágio fundamentado em rentabilidade futura – **Goodwill**: diferença entre o valor de aquisição e o valor justo dos ativos líquidos (na data da obtenção do controle), se positivo constitui o ágio por rentabilidade futura *(goodwill)* e, se negativa, constitui um ganho;
- **compra vantajosa:** diferença entre o valor de aquisição e o valor justo dos ativos líquidos (na data da obtenção do controle), se negativo constitui compra vantajosa, onde o investidor adquire o investimento que vale mais e paga menos por isso, ganho este que deve ser reconhecido no Resultado.

Item 23 do ICPC 09

1. Na data da obtenção do controle, o montante do investimento decorrente de aquisição de controladas deve ser registrado nas demonstrações contábeis individuais da adquirente de forma segregada, para fins de controle e evidenciação, entre o valor do investimento proporcional ao percentual de participação sobre o patrimônio líquido ajustado conforme item 20 desta Interpretação e o ágio por expectativa de resultado futuro (goodwill), no grupo de Investimentos do ativo não circulante da seguinte maneira:

(a) o valor representado pela aplicação da percentagem de participação adquirida aplicada sobre o patrimônio líquido da adquirida ajustado pelas práticas contábeis da investidora e com ativos e passivos a seus valores justos (inclusive ativos anteriormente não reconhecidos e passivos contingentes que tenham influenciado no preço da operação, conforme item 20). Considerando-se que, como regra, nos registros contábeis originais da entidade adquirida os ativos e passivos permanecem registrados pelos valores contábeis originais da adquirida, sem que sejam refletidos os ajustes pelo valor justo apurados na combinação de negócios, a entidade adquirente deve identificar todos os itens que resultem em diferenças entre os valores contábeis e os valores justos dos ativos e passivos da adquirida para fins de controle de sua realização por amortização, depreciação, exaustão, venda, liquidação, alteração no valor contabilizado, baixa, impairment ou qualquer outra mutação nos registros contábeis desses ativos e passivos. Quando realizadas essas diferenças entre valor contábil e valor justo

de ativos e passivos da adquirida, deve a entidade adquirente realizar sua parte quando do reconhecimento do resultado de equivalência patrimonial. Afinal, o resultado da adquirida terá sido produzido com base nos valores históricos nela registrados, mas para a adquirente esses ativos e passivos terão sido adquiridos por valores justos da data da obtenção do controle.

Esse investimento mensurado pela parte da controladora no valor justo dos ativos líquidos da adquirida, por consequência, deve ser subdividido para fins de controle, na entidade adquirente, em:

(i) parcela relativa à equivalência patrimonial sobre o patrimônio líquido contábil da adquirida; e

(ii) parcela relativa à diferença entre o valor obtido no item (i) acima e a parte da adquirente no valor justo dos ativos líquidos da adquirida, mensurados de acordo com o Pronunciamento Técnico CPC 15, na data da obtenção do controle. Essa parcela representa a mais-valia derivada da diferença entre o valor justo e o valor contábil dos ativos líquidos da adquirida.

(b) o ágio pago por expectativa de rentabilidade futura (goodwill), representado pela diferença positiva entre o valor pago (ou valores a pagar) e o montante líquido proporcional adquirido do valor justo dos ativos e passivos da entidade adquirida.

Notar que esse ágio só deve ser classificado no subgrupo de Intangíveis no balanço consolidado, conforme CPC 04 – Ativo Intangível, nunca no balanço individual, onde deve permanecer no subgrupo de Investimentos; afinal, o goodwill é da adquirida (a capacidade de geração de rentabilidade futura é da adquirida), pago pela adquirente; para esta, individualmente, representa parte do custo de seu investimento, mesmo que sujeito a impairment e, eventualmente, a amortização. Há situações especiais nas hipóteses de aquisição de controle em que o Pronunciamento Técnico CPC 15 – Combinação de Negócios dispõe de forma diferente.

Para melhor visualização do desdobramento do custo de aquisição (investimento inicial), segue dados para elaboração de um caso prático:

Capítulo 3 – Visão Contábil da Holding

Em 01.02.X1 a Holding Participações S.A. adquiriu, 100% do capital da investida Ltda. por R$ 300.000,00, sendo que o valor contábil do patrimônio líquido da investida Ltda. é R$ 100.000,00.

Nota
Diante dos dados apresentados existe um ágio de R$ 200.000,00 (valor da aquisição R$ 300.000,00 – Valor do Patrimônio R$ 200.000,00) que precisa ser identificado e segregado conforme as normas internacionais de contabilidade.

ATIVO	Valor contábil	Valor justo	Diferença
ATIVO CIRCULANTE			
Clientes	R$ 20.000,00	R$ 20.000,00	R$ 0,00
Estoque	R$ 100.000,00	R$ 100.000,00	R$ 0,00
ATIVO NÃO CIRCULANTE			
Imobilizado			
Terreno	R$ 100.000,00	R$ 300.000,00	R$ 200.000,00
ATIVO TOTAL	R$ 220.000,00	R$ 420.000,00	R$ 200.000,00

ATIVO	Valor contábil	Valor justo	Diferença
PASSIVO CIRCULANTE			
Salários a pagar	R$ 20.000,00	R$ 20.000,00	R$ 0,00
Outras contas a pagar	R$ 50.000,00	R$ 50.000,00	R$ 0,00
PASSIVO NÃO CIRCULANTE			
Provisão para desmontagem da máquina	R$ 50.000,00	R$ 50.000,00	R$ 0,00

Patrimônio Líquido	R$ 100.000,00		
Capital	R$ 90.000,00		
Reserva de Capital	R$ 10.000,00		
PASSIVO TOTAL	R$ 220.000,00		R$ 0,00

Nota

Para simplificar o entendimento, não foram considerados os procedimentos previstos no CPC 32 tributos sobre o lucro.

3.7.2. Mais-valia de Ativos Líquidos

3.7.2.1. Cálculo da Mais-valia

A mais-valia de ativos líquidos é a diferença entre o valor justo dos ativos líquidos e o valor contábil, na data da aquisição da participação.

> *Item 23 do ICPC 09 (...)*
>
> *(ii) parcela relativa à diferença entre o valor obtido no item (i parcela relativa à equivalência patrimonial sobre o patrimônio líquido contábil da adquirida) e a parte da adquirente no valor justo dos ativos líquidos da adquirida, mensurados de acordo com o Pronunciamento Técnico CPC 15, na data da obtenção do controle. Essa parcela representa a mais-valia derivada da diferença entre o valor justo e o valor contábil dos ativos líquidos da adquirida.*
>
> *(...)*

Com base nos dados apresentados no item anterior, será desenvolvido um passo a passo para identificar o valor da mais-valia.

1º Passo: identificar o valor justo dos ativos líquidos

Para o cálculo do valor justo dos ativos líquidos, deverá seguir a seguinte fórmula:

+ valor justo dos ativos identificados

(-) passivos assumidos

= **valor justo dos ativos líquidos**

Conforme os dados do balanço citado, o cálculo ficaria da seguinte forma:

+ Máquina R$ 300.000,00
(-) Provisão para desmontagem da máquina R$ 50.000,00
= Valor justo dos ativos líquidos R$ 250.000,00

2º Passo: Cálculo da mais-valia

Para o cálculo da mais-valia, deverá seguir a seguinte fórmula:

+ Valor justo dos ativos líquidos

(-) Percentual de Participação do Patrimônio Líquido (valor contábil)

= Mais-valia

Cálculo da mais-valia conforme o Balanço apresentado:

+ Valor justo dos ativos líquidos R$ 250.000,00
(-)% de Participação do Patrimônio Líquido da investida R$ 100.000,00 (valor contábil)
= Mais-valia R$ 150.000,00

Item 23 do ICPC 09

(...)

(ii) parcela relativa à diferença entre o valor obtido no item (i parcela relativa à equivalência patrimonial sobre o patrimônio líquido contábil da adquirida) e a parte da adquirente no valor justo dos ativos líquidos da adquirida, mensurados de acordo com o Pronunciamento Técnico CPC 15, na data da obtenção do controle. Essa parcela representa a mais-valia derivada da diferença entre o valor justo e o valor contábil dos ativos líquidos da adquirida.

3.7.3. *Goodwill* (Expectativa por Rentabilidade Futura)

3.7.3.1. Cálculo do *Goodwill*

O *goodwill* é a diferença entre o valor de aquisição e o valor justo dos ativos líquidos (na data da obtenção do controle). Se positivo, constitui o ágio por rentabilidade futura *(goodwill)* e, se negativo, constitui um ganho.

> **Item 23 do ICPC 09**
>
> (...)
>
> (b) o ágio pago por expectativa de rentabilidade futura *(goodwill)*, representado pela diferença positiva entre o valor pago (ou valores a pagar) e o montante líquido proporcional adquirido do valor justo dos ativos e passivos da entidade adquirida.
>
> Notar que esse ágio só deve ser classificado no subgrupo de Intangíveis no balanço consolidado, conforme CPC 04 – Ativo Intangível, nunca no balanço individual, onde deve permanecer no subgrupo de Investimentos; afinal, o *goodwill* é da adquirida (a capacidade de geração de rentabilidade futura é da adquirida), pago pela adquirente; para esta, individualmente, representa parte do custo de seu investimento, mesmo que sujeito a *impairment* e, eventualmente, a amortização. Há situações especiais nas hipóteses de aquisição de controle em que o Pronunciamento Técnico CPC 15 – Combinação de Negócios dispõe de forma diferente. (...)

Para o cálculo do *goodwill*, deverá seguir a seguinte fórmula:

+ Valor de Aquisição

(-) valor justo dos ativos líquidos

= *Goodwill* (se positivo)

Cálculo do *goodwill* conforme o Balanço apresentado

+ Valor de aquisição R$ 300.000,00
(-) valor justo dos ativos líquidos R$ 250.000,00
= *Goodwill* R$ 50.000,00

Item 23 do ICPC 09

(...)

(b) o ágio pago por expectativa de rentabilidade futura (*goodwill*), representado pela diferença positiva entre o valor pago (ou valores a pagar) e o montante líquido proporcional adquirido do valor justo dos ativos e passivos da entidade adquirida.

3.7.3.2. Lançamento Contábil da Mais-valia e *Goodwill*

Pela aquisição do investimento

D- Investimento (ativo)	R$ 100.000,00
D- Ágio por mais-valia – terreno (ativo)	R$ 150.000,00
D- *Goodwill* (ativo)	R$ 50.000,00
C- Banco (ativo)	R$ 300.000,00

3.7.4. Ganho por Compra Vantajosa

3.7.4.1. Cálculo do Ganho por Compra Vantajosa

O ganho por compra vantajosa ocorre quando o investidor paga menos por um investimento que vale mais, ganho este que é obtido pela diferença entre o valor de aquisição e o valor justo dos ativos líquidos; se negativo, constitui um ganho.

No caso de ganho por compra vantajosa, a Holding deverá reconhecer este ganho no resultado no período em que ocorreu a aquisição do investimento.

Itens 32 e 34 do CPC 15

(...)

Item 32. O adquirente deve reconhecer o ágio por expectativa de rentabilidade futura (goodwill), na data da aquisição, mensurado pelo montante que (a) exceder (b) abaixo:

(a) a soma:

(i) da contraprestação transferida em troca do controle da adquirida, mensurada de acordo com este Pronunciamento, para a qual geralmente se exige o valor justo na data da aquisição (ver item 37);

*(ii) do montante de quaisquer participações de não controladores na adquirida, mensuradas de acordo com este Pronunciamento; e
(iii) no caso de combinação de negócios realizada em estágios (ver itens 41 e 42), o valor justo, na data da aquisição, da participação do adquirente na adquirida imediatamente antes da combinação;
(b) o valor líquido, na data da aquisição, dos ativos identificáveis adquiridos e dos passivos assumidos, mensurados de acordo com este Pronunciamento.
(...)*
Item 34. *Ocasionalmente, um adquirente pode realizar uma compra vantajosa, assim entendida como sendo uma combinação de negócios cujo valor determinado pelo item 32(b) é maior que a soma dos valores especificados no item 32(a). Caso esse excesso de valor permaneça após a aplicação das exigências contidas no item 36, o adquirente deve reconhecer o ganho resultante, na demonstração de resultado do exercício, na data da aquisição. O ganho deve ser atribuído ao adquirente.*

Para o cálculo do ganho por compra vantajosa, deverá seguir a seguinte fórmula:

+ Valor de Aquisição

(-) Valor justo dos ativos líquidos

= Compra Vantajosa (se negativo)

Exemplo Prático:

+ Valor de aquisição R$ 200.000,00
(-) Valor justo dos ativos líquidos R$ 250.000,00
= **Compra Vantajosa − 50.000,00**

Nota

Observa-se que a fórmula é semelhante ao *goodwill*, porém, com resultado final negativo e com custo de aquisição menor.

3.7.4.2. Lançamento Contábil proveniente de Compra Vantajosa

Reconhecimento pelo proveniente de ganho pela compra vantajosa

D- Investimento (ativo) .... R$ 100.000,00
D- Ágio por mais-valia – terreno (ativo) .... R$ 150.000,00
C- Banco(ativo) .... R$ 200.000,00
C- Ganho por compra vantajosa (resultado) .... R$ 50.000,00

3.7.5. Realização da Mais-valia

A realização da mais-valia será feita de acordo com a efetivação dos ativos e passivos que lhes deram origem, por exemplo:

- estoques, realizados pela venda;
- ativo imobilizado, realizado na proporção de sua depreciação ou baixa;
- ativo intangível com vida útil definida, realizado conforme a amortização ou baixa.

Além das operações citadas, outras situações podem provocar a baixa parcial ou integral desse tipo de ágio, que são: a investidora alienar o investimento ou reconhecer perdas pela redução do investimento ao valor recuperável (CPC 01).

Nota

No caso de mais-valia proveniente de ativos com vida útil indefinida, seus respectivos valores somente serão realizados quando o ativo correspondente for baixado (por alienação ou perda parcial ou integral), pela coligada (ou controlada), ou quando da alienação do investimento ou do reconhecimento de perdas por parte da Holding.

3.7.5.1. Contabilização da Realização da Mais-valia

Para facilitar o entendimento, suponhamos que a Holding Participações S.A. obteve um resultado de equivalência no valor de R$ 250.000,00 sobre a Investida Ltda. A investida Ltda. realizou a venda do terreno que originou a mais-valia para Holding Participações S.A.

Diante dos dados citados, vamos para os lançamentos contábeis:

Pela aquisição do investimento

D- Investimento (ativo) .... R$ 100.000,00
D- Ágio por mais-valia – terreno (ativo) .... R$ 150.000,00
D- *Goodwill* (ativo) .... R$ 50.000,00
C- Banco (ativo) .... R$ 300.000,00

Pelo reconhecimento do resultado de equivalência

D- Investimento (ativo) .... R$ 250.000,00
C- Resultado de equivalência (ativo) .... R$ 250.000,00

Pela realização da mais-valia (terreno)

D- Resultado de equivalência .... R$ 150.000,00
C- Ágio por mais-valia – terreno .... R$ 150.000,00

Situação Patrimonial da *Holding* Participações S.A. antes da realização		Situação Patrimonial da *Holding* Participações S.A. depois da realização	
Investimento	R$ 100.000,00	Investimento	R$ 350.000,00
Ágio por mais-valia – terreno	R$ 150.000,00	*Goodwill*	R$ 50.000,00
Goodwill	R$ 50.000,00		

3.7.6. Realização do *Goodwill*

A realização do *Goodwill* será pela baixa (venda do investimento) ou pelo reconhecimento de uma redução ao valor recuperável (conforme CPC 01 – Teste do *impairment*).

D – Perda por redução ao valor recuperável – *impairment* (resultado)

C – Redução ao valor recuperável – *impairment* (redutora do ativo)

Nota

A conta **Redução ao valor recuperável – *impairment*** é classificada como redutora do ativo.

3.7.7 Ajuste do Valor Justo dos Ativos e Passivos na Data da Aquisição do Controle (aquisição)

Para ajudar na compreensão do próximo exemplo é muito importante discorrer sobre alguns conceitos técnicos do processo de aquisição de Negócios.

3.7.7.1 Conceitos Técnicos

Adquirida: é o negócio ou negócios cujo controle é obtido pelo adquirente por meio de combinação de negócios.

Adquirente: é a entidade que obtém o controle da adquirida.

Data da aquisição: é a data em que o adquirente obtém efetivamente o controle da adquirida.

Negócio: é um conjunto integrado de atividades e ativos capaz de ser conduzido e gerenciado com o objetivo de fornecer bens ou serviços a clientes, gerando receita de investimento (como dividendos ou juros) ou gerando outras receitas de atividades ordinárias.

Combinação de negócios: é uma operação ou outro evento por meio do qual um adquirente obtém o controle de um ou mais negócios, independentemente da forma jurídica da operação. Neste Pronunciamento, o termo abrange também as fusões que se dão entre partes independentes (inclusive as conhecidas por *true mergers* ou *merger of equals*).

Participação societária, para os propósitos do CPC 15 – Combinação de Negócios: essa expressão é utilizada de forma ampla, tanto no sentido da participação de um investidor no capital de suas investidas, quanto da participação em entidades de mútuo (associações, cooperativas etc.).

Valor justo: é o preço que seria recebido pela venda de um ativo ou que seria pago pela transferência de um passivo em uma transação não forçada entre participantes do mercado na data de mensuração.

Ágio por expectativa de rentabilidade futura (*goodwill*): é um ativo que representa benefícios econômicos futuros resultantes de outros ativos adquiridos em uma combinação de negócios, os quais não são individualmente identificados e separadamente reconhecidos.

Identificável: um ativo é identificável quando ele:

(a) for separável, ou seja, capaz de ser separado ou dividido da entidade e vendido, transferido, licenciado, alugado ou trocado, individualmente ou em conjunto com outros ativos e passivos ou contrato relacionado, independentemente da intenção da entidade em fazê-lo; ou

(b) surge de um contrato ou de outro direito legal, independentemente de esse direito ser transferível ou separável da entidade e de outros direitos e obrigações.

Ativo intangível: é um ativo não monetário identificável sem substância física.

Participação de não controladores: é a parte do patrimônio líquido de controlada não atribuível direta ou indiretamente à controladora (anteriormente denominados "minoritários").

Proprietário, para os propósitos do CPC 15 – Combinação de Negócios, esse termo é utilizado, de forma ampla, tanto para incluir os detentores de participação societária em uma sociedade, quanto os proprietários, membros ou participantes de entidade de mútuo (associação, cooperativa etc.).

Coligada: é a entidade sobre a qual o investidor tem influência significativa.

Demonstrações consolidadas: são as demonstrações contábeis de um grupo econômico, em que ativos, passivos, patrimônio líquido, receitas, despesas e fluxos de caixa da controladora e de suas controladas são apresentados como se fossem uma única entidade econômica.

Influência significativa: é o poder de participar das decisões sobre políticas financeiras e operacionais de uma investida, mas sem que haja o controle individual ou conjunto dessas políticas.

3.7.7.2 Exemplo de Ajuste a Valor Justo dos Ativos e Passivos na Consolidação da Data da Aquisição do Controle

A Cia A adquire 60% do controle da Cia. B por R$ 1.100,00.

Dados da Aquisição realizada pela Cia. A:

Balanço Antes da Aquisição:

Balanço Individual 1 da Cia. A	
Ativo	
Ativos diversos	1.300
Passivo	
Capital	1.300

Balanço Individual da Cia. B	
Ativo	
Ativos diversos	2.000
Passivo	
Passivos	800
Capital	1.200
Passivo	**2.000**

Balanço da Cia. B conforme o percentual de participação na Sociedade:

Balanço Individual da Cia. B			
		% Cia A	% Não Controladores
	100%	60%	40%
Ativo			
Ativos diversos	2.000	1.200	800
Passivo			
Passivos	800	480	320
Capital	1.200	720	480
Passivo	2.000	1.200	800

Nesta etapa, suponhamos que os ativos e Passivos da Cia. B foram avaliados e apresentaram os seguintes dados:

Etapa 1: Avaliação do Patrimônio

Descrição dos Ativos e Passivos	Avaliação			Distribuição da Diferença entre o valor avaliado e o contábil conforme o Controlador e não controladores		
Descrição	Avaliação	Contábil	Diferença	60%	40%	100%
Ativos identificáveis a valor justo	2.500	2.000	500	300	200	500
Passivos Contábeis	-800	-800	0	0	0	0
*Passivo Contingente	-200	0	-200	-120	-80	-200
Total	1.500	1.200	300	180	120	300

* Adicionalmente foi reconhecida uma contingência passiva avaliada em R$ 200,00, onde este valor não estava registrado nas demonstrações da Cia. B.

Esse passivo é reconhecido na aplicação do método de aquisição exigido pelo Pronunciamento Técnico CPC 15 em função de atender à definição de passivo e ter um valor justo confiável.

Cálculo do Valor Justo da Cia. B:

Podemos ter duas maneiras de calcular:

1) Racional do Cálculo do Valor Justo Líquido da Cia. B

	Descrição	Total	60%	40%
+	Patrimônio líquido contábil	1.200	720	480
+	*Excedente de valores justos	500	300	200
(-)	contingência não reconhecida	-200	-120	-80
=	Valor Justo Liquido da Cia. B	1.500	900	600

* **Valor Justo 2.500 – Valor Contábil 2.000 = 500**

2) Racional do Cálculo do Valor Justo Líquido da Cia. B

	Descrição	Total	60%	40%
+	Ativos identificáveis a valor justo	2.500	1.500	1.000
(-)	Passivo Contábil	-800	-480	-320
(-)	Passivo Contingente	-200	-120	-80
=	Valor Justo Líquido da Cia. B	1.500	900	600

Etapa 2: Cálculo do excedente do Patrimônio Líquido e Passivo Diferido

Nesta etapa é muito importante saber o valor do excedente do Patrimônio Liquido e também o reflexo do Imposto sobre a avaliação a valor justo.

	Descrição	Total	60%	40%
=	Valor Justo Líquido da Cia. B	1.500	900	600
(-)	Valor Contábil	-1.200	-720	-480
=	**Excedente do patrimônio líquido contábil**	**300**	**180**	**120**
(-)	*Alíquota marginal de IR e CS – 34%	-102	-61	-41
=	Mais-valia dos ativos líquidos da Cia. B	198	119	79

* Por exigência do CPC 15 – Combinações de Negócio e CPC 32 – Tributos sobre o Lucro o Passivo fiscal diferido deve ser reconhecido e será de 102 (34% x 300).

A alíquota usada neste exemplo é hipotética e cada empresa deve usar uma alíquota que reflita a sua realidade tributária conforme as regras fiscais do seu País.

Valor Justo Final

Descrição	Total	60%	40%
*Valor justo final dos ativos líquidos	1.398	839	559

*Valor Justo 1.500 – Passivo Diferido 102 = 1.398

Após todos os processos de cálculos da avaliação dos Ativos e Passivos, chegamos à etapa de comparar o valor pago pelo investimento versus o valor justo final, que terá como resultado o Ágio por expectativa de rentabilidade futura.

O ágio por expectativa de rentabilidade futura (*goodwill*) é mensurado como o excesso de valor justo da contraprestação efetivamente transferida sobre o valor justo líquido dos ativos identificáveis e dos passivos da entidade da Cia. B.

Descrição	Valor
Valor pago pela Cia. A	1.100
60 % x 1.398 – Valor justo final dos ativos líquidos	-839
Ágio por expectativa de rentabilidade futura	**261**

Etapa 3 - Balanço Patrimonial

Após efetuar as avaliações dos Ativos e passivos da Cia. B é necessário que a Cia. A (Controladora) elabore seus balanços com os reflexos da aquisição.

Balanço Individual 1 da Cia. A		
Ativo		
Ativos diversos		200
Investimento na Cia. B: (*)	720	
Mais-valia dos ativos líquidos da Cia. B**	119	
Ágio (*goodwill*)***	261	**1.100**
Ativo		**1.300**
Passivo		
Capital		1.300
Passivo		**1.300**

Memória de Cálculo:

* **Investimento na Cia. B**

Balanço Individual da Cia. B			
		% Cia A	% Não Controladores
	100%	60%	40%
Ativo			
Ativos diversos	2.000	1.200	800
Passivo			
Passivos	800	480	320
Capital	1.200	720	480
Passivo	2.000	1.200	800

** **Mais-valia dos ativos líquidos da Cia. B**

	Descrição	Total	60%	40%
=	Valor Justo Líquido da Cia. B	1.500	900	600
(-)	Valor Contábil	-1.200	-720	-480
=	Excedente do patrimônio líquido contábil	300	180	120
(-)	*Alíquota marginal de IR e CS - 34%	-102	-61	-41
=	Mais-valia dos ativos líquidos da Cia. B	198	119	79

*****Ágio (*goodwill*)**

Descrição	Valor
Valor pago pela Cia. A	1.100
60 % x 1.398 - Valor justo final dos ativos líquidos	-839
Ágio por expectativa de rentabilidade futura	**261**

Balanço Consolidado da Cia. A na data da aquisição do controle da Cia. B

Balanço Individual 1 da Cia. A	
Ativos	
Ativos diversos	2.700
**Ágio (*goodwill*)	261
Total	2.961
Passivo	
***Passivo Contábil	1.000
****Passivo Fiscal Diferido	102
Capital	1.300
*****Part. não controladores	559
Total	2.961

Memória de cálculo dos valores do Balanço Consolidado

*****Ativos diversos**

Descrição	Valor
Ativos Diversos da Cia. A	200
Ativos Diversos da Cia. B	2.000
Diferença do Valor Justo dos Ativos identificáveis – Valor Contábil	500
Total	2.700

****Ágio (*Goodwill*)**

Capítulo 3 – Visão Contábil da Holding

Descrição	Valor
Valor pago pela Cia. A	1.100
60 % x 1.398 – Valor justo final dos ativos líquidos	-839
Ágio por expectativa de rentabilidade futura	**261**

***Passivo Contábil

Descrição	Total
Passivos Diversos da Cia. B	800
Valor Justo dos Não Controladores	200
Total	**1.000**

****Passivo Fiscal Diferido

	Descrição	Total
=	Valor Justo Líquido da Cia. B	1.500
(-)	Valor Contábil	-1.200
=	**Excedente do patrimônio líquido contábil**	**300**
		0
(-)	*Alíquota marginal de IR e CS - 34%	-102
		0
=	**Mais-valia dos ativos líquidos da Cia. B**	**198**

*****Part. não controladores

Descrição	100%	60%	40%
Ativos identificáveis a valor justo	2.500	1.500	1.000
Passivos Contábeis	-800	-480	-320
Passivo Contingente	-200	-120	-80
Passivo Diferido	-102	-61	-41
Total	1.398	839	559

Incluímos uma conta com o nome de "Participação de Não Controladores", isso acontece porque o item 19 do CPC 15 Combinação de Negócios dispõe que devemos reconhecer no balanço a parte dos não controladores.

item 19 do CPC 15 Combinação de Negócios

> *19. Em cada combinação de negócios, o adquirente deve mensurar, na data da aquisição, os componentes da participação de não controladores na adquirida que representem nessa data efetivamente instrumentos patrimoniais e confiram a seus detentores uma participação proporcional nos ativos líquidos da adquirida em caso de sua liquidação, por um dos seguintes critérios:*
>
> *(a) pelo valor justo, ou*
>
> *(b) pela participação proporcional atual conferida pelos instrumentos patrimoniais nos montantes reconhecidos dos ativos líquidos identificáveis da adquirida.*
>
> *Todos os demais componentes da participação de não controladores devem ser mensurados ao valor justo na data da aquisição, a menos que outra base de mensuração seja requerida pelos Pronunciamentos, Interpretações e Orientações do CPC.*

3.7.8 Classificação no Balanço das Contas Investimento, Mais-valia, *Goodwill*

---

1. INVESTIMENTOS
   1.1. PARTICIPAÇÕES PERMANENTES EM SOCIEDADES
      1.1.1. Avaliadas por equivalência patrimonial
         1.1.1.1. Valor da equivalência patrimonial
            1.1.1.1.1. Participações em controladas
            1.1.1.1.2. Participações s em controladas em conjunto (*joint venture*)
            1.1.1.1.3. Participações em coligadas
         1.1.1.2. Mais-valia sobre os ativos líquidos das investidas
         1.1.1.3. Ágio por rentabilidade futura (*Goodwill*)

3.8. Resultados Não Realizados em Operações do Mesmo Grupo

No mundo dos negócios é comum as empresas do mesmo grupo realizarem operações entre elas, seja mediante venda de mercadorias, imobilizados ou compartilhamento de despesas comuns.

Para aplicação do Método de Equivalência Patrimonial, a Holding deve anular os lucros ou prejuízos originados de operações do mesmo grupo. A lógica para esta anulação é que o resultado da equivalência patrimonial não representará a realidade patrimonial da investida, é como se ela reconhecesse um resultado que não ocorreu.

Para visualizar melhor o conceito de resultados não realizados de operações do mesmo grupo a Holding S.A. e Controlada S.A., fizeram as seguintes operações:

- Controlada S.A. comprou 200 unidades de mercadorias de Terceiros por R$ 200.000,00
- Controlada S.A. revendeu 200 unidades de mercadorias para a Holding Ltda. por R$ 300.000,00
- Holding Ltda. não efetuou a venda destas mercadorias para terceiros.

Conforme o cenário apresentado, nota-se que a Holding S.A. não realizou a venda das mercadorias adquiridas de sua controlada, permanecendo em seu estoque as 200 unidades.

Estoque

Operação	Holding S.A.	Controlada S.A.	Consolidado
Compra	R$ 300.000,00	R$ 200.000,00	R$ 500.000,00
Saída	R$ 0,00	(R$ 200.000,00)	(R$ 200.000,00)
Estoque final	R$ 300.000,00	R$ 0,00	R$ 300.000,00

Resultado

Operação	Holding S.A.	Controlada S.A.	Consolidado	Lucro não realizado
Receita	R$ 000.000,00	R$ 300.000,00	R$ 300.000,00	
Custo	R$ 000.000,00	(R$ 200.000,00)	(R$ 200.000,00)	
Lucro	R$ 000.000,00	R$ 100.000,00	R$ 100.000,00	R$ 100.000,00

Conforme os dados apresentados, a Controlada S.A. apurou um lucro de R$ 100.000,00, ou seja, um lucro que não existe, quando a Holding aplicar o Método de Equivalência Patrimonial sobre o Patrimônio da Investida, estará considerando um resultado não realizado, causando distorção no resultado de equivalência, por isso a necessidade de fazer o ajuste (expurgo) deste resultado.

Art. 250 da Lei nº 6.404/1976. Das demonstrações financeiras consolidadas serão excluídas:

I – as participações de uma sociedade em outra;

II – os saldos de quaisquer contas entre as sociedades;

III – as parcelas dos resultados do exercício, dos lucros ou prejuízos acumulados e do custo de estoques ou do ativo não circulante que corresponderem a resultados, **ainda não realizados, de negócios entre as sociedades***. (Redação dada pela Lei nº 11.941, de 2009).*

§ 1º A participação dos acionistas não controladores no patrimônio líquido e no lucro do exercício será destacada, respectivamente, no balanço patrimonial e na demonstração do resultado do exercício. (Redação dada pela Lei nº 9.457, de 1997).

§ 2º A parcela do custo de aquisição do investimento em controlada, que não for absorvida na consolidação, deverá ser mantida no ativo não circulante, com dedução da provisão adequada para perdas já comprovadas, e será objeto de nota explicativa. (Redação dada pela Lei nº 11.941, de 2009).

§ 3º O valor da participação que exceder do custo de aquisição constituirá parcela destacada dos resultados de exercícios futuros até que fique comprovada a existência de ganho efetivo.

§ 4º Para fins deste artigo, as sociedades controladas, cujo exercício social termine mais de 60 (sessenta) dias antes da data do encerramento do exercício da *companhia, elaborarão, com observância das normas desta Lei, demonstrações financeiras extraordinárias em data compreendida nesse prazo.*

ICPC 09

Lucros não realizados em operações com coligada

1. Os Pronunciamentos Técnicos CPC 18 – Investimento em Coligada e em Controlada, CPC 19 – Investimento em Empreendimento Controlado em Conjunto (Joint Venture) e CPC 36 – Demonstrações Consolidadas tratam de lucros não realizados entre entidades investidora e investidas ou entre investidas diretas ou indiretas de uma mesma investidora.

2. Nas operações de vendas de ativos de uma investidora para uma coligada (downstream), são considerados lucros não realizados, na proporção da participação da investidora na coligada, aqueles obtidos em operações de ativos que, à época das demonstrações contábeis, ainda permaneçam na coligada. Por definição, essa coligada deve ter um controlador que não seja essa investidora a fim de que sobre a investidora e a coligada possa existir apenas relação de significativa influência e não de controle, e para que ambas não sejam consideradas sob controle comum. Equiparam-se a venda, para fins de lucro não realizado, os aportes de ativos para integralização de capital na investida.

3. Dessa forma, na venda da investidora para a coligada é considerada realizada, na investidora, a parcela do lucro proporcional à participação dos demais sócios na coligada que sejam partes independentes da investidora ou dos controladores da investidora. Afinal, a operação de venda se dá entre partes independentes, por ter a coligada um controlador diferente do controlador da investidora. Aplicam-se esses procedimentos também para o caso de coligada sem sócio controlador.

4. A operação de venda deve ser registrada normalmente pela investidora e o não reconhecimento do lucro não realizado se dá pela eliminação, no resultado individual da investidora (e se for o caso no resultado consolidado), da parcela não realizada e pelo seu registro a crédito da conta de investimento, até sua efetiva realização pela baixa do ativo na coligada. Não é necessárioeliminar na demonstração do resultado da investidora as parcelas de venda, custo da mercadoria ou produto vendido, tributos e outros itens aplicáveis já que a operação como um todo se dá com genuínos terceiros, ficando como não realizada apenas a parcela devida do lucro. Devem ser reconhecidos, quando aplicável, conforme Pronunciamento Técnico CPC 32 – *Tributos sobre o Lucro*, os tributos diferidos.

5. Na investidora, em suas demonstrações individuais e, se for o caso, nas consolidadas, a eliminação de que trata o item 51 se dá na linha de resultado de equivalência patrimonial, com destaque na própria demonstração do resultado ou em nota explicativa.

Exemplo:

Resultado de equivalência patrimonial sobre investimentos em coligadas, controladas e joint ventures $ 1.234.567

(-) Lucro não realizado em operações com coligadas $ 123.456

$ 1.111.111

6. Nas operações de venda da coligada para a investidora, os lucros não realizados por operação de ativos ainda em poder da investidora ou de suas controladas são eliminados da seguinte forma: do valor da equivalência patrimonial calculada sobre o lucro líquido da investida é deduzida a integralidade do lucro considerado como não realizado pela investidora.

7. A existência de transações com ativos que gerem prejuízos é, normalmente, evidência de necessidade de reconhecimento *de impairment* conforme Pronunciamento Técnico CPC 01 – *Redução ao Valor Recuperável de Ativos*, o que leva à não eliminação da figura desse prejuízo. Esse conceito aplica-se também para as operações com controlada e com joint venture.

Capítulo 3 – Visão Contábil da Holding

Lucros não realizados em operações com controlada

8. Nas operações com controladas os lucros não realizados são totalmente eliminados tanto nas operações de venda da controladora para a controlada, quanto da controlada para a controladora ou entre as controladas.

9. Nas demonstrações individuais, quando de operações de vendas de ativos da controlada para a controladora ou entre controladas, a eliminação do lucro não realizado se faz no cálculo da equivalência patrimonial, deduzindo-se, do percentual de participação da controladora sobre o resultado da controlada, cem por cento do lucro contido no ativo ainda em poder do grupo econômico. Nas demonstrações consolidadas, o excedente desses cem por cento sobre o valor decorrente do percentual de participação da controladora no resultado da controlada é reconhecido como devido à participação dos não controladores.

(...)

Lucros não realizados em operações com controlada em conjunto

(joint venture)

10. Nas operações de venda de ativos da investidora para a controlada em conjunto, o investidor considera como lucro realizado apenas a parcela relativa à participação dos demais investidores na controlada em conjunto, que são terceiros independentes, como no caso da operação com coligada (itens 48 a 53 desta Interpretação).

11. Nas operações de venda de ativos da controlada em conjunto para a investidora, a investidora considera esse lucro na joint venture como não realizado como se a joint venture fosse uma controlada comum.

12. Nas operações de venda de bens da controlada em conjunto para os demais investidores, partes independentes da investidora, não há lucro não realizado sob a ótica da entidade investidora.

3.9. Notas Explicativas Sobre os Investimentos da Holding e Suas Participações em Coligadas e Controladas

3.9.1. Introdução

Em razão do grande volume de informações contidas nas notas explicativas, surgiram grandes questionamentos pelos usuários das demonstrações contábeis, onde se discutia quais as informações relevantes deveriam constar nas notas explicativas, pois haviam informações desnecessárias e ao mesmo tempo faltavam informações relevantes, inclusive o excesso de informações dificulta as análises etomada dedecisões por parte dos usuários das demonstrações contábeis. Diante destes questionamentos, o Comitê de Pronunciamentos Contábeis aprovou em 02.09.2014 o procedimento Técnico OCPC 07 – Evidenciação na Divulgação dos Relatórios Contábil-Financeiros de Propósito Geral. O objetivo do OCPC 07 é tratar dos requisitos básicos para divulgação das notas explicativas. É interessante frisar que este procedimento técnico trata essencialmente de questões de divulgação, **não alcançando questões de reconhecimento e de mensuração.**

3.9.2. Informações Básicas

É necessário detalhar em notas explicativas as subcontas do investimento (se existirem):

- valor patrimonial da participação da controladora no valor contábil do patrimônio líquido da controlada adquirida;
- valor da mais-valia dos ativos líquidos adquiridos atribuído à controladora; e
- ágio por rentabilidade futura – *Goodwill.*

As notas explicativas que acompanham as demonstrações contábeis devem conter informações precisas das coligadas e das controladas, indicando no mínimo as seguintes informações:

a) denominação da coligada e controlada;
b) número, espécie e classe de ações ou de cotas de capital possuídas pela investidora;
c) o percentual de participação no capital social e no capital votante;
d) o preço de negociação em bolsa de valores, se houver;

e) o patrimônio líquido;

f) o lucro líquido ou prejuízo do exercício;

g) o montante dos dividendos propostos ou pagos, relativos ao mesmo período;

h) os créditos e as obrigações entre a investidora e as coligadas e controladas especificando prazos, encargos financeiros e garantias;

i) os avais, as garantias, as fianças, as hipotecas ou o penhor concedidos em favor de coligadas ou controladas;

j) as receitas e despesas em operações entre a investidora e as coligadas e controladas;

k) o montante individualizado do ajuste, no resultado e patrimônio líquido, decorrente da avaliação do valor contábil do investimento pelo Método de Equivalência Patrimonial;

l) o saldo contábil de cada investimento no final do período;

m) a memória de cálculo do montante individualizado do ajuste, quando este não decorrer somente da aplicação do percentual de participação no capital social sobre os resultados da investida, se relevante;

n) a base e o fundamento adotados para constituição e amortização do ágio ou deságio e montantes não amortizados;

o) os critérios, a taxa de desconto e os prazos utilizados na projeção de resultados;

p) as condições estabelecidas em acordo de acionistas com respeito à influência na administração e distribuição de lucros, evidenciando os números relativos aos casos em que a proporção do poder de voto for diferente da proporção de participação no capital social votante, direta ou indiretamente;

q) as participações recíprocas existentes; e

r) o efeitos no ativo, passivo, patrimônio líquido e resultados decorrentes de investimentos descontinuados (vide artigos 6º e 7º da Instrução CVM nº 247/1996).

3.9.3. Principais Diretrizes Gerais contidas no Pronunciamento Conceitual Básico – CPC 00

OCPC 07 – item 6

O objetivo do relatório contábil-financeiro de propósito geral, conforme já estabelecido no item OB2 do Pronunciamento Conceitual Básico – Estrutura Conceitual para Elaboração e Divulgação de Relatório Contábil-Financeiro, "é fornecer informações contábil-financeiras acerca da entidade que reporta essa informação que sejam úteis a investidores existentes e em potencial, a credores por empréstimos e a outros credores, quando da tomada de decisão ligada ao fornecimento de recursos para a entidade". (sublinhados adicionados)

Informações úteis são aquelas revestidas das características qualitativas fundamentais do relatório contábil-financeiro. Essas características, conforme esse mesmo Pronunciamento Conceitual Básico, item QC 5, são "relevância e representação fidedigna". (s.a.)

O item QC 6 dessa Estrutura Conceitual define: "Informação contábil-financeira relevante é aquela capaz de fazer diferença nas decisões que possam ser tomadas pelos usuários". (s.a.)

E o QC 11 reforça: "A informação é material se a sua omissão ou sua divulgação distorcida... puder influenciar decisões que os usuários tomam com base na informação contábil-financeira acerca de entidade específica que reporta a informação". (s.a.)

Depreende-se desses dispositivos que todas as informações próprias de demonstrações contábil-financeiras de conhecimento da entidade que possam de fato influenciar investidores e credores, e apenas essas, devem ser divulgadas. A divulgação de informações irrelevantes costuma causar o mau efeito de desviar a atenção do usuário, o que contraria frontalmente o objetivo da divulgação fidedigna.

O item QC 12 diz, falando da demonstração contábil (que inclui as notas explicativas), "para ser representação perfeita-

mente fidedigna, a realidade retratada precisa ter três atributos. Ela tem que ser completa, neutra e livre de erro". (s.a.)

Esse item evidencia a responsabilidade do preparador com relação à completude da informação, à obrigatoriedade de que a informação e os comentários relativos a ela sejam neutros, o que inclui a qualificação e a adjetivação, e o zelo para a inexistência de erros.

Cita o QC4: "Se a informação contábil-financeira é para ser útil, ela precisa ser relevante e representar com fidedignidade o que se propõe a representar. A utilidade da informação contábil-financeira é melhorada se ela for comparável, verificável, tempestiva e compreensível". (s.a.)

Chama-se a atenção, nesse item QC4, ao item compreensibilidade, que inclui a nomenclatura das contas nas demonstrações e a redação utilizada nas notas explicativas. O conhecimento mínimo exigido do usuário de demonstrações contábeis não necessariamente abrange a mesma profundidade dos especialistas, bem como as mesmas terminologias por demais específicas da entidade ou do segmento econômico a que a entidade pertence. Assim, apenas quando absolutamente inevitável, deve ser utilizado linguajar técnico específico da entidade ou do setor. É conveniente, neste caso, a apresentação de glossário completo e conciso junto com as demonstrações ou no sítio de que trata o item 33.

A relevância, conforme a Estrutura Conceitual, é baseada na natureza ou na magnitude da informação, ou em ambas. Consequentemente, não se pode a priori especificar um limite quantitativo uniforme para relevância ou predeterminar o que seria julgado relevante para uma situação particular. Em razão disso, o julgamento sobre a relevância da informação será, praticamente, caso a caso. Diz o item QC 11: "a materialidade é um aspecto de relevância específico da entidade baseado na natureza ou na magnitude, ou em ambos, dos itens para os quais a informação está relacionada no contexto do relatório contábil-financeiro de uma entidade em particular". (s.a.)

Assim, normalmente os números significativos para o porte da entidade são materiais/relevantes por sua influência potencial nas decisões dos usuários, mas determinados valores, mesmo que pequenos em termos absolutos ou percentuais, podem ser relevantes em função não do seu tamanho, mas de sua natureza. Isso significa que podem ser de interesse para decisão dos usuários pela importância da informação em termos de governabilidade, de possível impacto futuro, de informação social etc.

Resumindo, a Estrutura Conceitual determina que toda a informação é relevante e deve ser divulgada se sua omissão ou sua divulgação distorcida puder influenciar decisões que os usuários tomam como base no relatório contábil-financeiro de propósito geral da entidade específica que reporta a informação. Consequentemente, se não tiver essa característica, a informação não é relevante e não deve ser divulgada. A informação só é relevante se for completa, neutra, livre de erro, comparável, verificável, tempestiva e compreensível.

Esse conjunto citado nos itens anteriores evidencia que o foco, único e exclusivo, a ser considerado na elaboração e na análise das demonstrações contábeis é o da relevância das informações necessárias ao processo decisório de investidores e credores.

Consequentemente, não podem faltar nas demonstrações contábeis as informações relevantes de que a entidade tenha conhecimento, bem como não devem ser oferecidas informações que não sejam relevantes.

3.9.4. Principais Diretrizes Gerais contidas no Pronunciamento Técnico CPC 26

OCPC 07 – item 20

O Pronunciamento Técnico CPC 26 – Apresentação das Demonstrações Contábeis determina, em seus itens 29 a 31, que:

1. "A entidade deve apresentar <u>separadamente</u> nas demonstrações contábeis cada classe <u>material</u> de itens semelhantes. A entidade deve apresentar separadamente os itens de natureza ou função distinta, <u>a menos que sejam imateriais</u>". (s.a.)

2. "Se um item não for individualmente material, deve ser agregado a outros itens, seja nas demonstrações contábeis, seja nas notas explicativas." Mas observado que "um item pode não ser suficientemente material para justificar a sua apresentação individualizada nas demonstrações contábeis, mas pode ser suficientemente material para ser apresentado de forma individualizada nas notas explicativas".
3. "A entidade <u>não precisa</u> fornecer uma divulgação <u>específica, requerida</u> por um Pronunciamento Técnico, Interpretação ou Orientação do CPC, <u>se a informação não for material</u>". (s.a.)

Esses três itens, resumidamente, levam à conclusão de que a evidenciação, tanto nas demonstrações, quanto nas notas explicativas, deve ser de informações relativas a itens agrupados pela semelhança (não igualdade) em sua natureza e na sua função. Todavia, se irrelevantes, podem ficar inseridos em outros grupos para fins de apresentação.

E outra conclusão fundamental: qualquer informação específica requisitada por qualquer Pronunciamento, Interpretação ou Orientação que não seja relevante não deve ser divulgada, inclusive para não desviar a atenção do usuário, com exceção da que for requerida expressamente por órgão regulador.

O item 113 do mesmo Pronunciamento determina que "as notas explicativas devem ser apresentadas, tanto quanto seja praticável, de forma sistemática. Cada item das demonstrações contábeis deve ter referência cruzada com a respectiva informação apresentada nas notas explicativas".

Já o item 114 afirma que "as notas explicativas são normalmente apresentadas" numa determinada ordem que explicita (declaração de conformidade, resumo das políticas contábeis etc.), <u>mas não obriga que seja essa a ordem a ser utilizada</u>.

Pelo contrário, o item 115 é expresso: "Em algumas circunstâncias, pode ser necessário ou desejável <u>alterar a ordem</u> de determinados itens nas notas explicativas". (s.a.)

O item 117 do mesmo Pronunciamento determina que "a entidade deve divulgar no resumo de políticas contábeis <u>significativas</u>:

"(a) a base (ou bases) de mensuração utilizada(s) na elaboração das demonstrações contábeis; e

(b) outras políticas contábeis utilizadas que sejam relevantes para a compreensão das demonstrações contábeis".

O item 116 esclarece: "As notas explicativas que proporcionam informação acerca da base para a elaboração das demonstrações contábeis e as políticas contábeis específicas podem ser apresentadas como seção separada das demonstrações contábeis". (s.a.)

Depreende-se dos itens anteriores que a entidade somente deve divulgar as bases de elaboração das demonstrações e suas políticas contábeis que sejam suas particulares, suas específicas. Dessa forma, as políticas contábeis que não lhe sejam aplicáveis não devem ser mencionadas. Políticas contábeis baseadas em normas que não apresentam qualquer alternativa não devem ser divulgadas. Isso abrange os documentos tanto em vigor quanto aqueles que vigerão futuramente.

3.9.5. Principais Diretrizes Gerais contidas na Lei das Sociedades por Ações (Lei nº 6.404/1976)

OCPC 07 – item 29

A Lei nº 6.404/1976 exige notas que esclareçam sobre a situação patrimonial e os resultados, e menciona a obrigação de apresentação das políticas contábeis que sejam específicas e que se apliquem a negócios e eventos significativos. Seu art. 176 determina:

"§ 5º As notas explicativas devem:

I – apresentar informações sobre a base de preparação das demonstrações financeiras e das práticas **contábeis** específicas selecionadas e aplicadas para negócios e eventos significativos;

....

IV – indicar:

os principais critérios de avaliação dos elementos patrimoniais..." (s.a.)

3.9.6. Informações Complementares – (Orientação Técnica OCPC 07)

O profissional responsável pela elaboração das notas explicativas e a administração da entidade deve analisar a necessidade em destacar às informações referentes aos temas que possam representar riscos para organização, por exemplo, fontes de incertezas na estimativa de provisões, recebimentos, perdas em investimentos etc. ...

OCPC 07 – item 32

Nas notas explicativas sobre as bases de elaboração das demonstrações contábeis e as políticas contábeis específicas da entidade não devem ser repetidos os textos dos atos normativos, mas apenas resumidos os aspectos principais relevantes e aplicáveis à entidade.

Podem ser feitas apenas as menções aos números e nomes dos documentos deste CPC, sendo aplicados se a entidade deixar o resumo desses aspectos principais relevantes e aplicáveis à entidade, de forma separada, depositada e disponibilizada em banco de informações de órgão regulador, ou se não submetida a entidade a órgão regulador específico, em seu sítio, desde que de forma permanente.

Não se aplica o item anterior no caso de existência de escolha de política contábil permitida à entidade e quando de mudança nessas políticas contábeis, quando a nota deve esclarecer sobre tais fatos e consequências junto às demonstrações contábeis.

As notas sobre políticas contábeis podem ser inseridas dentro das notas relativas aos itens constantes das demonstrações contábeis a que se referem.

A ordem de apresentação das notas explicativas, após aquelas relativas ao contexto operacional e à declaração de conformidade, pode seguir a ordem de relevância dos assuntos tratados, obedecida sempre a exigência de referência cruzada entre as notas e os itens das demonstrações contábeis ou a outras notas a que se referem.

Na redação das notas não deve haver, na medida do possível, repetição de fatos, políticas e informações outras para fins de não desvio da atenção do usuário.

A administração da entidade deve, na nota de declaração de conformidade, afirmar que todas as informações relevantes próprias das demonstrações contábeis, e somente elas, estão sendo evidenciadas, e que correspondem às utilizadas por ela na sua gestão.

3.10. Conjunto das Demonstrações Contábeis

De acordo com o CPC 26, o conjunto completo das demonstrações contábeis são:

- **Balanço** patrimonial;
- Demonstração do **Resultado** (DRE);
- Demonstração do **Resultado Abrangente** (DRA);
- Demonstração das **Mutações do Patrimônio Líquido** (DMPL);
- Demonstração dos **Fluxos de Caixa** (DFC);
- Demonstração do **Valor Adicionado (DVA)** (obrigatória se exigida legalmente ou por algum órgão regulador);
- **Notas explicativas** às demonstrações contábeis.

Nota

As demonstrações poderão ser apresentadas, conforme as circunstâncias, na forma de:

- demonstrações contábeis **individuais**;
- demonstrações contábeis **consolidadas**; e
- demonstrações contábeis **separadas**.

3.11. Investimentos no Exterior

3.11.1. Avaliação de Investimentos no Exterior

Para avaliar investimentos oriundos do exterior, a pessoa jurídica deverá observar o tipo de investimento (permanente ou temporário)

e, na sequência, classificá-lo como coligada ou controlada. Feita esta triagem, o investidor irá avaliar o investimento pelo Método de Equivalência Patrimonial.

Os investimentos societários que não tenham a obrigatoriedade de avaliação pelo Método de Equivalência Patrimonial deverão ser avaliados pelo Método de Custo.

Feitas as observações acima, o investidor aplicará as considerações do **CPC 02 Efeitos das Mudanças nas Taxas de Câmbio e Conversão de Demonstrações Contábeis**. A Holding deverá identificar a moeda funcional da entidade

Moeda funcional: em resumo, é a moeda do ambiente econômico principal pela qual a entidade opera. Podemos destacar a moeda funcional a que:

- tenha **influência mais forte nos preços** dos bens ou serviços;
- seja a **moeda do país cujas forças competitivas e reguladoras influenciam a estrutura de precificação da empresa;**
- tenha **influência os custos e despesas** da empresa;

De forma resumida a Holding deverá seguir as seguintes etapas:

1. elaborar as **demonstrações contábeis da investida na moeda funcional da mesma, porém, com base nas normas e procedimentos** contábeis adotados pela Holding (investidora);
2. **efetuar a conversão das demonstrações contábeis elaboradas** conforme o item acima, para a moeda funcional da investidora (no caso do Brasil para Real);
3. **reconhecer o resultado da investida por equivalência patrimonial** com base na **Demonstração do Resultado (DRE)** levantada conforme a conversão das demonstrações contábeis;
4. reconhecer os **ganhos ou perdas cambiais no investimento em uma conta específica no Patrimônio Líquido** (ajuste acumulado de conversão).

Nota

As demonstrações contábeis da investida e investidoras deverão seguir os mesmos critérios contábeis, sendo o primeiro passo ajustar as Demonstrações Contábeis da investida para os critérios contábeis da investidora.

A Holding deve que reconhecer dois tipos de variações que ocorrem nos investimentos oriundos do exterior, que são:
- **resultado por equivalência patrimonial;** e
- **variação cambial** originada da conversão das demonstrações contábeis.

A Holding deverá reconhecer a equivalência patrimonial no resultado do período e a variação causada pelo câmbio deverá ser reconhecida em uma conta específica do Patrimônio Líquido (Ajuste Acumulado de Conversão). Esta última será reconhecida como receita ou despesa pela realização do investimento, que pode ser:
- pela venda do investimento;
- pela baixa do investimento; ou
- pelo recebimento de dividendos ou lucros.

Lançamento contábil pelo reconhecimento do resultado de equivalência:

D – Investimentos no exterior (ativo)

C – Resultado de Equivalência Patrimonial (Patrimônio Líquido)

Lançamento contábil pela variação cambial originada pela conversão das demonstrações contábeis:

D – Investimentos no exterior (ativo)

C – Ajuste Acumulado de Conversão (Patrimônio Líquido)

3.11.2. Conversão das Demonstrações Contábeis e Taxas de Câmbio

3.11.2.1. Taxas de Câmbio a serem utilizadas para Conversão das Demonstrações Contábeis

Conforme mencionado nos tópicos anteriores, a Holding deverá fazer a conversão das demonstrações contábeis da investida para a moeda funcional da investidora (no caso do Brasil, para Real). As datas para conversão das demonstrações financeiras serão obtidas da seguinte forma:

a) os **ativos e passivos** serão convertidos utilizando-se a taxa de fechamento (denominada também de **taxa corrente**) na **data do respectivo balanço;**

b) o **patrimônio líquido inicial** será o patrimônio líquido final do período anterior conforme convertido na época;

c) **as mutações no patrimônio líquido** ocorridas durante o período, como pagamentos de dividendos e aumentos de capital, deverão ser convertidas pelas respectivas **taxas históricas**, ou seja, as taxas cambiais das datas em que ocorreram as transações;

d) as **receitas e despesas** demonstradas na DRE serão convertidas pela **taxa de câmbio em vigor nas datas das transações ou**, quando possível, pela **taxa média do período**; e

e) as **variações cambiais** resultantes dos itens "a" até "d" acima serão reconhecidas em **conta específica no patrimônio líquido**.

3.11.2.2. Conversão dos Ativos e Passivos

Para a conversão dos ativos e passivos, a Holding deverá utilizar como parâmetro a taxa de câmbio em vigor na data do encerramento do Balanço denominada **Taxa Corrente**.

- **Exemplo:**

Conta Fornecedor

Fornecedor $ 10.000,00

Cotação do dólar na data do fechamento do balanço (31.12.X1) – R$ 1.50

Conversão

$ 10.000,00 x R$ 1,50 = R$ 15.000,00

Conta Fornecedor depois da conversão Fornecedor R$ 15.000,00

3.11.2.3. Conversão das Contas do Patrimônio Líquido

Para a conversão das contas do patrimônio líquido, a Holding deverá utilizar como parâmetro a **taxa histórica**, taxa utilizada na data da operação.

• **Exemplo:**

Integralização do capital em 01.01.X1 .... = R$ 100.000,00
cotação do dólar em 01.01.X1 .... = R$ 1.50
Valor em reais na data da integralização.... = R$150.000,00
Capital social em 31.12.X1............................ = R$100.000,00
cotação do dólar em 31.12.X1 .... = R$ 1.60
Valor em reais em 31.12.X1........................ = R$ 160.000,00
Variação do câmbio da conta capital social   R$ 10.000,00

3.11.2.4. Conversão das Contas de Resultado

Para a conversão das contas de resultado, a Holding deverá utilizar como parâmetro a taxa em vigor na data da operação ou quando possível a taxa média que poderá ser mensal, trimestral, semestral, anual etc. ...

Exemplo:
Conta de Receita

	Receita em dólar $	Mês	Cotação	Média no trimestr
Receita bruta	$ 20.000,00	Outubro	1,50	1.60
Receita bruta	$ 30.000,00	Novembro	1,70	
Receita bruta	$ 40.000,00	Dezembro	1,60	
Total	$ 90.000,00			

Conversão da receita no trimestre $ 90.000,00 x R$ 1,60 (média no trimestre) = R$ 144.000,00

3.11.3. Exemplo Prático de Conversão das Demonstrações Contábeis da Investida e o Reconhecimento do Resultado de Equivalência Patrimonial

Em 01.01.X1 a Holding Participações adquiriu 100% do capital da Investida S.A. localizada nos Estados Unidos por $ 45.000,00. A posição do capital da investida na data da aquisição era de $ 45.000,00 e a cotação do dólar na data de aquisição era de R$ 1.00.

Nota

Para simplificação deste exemplo, não serão levados em conta os procedimentos do CPC 32 tributos sobre o lucro, condições inflacionárias do país e a investida aplica os mesmos critérios contábeis da investidora.

- **Lançamento contábil pela aquisição do investimento**

Holding Participações S.A.
01.01.X1
D – Investimento no exterior (cotação do dólar em 01.01.X1 R$ 1.00)..R$ 45.000,00
C – Banco... R$ 45.000,00

- **DRE da investida no Exterior**

Demonstração do Resultado em 31.12.X1	
	Valores em Dólar
+ RECEITA	$ 50.000,00
(-) CUSTO	($ 12.000,00)
= LUCRO BRUTO	$ 38.000,00
(-) OUTRAS DESPESAS	($ 8.000,00)
=LUCRO ANTES DOS TRIBUTOS SOBRE O LUCRO	$ 30.000,00
(-) TRIBUTOS SOBRE O LUCRO	($ 5.000,00)
= LUCRO LÍQUIDO	$ 25.000,00

- **Balanço patrimonial da investida no exterior**

Balanço patrimonial em 31.12.X1 (em dólar)

Ativo	Passivo
Banco......................$ 20.000,00	Contas a apagar.................$ 30.000,00
Estoque .... $ 30.000,00	**Patrimônio líquido** .... **$ 70.000,00**
Imobilizado .... $ 50.000,00	Capital social ....$ 45.000,00
Total do ativo .... **$ 100.000,00**	Lucros............................. $25.000,00
	Total do passivo............ **$100.000,00**

3.11.3.1. Conversão das Contas de Resultado

1º Passo: converter a DRE por meio da taxa de câmbio em vigor na época da transação ou taxa média que pode ser mensal, trimestral, semestral ou anual.

Dólar média mensal

MÊS DE REFERÊNCIA	janeiro	fevereiro	março	abril	maio	junho
COTAÇÃO DO DOLAR MÉDIA MENSAL	1,20	1,40	1,60	1,50	1,70	1,50

MÊS DE REFERÊNCIA	julho	agosto	setembro	outubro	novembro	dezembro
COTAÇÃO DO DOLAR MÉDIA MENSAL	1,80	1,60	1,60	1,30	1,50	1,70

- **Conversão da Receita**

Período	Dólar	Valores em Dólar	Valores em Reais
janeiro	1,2	$ 6.000,00	R$ 7.200,00
fevereiro	1,4	$ 4.000,00	R$ 5.600,00
março	1,6	$ 3.000,00	R$ 4.800,00
abril	1,5	$ 4.000,00	R$ 6.000,00
maio	1,7	$ 5.000,00	R$ 8.500,00
junho	1,5	$ 5.000,00	R$ 7.500,00
julho	1,8	$ 3.000,00	R$ 5.400,00
agosto	1,6	$ 3.000,00	R$ 4.800,00
setembro	1,6	$ 3.000,00	R$ 4.800,00
outubro	1,3	$ 4.000,00	R$ 5.200,00
novembro	1,5	$ 5.000,00	R$ 7.500,00
dezembro	1,7	$ 5.000,00	R$ 8.500,00
Total		$ 50.000,00	R$75.800,00

Capítulo 3 – Visão Contábil da Holding

- **Conversão do Custo**

Período	Dólar	Valores em Dólar	Valores em Reais
janeiro	1,2	($1.440,00)	R$ (1.728,00)
fevereiro	1,4	($1.000,00)	R$ (1.400,00)
março	1,6	($1.200,00)	R$ (1.920,00)
abril	1,5	($960,00)	R$ (1.440,00)
maio	1,7	($720,00)	R$ (1.224,00)
junho	1,5	($460,00)	R$(690,00)
julho	1,8	($480,00)	R$(864,00)
agosto	1,6	($960,00)	R$ (1.536,00)
setembro	1,6	($1.200,00)	R$ (1.920,00)
outubro	1,3	($960,00)	R$ (1.248,00)
novembro	1,5	($1.200,00)	R$ (1.800,00)
dezembro	1,7	($1.420,00)	R$ (2.414,00)
Total		($12.000,00)	($18.184,00)

- **Conversão das Despesas**

Período	Dólar	Valores em Dólar	Valores em Reais
janeiro	1,2	($1.000,00)	R$ (1.200,00)
fevereiro	1,4	($200,00)	R$(280,00)
março	1,6	($300,00)	R$(480,00)
abril	1,5	($400,00)	R$(600,00)
maio	1,7	($600,00)	R$ (1.020,00)
junho	1,5	($500,00)	R$(750,00)
julho	1,8	($500,00)	R$(900,00)
agosto	1,6	($1.000,00)	R$ (1.600,00)
setembro	1,6	($1.500,00)	R$ (2.400,00)
outubro	1,3	($500,00)	R$(650,00)
novembro	1,5	($500,00)	R$(750,00)
dezembro	1,7	($1.000,00)	R$ (1.700,00)
Total		($8.000,00)	R$ (12.330,00)

- **Conversão dos Tributos sobre o Lucro (Imposto de Renda)**

Período	Dólar	Valores em Dólar	Valores em Reais
janeiro	1,2	($500,00)	R$(600,00)
fevereiro	1,4	($300,00)	R$(420,00)
março	1,6	($400,00)	R$(640,00)
abril	1,5	($600,00)	R$(900,00)
maio	1,7	($400,00)	R$(680,00)
junho	1,5	($500,00)	R$(750,00)
julho	1,8	($200,00)	R$(360,00)
agosto	1,6	($300,00)	R$(480,00)
setembro	1,6	($500,00)	R$(800,00)
outubro	1,3	($200,00)	R$(260,00)
novembro	1,5	($600,00)	R$(900,00)
dezembro	1,7	($500,00)	R$(850,00)
Total		($5.000,00)	R$ (7.640,00)

- **DRE Final**

Depois da conversão dos valores em Dólares para Reais, vamos extrair os saldos consolidados da última coluna da tabela anterior e montar a DRE.

Demonstração do Resultado em 31.12.X1		
	Valores em Dólar	Valores em Reais
RECEITA	$ 50.000,00	R$ 75.800,00
CUSTO	$ -12.000,00	-R$ 18.184,00
LUCRO BRUTO	$ 38.000,00	R$ 57.616,00
OUTRAS DESPESAS	$ -8.000,00	-R$ 12.330,00
LUCRO ANTES DOS TRIBUTOS	$ 30.000,00	R$ 45.286,00
TRIBUTOS SOBRE O LUCRO	$ -5.000,00	-R$ 7.640,00
LUCRO LÍQUIDO	$ 25.000,00	R$ 37.646,00

Nota

Para simplificar o exemplo, os tributos sobre o lucro são devidos para investida mês a mês.

3.11.3.2. Conversão das Contas do Ativo e do Passivo

2º Passo: converter as contas do ativo e passivo pela taxa corrente

Suponhamos que a taxa corrente na data do fechamento do Balanço esteja cotada para 1,75.

31.12.X1	31.12.X1
Ativo em dólar	Ativo em reais
Banco $ 20.000,00	Banco ($ 20.000,00 x 1,75) R$ 35.000,00
Estoque $ 30.000,00	Estoque ($ 30.000,00 x 1,75) R$ 52.500,00
Imobilizado $ 50.000,00	Imobilizado ($ 50.000,00 x 1,75) R$ 87.500,00
Total do ativo $ 100.000,00	Total do ativo R$ 175.000,00
Passivo	Passivo em reais
Contas a pagar $ 30.000,00	Contas a pagar ($ 30.000,00 x 1,75) R$ 52.500,00

3.11.3.3. Conversão das Contas do Patrimônio Líquido

3º Passo: converter as contas do patrimônio líquido pela taxa histórica

O investimento foi adquirido nas seguintes condições:

Em 01.01.X1 a Holding participações adquiriu 100% do capital da Investida S.A. localizada nos Estados Unidos por $ 45.000,00. A posição do capital da investida na data da aquisição era de $ 45.000,00 e o dólar na data de aquisição estava avaliado em R$ 1.00.

• **CAPITAL SOCIAL**

Capital social em 31.12.X1 $ 45.000,00 x cotação do dólar em 31.12.X1 R$ 1,75 = R$ 78.750,00

Capital social em 01.01.X1 $ 45.000,00 x cotação do dólar em 01.01.X1 R$ 1,00 = R$ 45.000,00

Variação cambial do capital social R$ 78.750,00 – R$ 45.000,00 = R$ 33.750,00

• **LUCROS ACUMULADOS**

Lucro em 31.12.X1 $ 25.000,00 x cotação do dólar em 31.12.X1 R$ 1,75 = R$ 43.750,00

Lucro conforme a DRE convertida em reais = R$ 37.646,00

Variação cambial da conta lucros acumulados (R$ 43.750,00 – R$ 37.646,00) = R$ 6.104,00

Nota-se que o valor da conta lucros acumulados é o resultado apurado da DRE depois da conversão.

4º Passo: somar as variações cambiais ocorridas nas contas do patrimônio líquido

Variação cambial da conta lucros acumulados (R$ 43.750,00 – R$ 37.646,00) R$ 6.104,00

Variação cambial do capital social (R$ 78.750,00 – R$ 45.000,00) – R$ 33.750,00

Total da variação do patrimônio líquido = R$ 39.854,00

Nota

O saldo apurado nesta etapa será o valor da conta Ajuste acumulado de conversão R$ 39.854,00.

3.11.3.4. Apresentação das Demonstrações Contábeis da Investida convertida em Reais

5º **Passo**: montar as demonstrações contábeis da investida conforme os resultados obtidos nos passos anteriores

31.12.X1 Ativo em Reais	31.12.X1 Passivo em Reais
Banco .... R$ 35.000,00	Contas a apagar .... R$ 52.500,00
Estoque .... R$ 52.500,00	**Patrimônio líquido................... R$ 122.500,00**
Imobilizado............ R$ 87.500,00	Capital social .... R$ 45.000,00
	Lucros .... R$ 37.646,00
	Ajuste acumulado de conversão R$ 39.854,00
Total do Ativo ..... R$ 175.000,00	Total do Passivo .... R$ 175.000,00

3.11.3.5. Reconhecimento da Receita de Equivalência Patrimonial

6º Passo: A investidora deverá reconhecer o resultado de equivalência com base no resultado da DRE da investida e respeitar o percentual de participação do patrimônio líquido da investida

- Cálculo da Equivalência:
    Lucro Apurado em Reais conforme a DRE: (100% x R$ 37.646,00)
    Resultado de equivalência: R$ 37.646,00
- Lançamento contábil:
    D – investimento no exterior (ativo) R$ 37.646,00
    C – Receita de equivalência (resultado) R$ 37.646,00

3.11.3.6. Reconhecimento do Ganho da Variação Cambial

7º Passo: A investidora deverá reconhecer o ganho da variação cambial em uma conta específica no patrimônio líquido denominada "ajuste acumulado de conversão"

D – investimento no exterior (ativo)   R$ 39.854,00
C – ajuste acumulado de conversão

(Patrimônio Líquido)   R$ 39.854,00

Nota
Esta variação deverá ser baixada quando houver a realização do investimento, por exemplo: venda do investimento.

3.11.3.7. Movimentação da Conta Investimento

Aquisição do investimento em
01.01.X1 .... R$ 45.000,00
Receita de equivalência patrimonial
em 31.12.X1 ....R$ 37.646,00
Ajuste acumulado de conversão
(Patrimônio Líquido) ....R$ 39.854,00
Saldo da conta investimento no exterior

em reais .... R$ 122.5000,00

• Posição patrimonial da Holding Participações S.A. apósa conversão das demonstrações financeiras, reconhecimento da variação cambial e resultado da investida.

Holding Participações S.A. 31.12.X1
Investimento no exterior .... R$ 122.500,00

• Posição financeira da investida depois da conversão

31.12.X1 Ativo em Reais	31.12.X1 Passivo em reais
Banco ....R$ 35.000,00	Contas a apagar .... R$ 52.500,00
Estoque ....R$ 52.500,00	
Imobilizado ....R$ 87.500,00	**Patrimônio líquido** .... **R$ 122.500,00**
	Capital social .... R$ 45.000,00
	Lucros .... R$ 37.646,00
	Ajuste acumulado de conversão R$ 39.854,00
Total do Ativo ...... R$ 175.000,00	Total do Passivo ....R$ 175.000,00

Nota

O saldo da conta investimento da Holding Participações S.A. (**R$ 122.5000,00**) representa o valor do patrimônio líquido da investida.

3.11.3.8. Exemplo Prático de Demonstração dos Resultados auferidos no Exterior na ECF

Para este tópico, temos como base as informações dos tópicos anteriores "*3.11.3.1 Conversão das contas de resultado e 3.11.3.7 Movimentação da conta investimento*".

• DRE conforme o item 3.11.3.1 – *Conversão das contas de resultado deste livro*

Demonstração do Resultado em 31.12.X1		
	Valores em Dólar	Valores em Reais
RECEITA	$ 50.000,00	R$ 75.800,00
CUSTO	$ -12.000,00	-R$ 18.184,00
LUCRO BRUTO	$ 38.000,00	R$ 57.616,00
OUTRAS DESPESAS	$ -8.000,00	-R$ 12.330,00
LUCRO ANTES DOS TRIBUTOS	$ 30.000,00	R$ 45.286,00
TRIBUTOS SOBRE O LUCRO	$ -5.000,00	-R$ 7.640,00
LUCRO LÍQUIDO	$ 25.000,00	R$ 37.646,00

• **Balanço patrimonial conforme o item *3.11.3.7 – Movimentação da conta investimento***

31.12.X1 Ativo em Reais	31.12.X1 Passivo em reais
Banco .... R$ 35.000,00 Estoque .... R$ 52.500,00 Imobilizado........... R$ 87.500,00 Total do Ativo. ......R$ 175.000,00	Contas a pagar .... R$ 52.500,00 **Patrimônio líquido** .... **R$ 122.500,00** Capital social .... R$ 45.000,00 Lucros .... R$ 37.646,00 Ajuste acumulado de conversão R$ 39.854,00 **Total do Passivo**........................**R$ 175.000,00**

Nota

Para este exemplo foi utilizado a base contábil conforme os itens "*3.11.3.1 – Conversão das contas de resultado e 3.11.3.7 – Movimentação da conta investimento*" para atendimento da legislação fiscal o art. 7º da Instrução Normativa 1.520, de 2014, prevê que a conversão deve ser feita em Reais com base na taxa de câmbio da moeda do país de origem fixada para venda, pelo Banco Central do Brasil.

Instrução Normativa nº 1.520, de 2015

Da Conversão dos Valores para Reais

Art. 7º Para fins do disposto nesta Instrução Normativa, a parcela do ajuste e resultados determinados em moeda estrangeira devem ser convertidos em Reais com base na taxa de câmbio da moeda do país de origem fixada para venda, pelo Banco Central do Brasil, correspondente a data do levantamento de balanço da controlada direta ou indireta.

Parágrafo único. Caso a moeda do país de origem do tributo não tenha cotação no Brasil, o seu valor será convertido em Dólares dos Estados Unidos da América e, em seguida, em Reais.

Identificação da Participação no Exterior

Registro X340: este registro deve ser preenchido pela pessoa jurídica, tributada pelo lucro real ou arbitrado, domiciliada no Brasil, que tenha, no ano-calendário, participado no capital de pessoa jurídica domiciliada no exterior. Este registro também deve ser preenchido pela pessoa jurídica optante pelo Refis que se submeteu ao regime de tributação pelo lucro presumido.

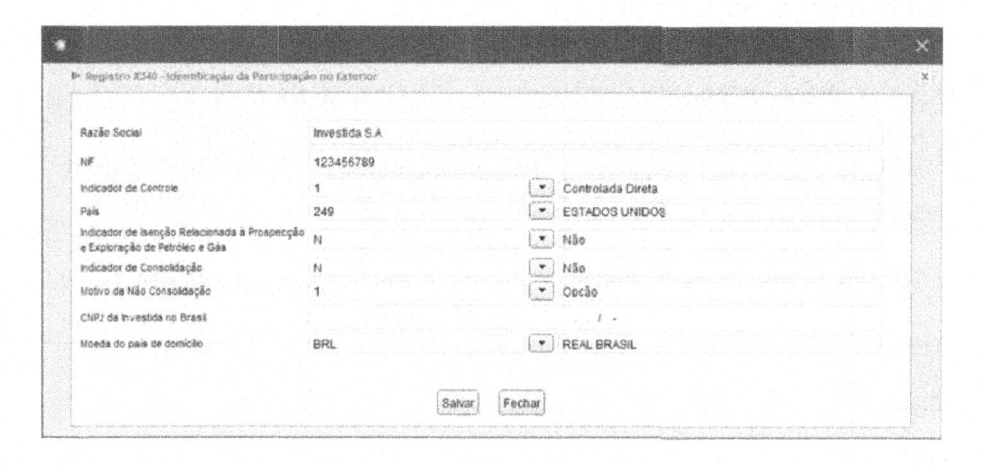

Nota

A empresa que fizer a opção prevista no art. 96 da Lei nº 12.973/2014 deverá preencher os registros X340 a X356 da ECF, caso seja aplicável.

art. 19-A da Instrução Normativa RFB nº 1.520/2014

De acordo com o art. 19-A da Instrução Normativa RFB nº 1.520/2014, a opção pelo regime de caixa ou competência indicada no campo X340.IND_CONTROLE deve ser única para todas as coligadas no exterior.

"Art. 19-A. Opcionalmente, a pessoa jurídica domiciliada no Brasil poderá oferecer à tributação os lucros auferidos por intermédio de suas coligadas no exterior na forma prevista no art. 19, independentemente do descumprimento das condições previstas no caput do art. 17.

§ 1º A pessoa jurídica deverá comunicar a opção de que trata o caput à RFB por intermédio da Escrituração Contábil Fiscal (ECF), relativa ao respectivo ano-calendário da escrituração.

§ 2º A opção de que trata o caput:

I – se aplica ao IRPJ e à CSLL;

II – deve englobar todas as coligadas no exterior, não sendo possível a opção parcial; e

III – é irretratável, não sendo válida a ECF retificadora fora do prazo de sua entrega para a comunicação de que trata o § 1º.

§ 3º O disposto neste artigo não se aplica às hipóteses em que a pessoa jurídica coligada domiciliada no Brasil é equiparada à controladora, nos termos do art. 15".

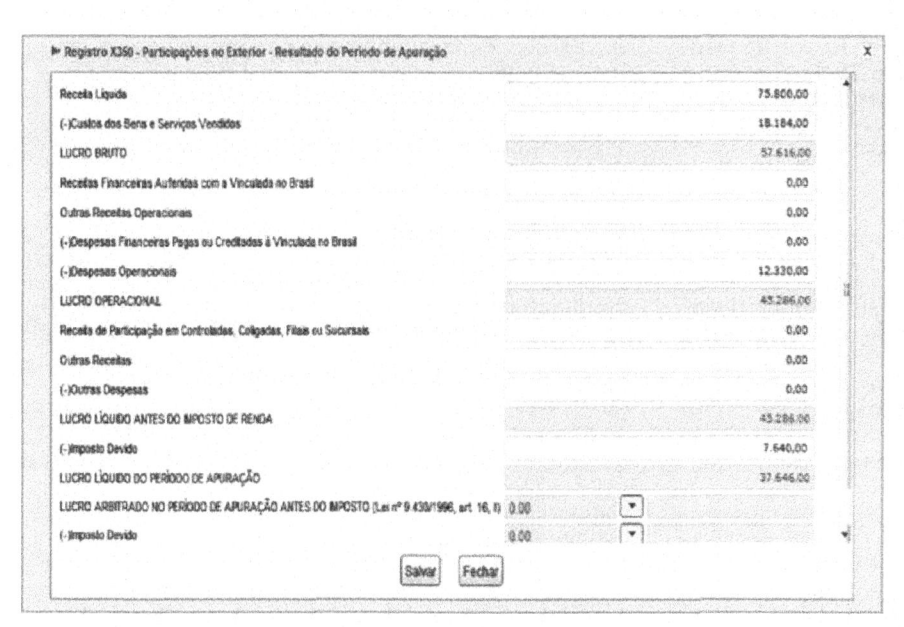

Registro X350 - Participações no Exterior - Resultado do Período de Apuração	
Receita Líquida	75.800,00
(-)Custos dos Bens e Serviços Vendidos	18.184,00
LUCRO BRUTO	57.616,00
Receitas Financeiras Auferidas com a Vinculada no Brasil	0,00
Outras Receitas Operacionais	0,00
(-)Despesas Financeiras Pagas ou Creditadas à Vinculada no Brasil	0,00
(-)Despesas Operacionais	12.330,00
LUCRO OPERACIONAL	45.286,00
Receita de Participação em Controladas, Coligadas, Filiais ou Sucursais	0,00
Outras Receitas	0,00
(-)Outras Despesas	0,00
LUCRO LÍQUIDO ANTES DO IMPOSTO DE RENDA	45.286,00
(-)Imposto Devido	7.640,00
LUCRO LÍQUIDO DO PERÍODO DE APURAÇÃO	37.646,00
LUCRO ARBITRADO NO PERÍODO DE APURAÇÃO ANTES DO IMPOSTO (Lei nº 9.430/1996, art. 16, II)	0,00
(-)Imposto Devido	0,00

Participações no Exterior – Resultado do Período de Apuração

Registro X350: este registro deve ser preenchido pela pessoa jurídica domiciliada no Brasil que tenha, no ano-calendário, obtido resultados no exterior decorrente de participação no capital de pessoa jurídica domiciliada no exterior.

Demonstrativo de Resultados e de Imposto Pago no Exterior Registro X351: este registro deve ser preenchido pelas pessoas jurídicas para demonstrar os resultados e o imposto pago no exterior.

Descrição do Registro X 351	
Resultado (positivo ou negativo) da Própria Investida em Moeda do País de Domicílio:	Devem ser expurgados o valor do resultado positivo ou negativo de eventuais controladas indiretas e o valor do resultado de operações que gozem de isenção nos termos do art. 77, § 3º, da Lei nº 12.973, de 13 de maio de 2014.
Resultado (positivo ou negativo) da Própria Investida em Reais:	Devem ser expurgados o valor do resultado positivo ou negativo de eventuais controladas indiretas e o valor do resultado de operações que gozem de isenção nos termos do art. 77, § 3º, da Lei nº 12.973, de 13 de maio de 2014.
Resultado da Investida em Operações que Gozem de Isenção Relacionada à Prospecção e Exploração de Petróleo e Gás:	Resultado (positivo ou negativo) da própria investida em moeda do país de domicílio apenas em operações decorrentes de afretamento por tempo ou casco nu, arrendamento mercantil operacional, aluguel, empréstimo de bens ou prestação de serviços diretamente relacionados à prospecção e exploração de petróleo e gás, em território brasileiro, que gozem de isenção nos termos do art. 77, § 3º, da Lei nº 12.973, de 13 de maio de 2014. Deve ser expurgado o valor do resultado positivo ou negativo de eventuais controladas indiretas.
Resultado da Investida em Operações que Gozem de Isenção Relacionada à Prospecção e Exploração de Petróleo e Gás em Reais (R$):	Resultado (positivo ou negativo) da própria investida em Reais apenas em operações decorrentes de afretamento por tempo ou casco nu, arrendamento mercantil operacional, aluguel, empréstimo de bens ou prestação de serviços diretamente relacionados à prospecção e exploração de petróleo e gás, em território brasileiro, que gozem de isenção nos termos do art. 77, § 3º, da Lei nº 12.973, de 13 de maio de 2014. Deve ser expurgado o valor do resultado positivo ou negativo de eventuais controladas indiretas.
Resultado Negativo Acumulado de Anos Anteriores:	Resultado negativo acumulado de anos anteriores da própria investida utilizado na compensação, na moeda do país de domicílio.

Resultado Positivo a Tributar:	Resultado positivo a tributar na moeda do país de domicílio.
Resultado Positivo a Tributar em Reais (R$):	Resultado positivo a tributar em Reais (R$).
Imposto Efetivamente Pago:	Imposto incidente sobre o lucro distribuído no país de domicílio na moeda do país de domicílio (Instrução Normativa RFB nº 1.520, art. 40, V).

Descrição do Registro X 351	
Imposto Efetivamente Pago em Reais (R$):	Imposto incidente sobre o lucro distribuído no país de domicílio em reais (R$) (Instrução Normativa RFB no 1.520, art. 40, V).
Imposto Efetivamente Pago no Exterior sobre Rendimentos Recebidos na Moeda do País de Domicílio	(Instrução Normativa RFB nº 1.520, art. 36, X e art. 40, III).
Imposto Efetivamente Pago no Exterior sobre Rendimentos Recebidos em Reais (R$)	
Imposto Retido na Fonte no Exterior:	Imposto retido na fonte no exterior decorrente de rendimentos recebidos pela filial, sucursal ou controlada domiciliada no exterior, na moeda estrangeira (Instrução Normativa RFB nº 1.520, art. 40, IV).
Imposto Retido na Fonte no Exterior em Reais:	Imposto retido na fonte no exterior decorrente de rendimentos recebidos pela filial, sucursal ou controlada domiciliada no exterior, em reais (Instrução Normativa RFB nº 1.520, art. 40, IV).
Imposto Retido na Fonte no Brasil:	Imposto retido na fonte no Brasil decorrente de rendimentos recebidos pela filial, sucursal ou controlada domiciliada no exterior, em Reais (Instrução Normativa RFB nº 1.520, art. 40, IV).

Nota

Este demonstrativo é o que se refere os incisos I e V do art. 35 da Instrução Normativa RFB nº 1.520, de 4 de dezembro de 2014.

Art. 35. A pessoa jurídica no Brasil deverá informar na Escrituração Contábil Fiscal (ECF), os seguintes demonstrativos:

I – Demonstrativo de Resultados no Exterior;

(..)

V – Demonstrativo de Imposto Pago no Exterior; (...)

• **DRE conforme o item 3.11.3.1 – Conversão das contas de resultado deste livro**

Demonstração do Resultado em 31.12.X1		
	Valores em Dólar	Valores em Reais
RECEITA	$ 50.000,00	R$ 75.800,00
CUSTO	$ -12.000,00	-R$ 18.184,00
LUCRO BRUTO	**$ 38.000,00**	**R$ 57.616,00**
OUTRAS DESPESAS	$ -8.000,00	-R$ 12.330,00
LUCRO ANTES DOS TRIBUTOS	**$ 30.000,00**	**R$ 45.286,00**
TRIBUTOS SOBRE O LUCRO	$ -5.000,00	-R$ 7.640,00
LUCRO LÍQUIDO	**$ 25.000,00**	**R$ 37.646,00**

Nota-se que o resultado positivo a tributar é R$ 45.286,00, ou seja, o Lucro antes do IR e CS, ratificando o dispositivo do artigo 8º da Instrução Normativa nº 1.520 de 2014.

Instrução Normativa nº 1.520, de 2015

Da Disponibilização dos Resultados Positivos

Art. 8º Os resultados positivos auferidos no exterior, por intermédio de filiais, sucursais, controladas, direta ou indireta, ou coligadas serão computados para fins de determinação do lucro real e da base de cálculo da CSLL no balanço levantado em 31 de dezembro do ano-calendário em que tiverem sido disponibilizados para a pessoa jurídica domiciliada no Brasil.

*§ 1º O resultado auferido no exterior de que trata o caput deve ser apurado segundo as normas da legislação comercial do país de domicílio e **antes da tributação no exterior sobre o lucro**.*

Nota

Para simplificação deste item, os tributos sobre o lucro foram pagos no exterior no próprio período de apuração.

3.11.4. Atos Legais e Normativos

CPC 02 – Efeitos das mudanças nas taxas de câmbio e conversão de demonstrações contábeis (R2)

Resolução CFC nº 1.295/2010

Objetivo da Norma

1. Uma entidade pode manter atividades em moeda estrangeira de duas formas. Ela pode ter transações em moedas estrangeiras ou pode ter operações no exterior. Adicionalmente, a entidade pode apresentar suas demonstrações contábeis em uma moeda estrangeira. O objetivo desta Norma é orientar acerca de como incluir transações em moeda estrangeira e operações no exterior nas demonstrações contábeis da entidade e como converter demonstrações contábeis para moeda de apresentação.

2. Os principais pontos envolvem quais taxas de câmbio devem ser usadas e como reportar os efeitos das mudanças nas taxas de câmbio nas demonstrações contábeis.

3.11.5. Demonstrativos Fiscais para Lucros auferidos no Exterior pelas Pessoas Jurídicas Domiciliadas no País

3.11.5.1. Introdução

Com advento da Instrução Normativa nº 1.520, de dezembro de 2014, as pessoas jurídicas no Brasil que tiveram lucros originados do exterior deverão observar as regras de obrigatoriedade para informar pela Escrituração Contábil Fiscal (ECF) as seguintes demonstrações:

- Demonstrativo de Resultados no Exterior;
- Demonstrativo de Consolidação;
- Demonstrativo de Prejuízos Acumulados no Exterior;
- Demonstrativo de Rendas Ativas e Passivas;
- Demonstrativo de Imposto Pago no Exterior;
- Demonstrativo de Estrutura Societária no Exterior; e
- Demonstrativo de Resultados no Exterior auferidos por intermédio de Coligada em Regime de Caixa.

3.11.5.2. Demonstrativo de Resultados no Exterior

O Demonstrativo de **Resultados no Exterior** deverá ter no mínimo as seguintes informações:

a) identificação de cada controlada, direta ou indireta, ou equiparada;
b) país de domicílio da controlada, direta ou indireta, e da equiparada;
c) se a investida está enquadrada na isenção prevista no artigo 20 da Instrução Normativa nº 1.520/2014;
d) se a controlada terá os resultados positivos ou negativos consolidados;
e) motivo da não consolidação (se houver);
f) resultado positivo da própria controlada em moeda do país de domicílio e em Reais;
g) o resultado negativo da própria controlada em moeda do país de domicílio e em Reais;
h) resultado negativo acumulado de anos anteriores da própria investida utilizado na compensação, na moeda do país de domicílio;
i) resultado positivo próprio da controlada no período a tributar na moeda do país de domicílio e em Reais; e
j) valor do Imposto sobre a Renda pago no exterior, em Reais e na moeda do país de domicílio da controlada.

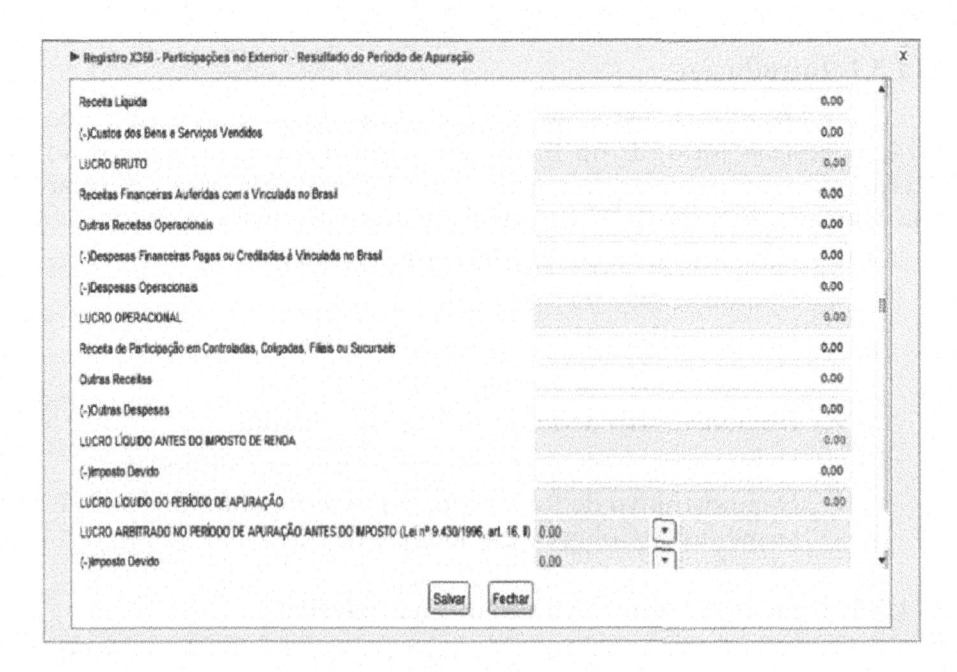

▶ Registro X350 - Participações no Exterior - Resultado do Período de Apuração	
Receita Líquida	0,00
(-)Custos dos Bens e Serviços Vendidos	0,00
LUCRO BRUTO	0,00
Receitas Financeiras Auferidas com a Vinculada no Brasil	0,00
Outras Receitas Operacionais	0,00
(-)Despesas Financeiras Pagas ou Creditadas à Vinculada no Brasil	0,00
(-)Despesas Operacionais	0,00
LUCRO OPERACIONAL	0,00
Receita de Participação em Controladas, Coligadas, Filiais ou Sucursais	0,00
Outras Receitas	0,00
(-)Outras Despesas	0,00
LUCRO LÍQUIDO ANTES DO IMPOSTO DE RENDA	0,00
(-)Imposto Devido	0,00
LUCRO LÍQUIDO DO PERÍODO DE APURAÇÃO	0,00
LUCRO ARBITRADO NO PERÍODO DE APURAÇÃO ANTES DO IMPOSTO (Lei nº 9.430/1996, art. 16, II)	0,00
(-)Imposto Devido	0,00

3.11.5.3. Demonstrativo de Consolidação

O Demonstrativo de Consolidação conterá, no mínimo, as seguintes informações:

a) identificação de cada controlada, direta ou indireta, ou equiparada que terão os resultados positivos ou negativos consolidados;

b) país de domicílio da controlada, direta ou indireta, e da equiparada;

c) resultado positivo próprio da controlada no período a tributar na moeda do país de domicílio e em Reais;

d) resultado negativo próprio da controlada no período em moeda do país de domicílio e em Reais;

e) resultado negativo utilizado na consolidação na moeda do país de domicílio e em Reais; e

f) saldo de resultado negativo não utilizado na moeda do país de domicílio e em Reais.

3.11.5.4. Demonstrativo de Prejuízos Acumulados no Exterior

Este registro deve ser preenchido pelas pessoas jurídicas para demonstrar os resultados consolidados no exterior de controladas, diretas ou indiretas, equiparadas ou coligadas.

O Demonstrativo de Prejuízos Acumulados no Exterior conterá, no mínimo, as seguintes informações (se houver prejuízo):

a) identificação de cada controlada, direta ou indireta, ou equiparada;

b) país de domicílio da controlada, direta ou indireta, e da equiparada;

c) resultado negativo, em moeda do país de domicílio e em Reais, da controlada de períodos anteriores a 2014, para os optantes das disposições contidas nos artigos 76 a 92 da Lei nº 12.973/2014 e 2015 para os demais;

d) valor do resultado negativo do período em Reais e na moeda do país de domicílio da controlada;

e) resultado negativo acumulado de anos anteriores da própria controlada utilizado na compensação na moeda do país de domicílio;

f) resultado negativo do período utilizado na consolidação na moeda do país de domicílio; e

g) saldo de resultado negativo acumulado na moeda do país de domicílio.

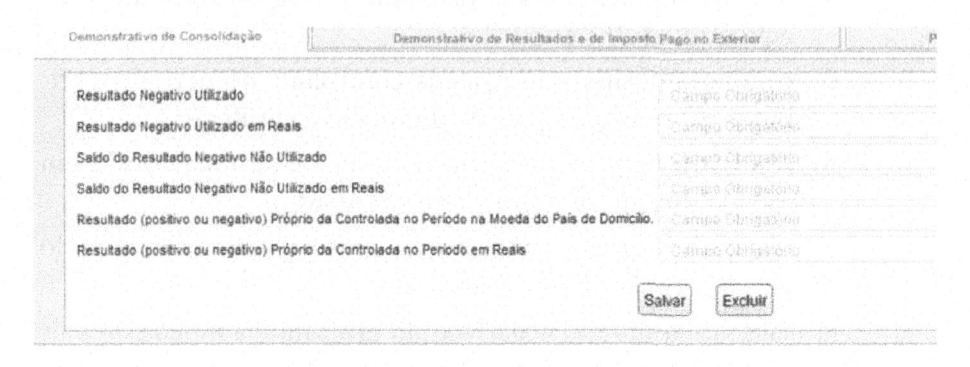

Demonstrativo de Consolidação	Demonstrativo de Resultados e de Imposto Pago no Exterior	
Resultado Negativo Utilizado		Campo Obrigatório
Resultado Negativo Utilizado em Reais		Campo Obrigatório
Saldo do Resultado Negativo Não Utilizado		Campo Obrigatório
Saldo do Resultado Negativo Não Utilizado em Reais		Campo Obrigatório
Resultado (positivo ou negativo) Próprio da Controlada no Período na Moeda do País de Domicílio		Campo Obrigatório
Resultado (positivo ou negativo) Próprio da Controlada no Período em Reais		Campo Obrigatório
	Salvar	Excluir

3.11.5.5. Demonstrativo de Rendas Ativas e Passivas

O Demonstrativo de Rendas Ativas e Passivas deverá conter as seguintes informações para cada controlada direta ou indireta no exterior considerada na consolidação do resultado:

a) identificação da controlada direta ou indireta;

b) país de domicílio da controlada direta ou indireta;

c) valor da renda passiva própria, definida como o somatório dos valores dos incisos "a" a "h" do inciso I do artigo 21 da Instrução Normativa nº 1.520/2014, do ano-calendário, em Reais e na moeda do país de domicílio da controlada;

d) valor da renda total, conforme definida no inciso I do artigo 21, do ano-calendário, em Reais e na moeda do país de domicílio da controlada;

e) valor da renda ativa própria, conforme definida no inciso I do artigo 21, do ano-calendário, em Reais e na moeda do país de domicílio da controlada;

f) valor do percentual obtido mediante a razão entre o valor da renda ativa própria (item e) e renda total (item d).

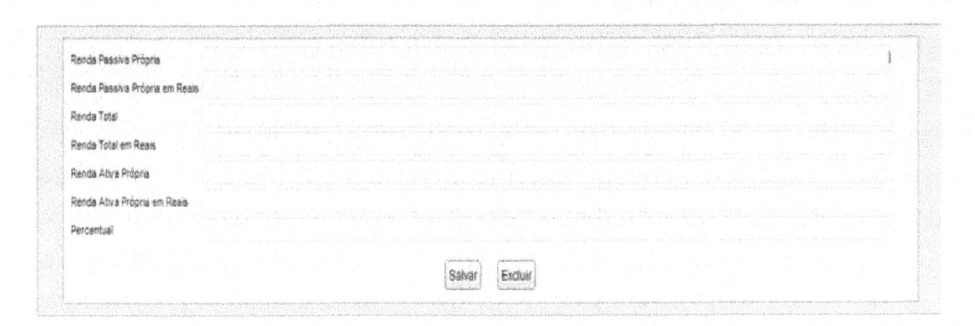

[Formulário com campos: Renda Passiva Própria, Renda Passiva Própria em Reais, Renda Total, Renda Total em Reais, Renda Ativa Própria, Renda Ativa Própria em Reais, Percentual, e botões Salvar e Excluir]

Este registro deve ser preenchido pelas pessoas jurídicas para demonstrar as rendas ativas e passivas no exterior provenientes de controladas, diretas ou indiretas, equiparadas ou coligadas.

De acordo com o art. 84 da Lei nº 12.973/2014, considera-se:

I – renda ativa própria – aquela obtida diretamente pela pessoa jurídica mediante a exploração de atividade econômica própria, excluídas as receitas decorrentes de (**que são consideradas rendas passivas**):

a) **royalties;**

b) **juros;**

c) **dividendos;**

d) **participações societárias;**

e) **aluguéis;**

f) **ganhos de capital, salvo na alienação de participações societárias ou ativos de caráter permanente adquiridos há mais de 2 (dois) anos;**

g) **aplicações financeiras; e**

h) **intermediação financeira.**

II – renda total – somatório das receitas operacionais e não operacionais, conforme definido na legislação comercial do país de domicílio da investida; e

III – regime de subtributação – aquele que tributa os lucros da pessoa jurídica domiciliada no exterior à alíquota nominal inferior a 20% (vinte por cento)

§ 1º As alíneas "b", "g" e "h" do inciso I não se aplicam às instituições financeiras reconhecidas e autorizadas a funcionar pela autoridade monetária do país em que estejam situadas.

§ 2º Poderão ser considerados como renda ativa própria os valores recebidos a título de dividendos ou a receita decorrente de participações societárias relativas a investimentos efetuados até 31 de dezembro de 2013 em pessoa jurídica cuja receita ativa própria seja igual ou superior a 80% (oitenta por cento).

Nota
Este demonstrativo é o que se refere o inciso IV do art. 35 da Instrução Normativa RFB nº 1.520, de 4 de dezembro de 2014.

O Demonstrativo de Imposto Pago no Exterior deverá conter as seguintes informações para cada controlada, direta ou indireta, equiparada à controlada, coligada, filial ou sucursal no exterior:

a) identificação da controlada, direta ou indireta, equiparada à controlada, coligada, filial ou sucursal;

b) país de domicílio da investida;

c) imposto pago no exterior, em Reais e na moeda estrangeira;

d) imposto retido na fonte decorrente de rendimentos recebidos pela filial, sucursal ou controlada domiciliada no exterior, em Reais e na moeda estrangeira; e

e) imposto incidente sobre o lucro distribuído em Reais e na moeda do país de domicílio da investida.

3.11.5.6. Demonstrativo de Estrutura Societária

O Demonstrativo de Estrutura Societária deverá conter as seguintes informações para cada controlada, direta ou indireta, coligada, filial e sucursal no exterior:

a) identificação da controlada, direta ou indireta, coligada, filial ou sucursal;

b) identificação da investidora que detém participação direta na investida;

c) percentual de participação da investidora direta;

d) país de domicílio da investida; e

e) se a investida se enquadra como atividade de prospecção e exploração de petróleo e gás conforme o artigo 20 da Instrução Normativa nº 1.520/2014.

Nota

A controladora no Brasil ou sua equiparada deverá informar no Demonstrativo de Estrutura Societária os investimentos possuídos indiretamente por controladas, diretas e indiretas, no exterior em controladas ou coligadas domiciliadas no Brasil.

3.11.5.7. Demonstrativo de Resultados no Exterior Auferidos por Intermédio de Coligadas em Regime de Caixa

O **Demonstrativo Resultados no Exterior auferidos por intermédio de Coligadas em Regime de Caixa deverá** conter as seguintes informações para cada coligada no exterior:

a) identificação da coligada no exterior cujos rendimentos auferidos no exterior serão reconhecidos pelo regime de caixa;

b) país de domicílio da coligada;

c) se a investida se enquadra como atividade de prospecção e exploração de petróleo e gás conforme o artigo 20 da Instrução Normativa nº 1.520/2014;

d) resultado do período na moeda do país de domicílio e em Reais; e

e) lucro disponibilizado no período em moeda do país de domicílio e em Reais.

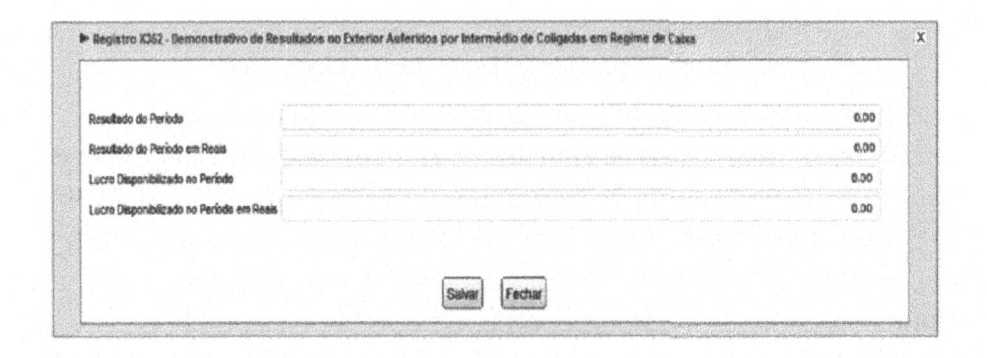

Outros Registros adicionais da ECF que devem ser analisados e preenchidos conforme o caso e obrigatoriedade

Registro X353: Demonstrativo de Consolidação

Este registro deve ser preenchido pelas pessoas jurídicas para demonstrar os resultados consolidados no exterior de controladas, diretas ou indiretas, equiparadas ou coligadas.

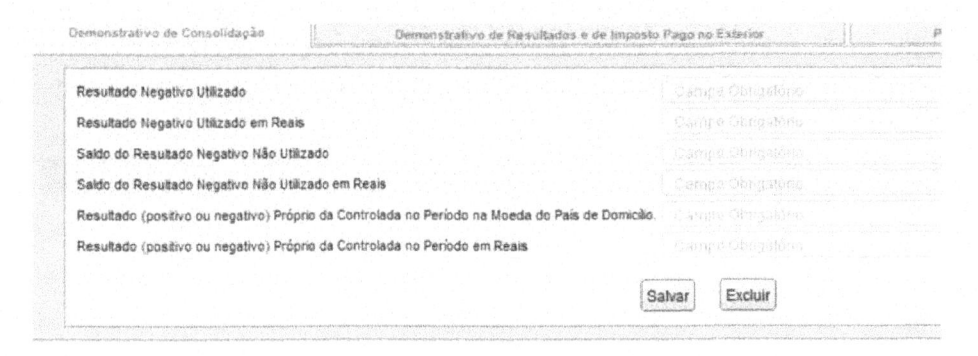

Registro X354: Demonstrativo de Prejuízos Acumulados

Este registro deve ser preenchido pelas pessoas jurídicas para demonstrar os prejuízos acumulados no exterior de controladas, diretas ou indiretas, equiparadas ou coligadas.

Observação: Em X354.RES_NEG deverá ser o valor total do resultado negativo de cada controlada, direta ou indireta, equiparada ou coligada.

Demonstrativo de Estrutura Societária

Registro X356: este registro deve ser preenchido pelas pessoas jurídicas para demonstrar a estrutura societária no exterior de controladas, diretas ou indiretas, equiparadas ou coligadas.

Registro X357: Investidoras Diretas

Este registro será preenchido para informar as investidoras diretas das participações informadas no registro X340 quando o campo indicador de controle do registro X340 (X340.IND_CONTROLE) for diferente de "5 – Filial ou Sucursal". Quando só houver o declarante como investidora direta, o registro deve ser preenchido somente com as informações do declarante.

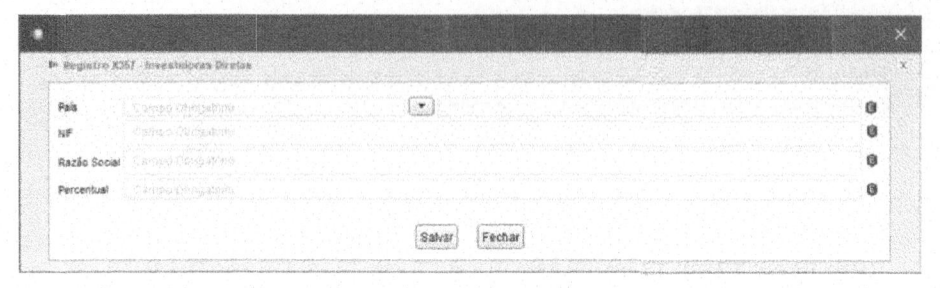

Nota

Este demonstrativo é o que se refere o inciso VI do art. 35 da Instrução Normativa RFB nº 1.520, de 4 de dezembro de 2014.

CAPÍTULO 4
VISÃO TRIBUTÁRIA DA HOLDING

Neste capítulo trataremos da tributação da Holding, da avaliação de investimento pelo custo de aquisição ou pela equivalência patrimonial, bem como de outros pontos importantes aplicados a esse tipo de empresa.

Como vimos anteriormente, a Holding pode ser pura ou mista, sendo que no caso da pura, a única receita que ela tem é o lucro e a equivalência patrimonial, onde não teremos tributação. Diferente da Holding mista que está sujeita à tributação dos demais objetos ou atividades.

Assim, com base nessas indicações analisaremos os detalhes sobre a tributação.

4.1. Conceito de Receita Bruta

Para que possamos tratar da tributação, inicialmente é importante que saibamos o que é receita bruta conforme a legislação pertinente.

Importa saber que a Lei nº 12.973/2014, resultado da conversão da Medida Provisória nº 627/2013, que trouxe importantes alterações na legislação tributária, definiu a receita bruta que passou a ser utilizada para os tributos federais (PIS/Pasep, Cofins, IRPJ e CSLL), com pequenas diferenças para o regime cumulativo (só o faturamento) e não cumulativo (faturamento e demais receitas) do PIS/Pasep e da Cofins, que veremos no momento apropriado.

Portanto, de acordo com o artigo 12 do Decreto-Lei nº 1.598/1977 e o artigo 26 da Instrução Normativa RFB nº 1700/2017, a receita bruta compreende:

1. o produto da venda de bens nas operações de conta própria;
2. o preço da prestação de serviços em geral;
3. o resultado auferido nas operações de conta alheia; e
4. as receitas da atividade ou objeto principal da pessoa jurídica, não compreendidas nos itens 1 a 3 acima.

A receita líquida será a receita bruta diminuída de:
a. devoluções e vendas canceladas;
b. descontos concedidos incondicionalmente;
c. tributos sobre ela incidentes; e
d. valores decorrentes do ajuste a valor presente de que trata o inciso VIII do *caput* do art. 183 da Lei nº 6.404, de 1976, das operações vinculadas à receita bruta.

Na receita bruta **não se incluem** os tributos não cumulativos cobrados, destacadamente, do comprador ou contratante pelo vendedor dos bens ou pelo prestador dos serviços na condição de mero depositário.

Na receita bruta **incluem-se** os tributos sobre ela incidentes e os valores decorrentes do ajuste a valor presente, de que trata o inciso VIII do *caput* do art. 183 da Lei nº 6.404, de 1976, das operações decorrentes do objeto ou atividade da pessoa jurídica, observado o que não se inclui neste conceito conforme o parágrafo anterior.

Agora sim, temos um caminho para o início da análise da tributação da Holding.

4.1.1. Conceito de Receita Bruta para a Holding

Analisando o conceito de receita bruta acima exposto e mais especificamente o inciso IV do artigo 26 da Instrução Normativa RFB nº 1700/2017, abaixo transcrito, temos:

"Art. 26. A receita bruta compreende:

I – o produto da venda de bens nas operações de conta própria;

II – o preço da prestação de serviços em geral;

III – o resultado auferido nas operações de conta alheia; e

IV– **as receitas da atividade ou objeto principal da pessoa jurídica, não compreendidas nos incisos I a III**".

As receitas percebidas pela Holding podem estar contempladas no inciso IV quando decorrentes da aplicação do Método da Equivalência Patrimonial – MEP, observando que o lucro ou dividendo também estão abrangidos.

Portanto, como podemos verificar, o legislador não quis deixar margem para uma alegação de falta de previsão legal para fins de tributação, abrangendo toda e qualquer receita do objeto ou atividade.

4.2. Aquisição de Investimento pela Holding

A Holding tem por objetivo principal participar do capital de outras sociedades. Ou seja, ela participa do quadro de sócios ou acionistas. É uma forma de planejamento tributário que pode ser muito seguro, sendo bem realizado.

O investimento (participação no capital de outras sociedades) realizado precisa ser analisado com o objetivo de verificar como será a sua avaliação.

De acordo com o artigo 183, inciso III da Lei nº 6.404/1976 (LSA), temos a disposição de que os investimentos em participação no capital de outras sociedades serão avaliados:

a) pelo **custo de aquisição**, ou
b) pelo **método da equivalência patrimonial**.

Com base nas disposições acima, vamos analisar detalhadamente as formas de avaliação do investimento.

4.2.1. Classificação Contábil do Investimento

Um detalhe importante é a classificação do investimento na contabilidade, sendo que estamos tratando de um investimento permanente. Ou seja, quando não existe a intenção de negociá-lo a título de especulação.

A Lei nº 6.404/1976, bastante abordada neste livro e a base de tudo, determina em seus artigos 178, § 1º, incisos I e II e 179, incisos I e III, que no balanço as contas serão classificadas segundo os elementos do patrimônio que registrem, e agrupadas de modo a facilitar o conhecimento e a análise da situação financeira da companhia.

Assim, no ativo, as contas serão dispostas em ordem decrescente de grau de liquidez dos elementos nelas registrados, nos seguintes grupos:
- ativo circulante:
- as disponibilidades, os direitos realizáveis no curso do exercício social subsequente e as aplicações de recursos em despesas do exercício seguinte;
- ativo não circulante, composto por ativo realizável a longo prazo, **investimentos**, imobilizado e intangível:

- em investimentos: as participações permanentes em outras sociedades e os direitos de qualquer natureza, não classificáveis no ativo circulante, e que não se destinem à manutenção da atividade da companhia ou da empresa.

Logo, o investimento decorrente de participações societárias permanentes será classificado, conforme o Plano de Contas Referencial da obrigação acessória Escrituração Contábil Fiscal – ECF:

1.02	ATIVO NÃO CIRCULANTE
1.02.02	INVESTIMENTOS
1.02.02.01	PARTICIPAÇÕES PERMANENTES EM SOCIEDADES – NO PAÍS Descrição: Contas que registram investimentos permanentes no país, na forma de participação em outras sociedades nas quais se detenham o controle. No Plano de Contas temos outras contas específicas que tratam de outras participações: Controladas – Coligadas – Joint Ventures – Sociedades de Propósito Específico (SPE) – Outras Sociedades do Mesmo Grupo ou Controle Comum – Sociedades em Conta de Participação (SCP): sócio ostensivo ou sócio participante.

Portanto, o investimento permanente deve ser classificado da forma determinada pela legislação.

4.2.1.1. Investimento Permanente Versus Investimento Temporário

O investimento em outras sociedades pode ser permanente ou temporário.

O investimento com finalidade permanente se sujeita à avaliação pelo custo de aquisição ou pelo método de equivalência patrimonial, devidamente registrado no Ativo Não Circulante – Investimento.

Já o investimento temporário tem caráter especulativo, adquirido com a intenção de venda, é classificado no Ativo Circulante ou no Ativo Realizável a Longo Prazo, dependendo do prazo em que se pretende especular, sendo avaliado pelo custo de aquisição ou pelo seu valor justo (LSA, artigo 179, incisos I e II).

Analisando o Plano de Contas Referencial da obrigação acessória Escrituração Contábil Fiscal – ECF temos:

Capítulo 4 – Visão Tributária da Holding

1.01	ATIVO CIRCULANTE
1.01.01.05	TÍTULOS E VALORES MOBILIÁRIOS – NÃO HEDGE – NO PAÍS
1.01.01.05.01	Títulos para Negociação – Mensurados a Valor Justo Por Meio do Resultado (VJPR) – No País Descrição: Contas que registram ativos financeiros, cuja contraparte ou ambiente negocial tenham sede ou domicílio no país, sobre os quais há a intenção de negociação no curto prazo ou se a mensuração pelo valor justo diminuir ou eliminar alguma inconsistência de mensuração de acordo com a gestão financeira da empresa (*fair value option*) e ainda não estejam melhor classificados em outras contas mais específica, mesmo que extrapolem o conceito da Lei nº 6.385/76. Os derivativos utilizados como hedge devem ser registrados no grupo 1.01.01.06.

ou

1.02	ATIVO NÃO CIRCULANTE
1.02.01	REALIZÁVEL A LONGO PRAZO
1.02.01.01.07	Títulos Patrimoniais Avaliados pelo Custo – Longo Prazo **Descrição:** Contas que registram os títulos patrimoniais, **participações societárias**, avaliados pelo custo de aquisição, quando o valor justo não puder ser aplicado por ausência de informações confiáveis.

Ou seja, no Plano de Contas da temos a segregação necessária para a correta classificação do investimento.

> Dica: O Manual de Orientação do leiaute da Escrituração Contábil Fiscal (ECF), assim como as Tabelas Dinâmicas e os Planos de Contas Referenciais desta obrigação, são fonte rica de pesquisa e compreensão para a tributação.

Sobre os investimentos temporários, quando das alterações trazidas pela Lei nº 11.638/2007, a Fundação Instituto de Pesquisas Contábeis, Atuariais e Financeiras (FIPECAFI), entidade privada de referência para a área contábil, dentre outras, elaborou algumas perguntas e respostas de muita valia, que veremos no tópico a seguir.

4.2.1.2. Perguntas e Respostas – Investimentos Temporários

A seguir transcrevemos algumas perguntas e respostas elaboradas pela FIPECAFI – Item "1.3 Investimentos Temporários":

Como devem ser classificados os investimentos temporários?

Os investimentos temporários devem figurar no Ativo Circulante. Isso não altera a classificação anteriormente existente.

Quais os novos critérios para avaliação dos investimentos temporários?

Para esses, a metodologia de avaliação dependerá do prazo esperado de suas vendas ou recebimentos, podendo as suas variações afetarem o resultado do exercício ou a conta de ajuste de avaliação patrimonial, dependendo do caso.

Como devem ser segregados os investimentos temporários?

Destinados à negociação imediata – investimentos temporários já destinados a serem negociados, ou seja, com sua negociação devidamente autorizada pela gestão da empresa. Disponíveis para futura venda – se a empresa tiver aplicações financeiras destinadas para futura venda, mas essa venda não estiver ainda devidamente autorizada.

Mantidos até o vencimento – investimentos para os quais a empresa tenha intenção e capacidade financeira de manter até seu vencimento.

Como devo utilizar a conta de Ajuste de Avaliação Patrimonial para contemplar a variação do valor justo dos investimentos temporários?

Se a empresa tiver aplicações financeiras destinadas para futura venda, mas essa venda não estiver ainda devidamente autorizada, isso representa apenas uma intenção: assim, essas aplicações serão reconhecidas em duas etapas: primeiramente aplicam-se os juros e atualização monetária a que tiverem direito, contra o resultado do período. Após isso, seus valores são ajustados a seu valor de mercado. A contrapartida dessas últimas oscilações é que será na conta de Ajustes de Avaliação Patrimonial, no Patrimônio Líquido.

Com essas definições, agora temos condições de definir o tipo de investimento, que no caso da Holding, trataremos do investimento permanente com a sua devida avaliação.

4.3. Avaliação de Investimento – Custo de Aquisição

Os investimentos em participação no capital social de outras sociedades, quando não avaliados pelo método de equivalência patrimonial, previsto nos artigos 248 a 250 da LSA serão avaliados pelo **custo de aquisição**, deduzido de provisão para perdas prováveis na realização do seu valor, quando essa perda estiver comprovada como permanente, e que não será modificado em razão do recebimento, sem custo para a companhia, de ações ou quotas bonificadas.

Esses investimentos são adquiridos e registrados pelo valor da efetiva compra, mesmo tendo ágio ou deságio.

4.3.1. Tributação

Como regra geral, os lucros e dividendos recebidos de outra pessoa jurídica integrarão o lucro operacional. Mas, existe exceção quando:

a) decorrentes de participação societária **avaliada pelo custo de aquisição**, adquirida até seis meses antes da data da respectiva percepção, serão registrados pelo contribuinte como diminuição do valor do custo e não influenciarão as contas de resultado. Ou seja, o recebimento de lucros ou dividendos até seis meses após a data de aquisição do investimento será deduzido da conta de investimento e não será tratado como receita (Decreto nº 9.580/2018 – RIR/2018, artigo 416).

De acordo com algumas pesquisas realizadas por nós em diversos livros, citados nas Referências Bibliográficas, uma das explicações que analisamos e entendemos como pertinente para detalhar a situação é que quando o dividendo é pago em até 6 meses da data de aquisição do investimento, a investidora (Holding) despendeu um valor maior pelas ações da investida em decorrência de estarem "cheias" (esperava-se que ocorresse a distribuição de dividendos).

Depois dessa distribuição, essas ações estariam "vazias" e com menor cotação no mercado. Assim, por esse motivo, o dividendo é contabilizado como redução do valor do investimento no Ativo da investidora (Holding).

Assim podemos resumir o recebimento de lucros e dividendos:

Recebidos **em até 6 meses** após a aquisição.	Reduzem o investimento.	Não influenciam o resultado. **Tratamento contábil:**
		D – Dividendo a receber (Ativo Circulante)
		C – Participações societárias (Ativo Não Circulante – Investimento)
Recebidos **depois de 6 meses** da data de aquisição	Não reduzem o investimento.	Influenciam o resultado, mas não são tributos porque já foram tributados na investida. Regra geral do artigo 10 da Lei nº 9.249/1995.
		Tratamento contábil:
		D – Dividendo a receber (Ativo Circulante)
		C – Receita de dividendo (Conta de Resultado)
		Tratamento tributário:
		Exclusão da parte "A" do Lalur e do Lacs.

b) são distribuídos pela coligada ou controlada e são registrados como diminuição do valor de patrimônio líquido do investimento (Método de Equivalência Patrimonial).

Portanto, na avaliação de investimento pelo método de custo, a Holding apenas terá como receita, o lucro ou dividendo recebido em decorrência de sua participação.

Agora vejamos o tratamento desses lucros ou dividendos.

4.3.2. Lucro Real

Os lucros ou dividendos (rendimentos) recebidos pela Holding que apura o imposto com base no lucro real serão excluídos do lucro líquido, para efeito de determinar o lucro real, quando estiverem sujeitos à tributação nas firmas ou sociedades que os distribuíram (RIR/2018, artigo 415).

Contudo, tal disposição não se aplica aos lucros ou dividendos auferidos após a alienação ou liquidação de investimento avaliado pelo valor de patrimônio líquido, quando não tenham sido computados na determinação do ganho ou perda de capital.

4.3.2.1. Lucro Real Calculado por Estimativa (Aplicação de Percentuais de Presunção Sobre a Receita Bruta)

Não integram as bases de cálculo, os lucros e dividendos decorrentes de participações societárias não avaliadas pelo método da equivalência patrimonial, em empresas domiciliadas no Brasil (IN RFB nº 1700/2017, art. 40, inciso IV).

Ou seja, neste caso a Holding tem a receita advinda dos lucros ou dividendos, mas o mesmo não se sujeita à aplicação do percentual de presunção, o que não resultará em base de cálculo.

4.3.2.2. Lucro Real Calculado com Base no Balancete de Redução ou Suspensão

No cálculo do lucro real com base no balancete de redução ou suspensão, o lucro ou dividendo também não será oferecido à tributação, pois já ficou sujeito à tributação na investida. Portanto, ao ser computado como receita, podemos:

- ✓ excluí-lo do lucro líquido, no Lalur, para fins de apuração do lucro real da investidora do período-base (RIR/2018, art. 415, *caput* e § 1º);
- ✓ excluí-lo do lucro líquido para efeito de determinação da base de cálculo da Contribuição Social sobre o Lucro – CSL (Lei nº 7.689/1988, art. 2º, § 1º, alínea "c", item 5).

Informação conforme o **Anexo II – Tabela de Exclusões do Lucro Líquido da Instrução Normativa RFB nº 1.700 de 2017**: Lei nº 9.249, de 1995, art. 10, Decreto-Lei nº 1.598, de 1977, art. 22, parágrafo único e art. 33, Decreto-Lei nº 2.072, de 1983, art. 2º, e Lei nº 7.689, de 1988, art. 2º, § 1º, alínea "c", item 5.

Dessa forma, os lucros ou dividendos percebidos pela Holding, que apuram o investimento com base no custo de aquisição, não se sujeitam à tributação do IRPJ e da CSLL.

4.3.2.3. Plano de Contas Referencial da Escrituração Contábil Fiscal – ECF

Vejamos as exclusões dos lucros e dividendos no Plano de Contas Referencial da ECF:

Registro "M300A – Demonstrativo do Lucro Real (e-Lalur-Parte A) – PJ em Geral"

1	ATIVIDADE GERAL
94	EXCLUSÕES
96	(-) Lucros e dividendos derivados de investimentos avaliados pelo custo de aquisição Descrição: Art. 238, da Instrução Normativa RFB nº 1.700/2017. Informar nesta linha o valor dos lucros derivados de investimentos avaliados pelo custo de aquisição no País, inclusive da SCP, que, em observância à legislação pertinente, podem ser excluídos do lucro líquido para fins de determinação do lucro real.

Registro "M350A – Demonstrativo da Base de Cálculo da CSLL (e-Lacs-Parte A) – PJ em Geral"

1	ATIVIDADE GERAL
94	EXCLUSÕES
96	(-) Lucros e dividendos derivados de investimentos avaliados pelo custo de aquisição

Assim, neste tópico, tratamos sobre o investimento avaliado pelo custo de aquisição, em relação ao regime do lucro real.

4.3.3. Lucro Presumido

O legislador não fez menção em relação à tributação com base no lucro presumido.

Contudo, tendo em vista que no investimento pelo custo de aquisição, a Holding apenas tem como receita bruta o valor dos lucros ou dividendos, seguimos a regra geral estabelecida pela Lei nº 9.249/1995, em seu artigo 10 e pela Instrução Normativa RFB nº 1700/2017, artigo 238.

Logo, esses valores (lucros ou dividendos) calculados com base nos resultados apurados a partir do mês de janeiro de 1996, pagos ou creditados pelas pessoas jurídicas tributadas com base no lucro presumido não ficarão sujeitos à incidência do imposto de renda na fonte, nem integrarão a base de cálculo do imposto de renda do beneficiário, pessoa física ou jurídica, domiciliado no País ou no exterior.

O mesmo critério é aplicado em relação à CSLL, tendo em vista o artigo 3º da Instrução Normativa RFB nº 1.700 de 2017.

4.3.3.1. Plano de Contas Referencial da Escrituração Contábil Fiscal – ECF

Na ECF, no registro "P100A – Plano de Contas Referencial – Contas Patrimoniais – PJ do Lucro Presumido – PJ em Geral" temos:

1.02	ATIVO NÃO CIRCULANTE
1.02.02	INVESTIMENTOS
1.02.02.10	OUTROS INVESTIMENTOS PERMANENTES
1.02.02.10.10	**Outros Investimentos Permanentes** **Descrição:** Contas que registram outros investimentos não classificáveis em contas mais específicas.

Assim, neste tópico, tratamos sobre o investimento avaliado pelo custo de aquisição, em relação ao regime do lucro presumido.

4.4. PIS/Pasep e Cofins

O conceito de receita bruta, como já mencionado, também é válido para as contribuições para o PIS/Pasep e da Cofins, seja no regime cumulativo ou não cumulativo, com algumas diferenças.

4.4.1. PIS/Pasep e Cofins – Regime Cumulativo

As pessoas jurídicas que observam o regime cumulativo do PIS/Pasep e da Cofins se sujeitam às disposições da Lei nº 9.718/1998.

A referida Lei dispõe em seus artigos 2º e 3º que o PIS/Pasep e a Cofins serão calculados com base no seu faturamento.

O faturamento compreende a receita bruta de que trata o artigo 12 do Decreto-Lei nº 1.598, de 26 de dezembro de 1977.

Assim, no regime cumulativo, apenas são tributadas as receitas advindas do objeto ou atividade das pessoas jurídicas.

Esclarecemos que os valores decorrentes do ajuste a valor presente, de que trata o inciso VIII do *caput* do artigo 183 da Lei nº 6.404/1976, das operações que fazem parte do objeto ou atividade da pessoa jurídica, serão tributadas como receita bruta (Decreto-Lei nº 1.598/1977, artigo 12, § 5º).

Portanto, os lucros e dividendos percebidos pela Holding são receita bruta, tendo em vista um componente desse conceito, qual seja "as receitas da atividade ou objeto principal da pessoa jurídica".

Todavia, o artigo 3º, § 2º, inciso II da Lei nº 9.718/1998 estabelece que para fins de determinação da base de cálculo das contribuições, excluem-se da receita bruta os lucros e dividendos derivados de participações societárias, que tenham sido computados como receita bruta.

O mesmo tratamento é determinado pela Instrução Normativa RFB nº 1.911 de 2019, em seu artigo 27, inciso XI.

4.4.1.1. Tratamento dos Lucros e Dividendos na EFD-Contribuições – Regime Cumulativo – Análise

De acordo com análise anterior, sabemos que o valor dos lucros ou dividendos são receita bruta, mas, para fins de determinação da base de cálculo do PIS/Pasep e da Cofins, excluem-se da receita bruta para o regime cumulativo, conforme dispositivos já mencionados.

Assim, analisando a literalidade do artigo 3º, § 2º, inciso II da Lei nº 9.718 de 1998, temos:

"Art. 3º O faturamento a que se refere o art. 2º compreende a receita bruta de que trata o <u>art. 12 do Decreto-Lei no 1.598, de 26 de dezembro de 1977.</u>

(...)

§ 2º Para fins de determinação da base de cálculo das contribuições a que se refere o art. 2º, excluem-se da receita bruta:

(...)

II – as reversões de provisões e recuperações de créditos baixados como perda, que não representem ingresso de novas receitas, o resultado positivo da avaliação de investimento pelo valor do patrimônio líquido e os **lucros e dividendos derivados de participações societárias, que tenham sido computados como receita bruta;**" (grifo nosso)

Portanto, é uma receita conforme o artigo 12, inciso IV do Decreto-Lei n° 1.598/1977 e deve ser excluída da receita bruta.

Logo, na EFD-Contribuições vejamos as possibilidades de tratamento:

1) Informar no "Registro F100: Demais Documentos e Operações Geradoras de Contribuição e Créditos", utilizando o CST – Código da Situação Tributária: **01 – Operação Tributável com Alíquota Básica e excluir a receita da base de cálculo**;

2) Informar no "Registro F100: Demais Documentos e Operações Geradoras de Contribuição e Créditos", utilizando o CST – Código da Situação Tributária: **08 – Operação sem Incidência da Contribuição**;

A CST 08 não seria a mais correta porque não é uma receita sem incidência. Vejamos a "Tabela 4.3.15 – Tabela Operações sem Incidência da Contribuição Social (CST 08) – Versão 1.0.1":

900	DEMAIS RECEITAS SEM INCIDÊNCIA
901	Regime Cumulativo – Demais receitas não classificadas como faturamento, não enquadradas como receita bruta nos termos do art. 3° da Lei n° 9.718, de 1998
999	Outras receitas sem incidência

Ou seja, não se enquadra no Código 901 porque não é "demais receitas" e também não é receita sem incidência conforme a legislação, mas poderia se enquadrar no código 999 que não possui uma explicação na tabela.

3) Informar no "Registro F100: Demais Documentos e Operações Geradoras de Contribuição eCréditos", utilizando o CST – Código da Situação Tributária: **99 – Outras Operações**.

4) Não informar na EFD-Contribuições, já que os lucros ou dividendos que fizerem parte da receita bruta devem ser excluídos da receita. Porém, não acreditamos ser o procedimento mais pertinente.

Todavia, como não temos nenhum esclarecimento sobre a situação, seria de extrema importância consultar o "Fale Conosco" da EFD-Contribuições, disponível no site do SPED, para obter a orientação mais adequada.

4.4.1.2. PIS/Pasep e Cofins – Regime Não Cumulativo

Com observância das Leis nos 10.637/2002 e 10.833/2003, artigo 1º, o PIS/Pasep e a Cofins, apurados com base no regime não cumulativo, incidem sobre o total das receitas auferidas no mês pela pessoa jurídica, independentemente de sua denominação ou classificação contábil.

Esse total das receitas compreende a receita bruta de que trata o artigo 12 do Decreto-Lei nº 1.598, de 26 de dezembro de 1977, e todas as demais receitas auferidas pela pessoa jurídica com os seus respectivos valores decorrentes do ajuste a valor presente de que trata o inciso VIII do *caput* do artigo 183 da Lei nº 6.404, de 15 de dezembro de 1976.

Porém, temos a disposição de que no regime não cumulativo dessas contribuições, não integram a base de cálculo as receitas decorrentes de lucros e dividendos derivados de participações societárias, que tenham sido computados como receita (Leis nos 10.637/2002 e 10.833/2003, artigo 1º, § 3º, inciso V, alínea "b" e Instrução Normativa RFB nº 1.911 de 2019, artigo 27, inciso XI).

Ou seja, temos receita, mas não temos tributação.

4.4.1.3. Tratamento dos Lucros e Dividendos na EFD-Contribuições – Regime Não Cumulativo – Análise

No regime não cumulativo do PIS/Pasep e da Cofins temos a receita decorrente de lucros ou dividendos derivados de participações societárias, porém, a mesma não integra a base de cálculo.

Vejamos o artigo 1º das Leis nºs 10.637/2002 e 10.833/2003:

> "Art. 1º A Contribuição para o Financiamento da Seguridade Social – Cofins, com a incidência não cumulativa, incide sobre o total das receitas auferidas no mês pela pessoa jurídica, independentemente de sua denominação ou classificação contábil.
>
> (...)
>
> § 3º Não integram a base de cálculo a que se refere este artigo as
>
> receitas:
>
> (...)

b) reversões de provisões e recuperações de créditos baixados como perda que não representem ingresso de novas receitas, o resultado positivo da avaliação de investimentos pelo valor do patrimônio líquido e os lucros e dividendos derivados de participações societárias, que tenham sido computados como receita;"

A mesma disposição está prevista na Instrução Normativa RFB nº 1.911 de 2019, artigo 27, inciso XI.

Contudo, para essa situação temos orientação prevista nas Perguntas Frequentes da EFD-Contribuições, como segue:

"**47) Qual CST utilizar nas situações abaixo, quando o contribuinte estiver sujeito ao regime de apuração não cumulativo ou misto das contribuições?**

i) Operações de que trata o inciso IV do *caput* do art. 187 da Lei nº 6.404, de 15 de dezembro de 1976, decorrentes da venda de bens do ativo não circulante, classificado como investimento, imobilizado ou intangível?

ii) Operações de reversões de provisões e recuperações de créditos baixados como perda que não representem ingresso de novas receitas, o resultado positivo da avaliação de investimentos pelo valor do patrimônio líquido e os **lucros e dividendos derivados de participações societárias, que tenham sido computados como receita?**

No regime não cumulativo estas receitas são hipóteses de exclusão de base de cálculo (conforme art. 1º das Leis 10.637/2002 e 10.833/2003).

Dessa forma estas receitas devem ser informadas com o CST 01 e o respectivo valor da receita deve ser excluído da base de cálculo. Dessa forma, o campo de base de cálculo do respectivo registro onde estas receitas foram informadas terá valor zero".

Assim, para fins do procedimento acima, utiliza-se o "Registro F100: Demais Documentos e Operações Geradoras de Contribuição e Créditos".

4.4.2. Quadro Sinótico de Tributação – Lucros ou dividendos – Investimento Avaliado pelo Custo de Aquisição

Com base em tudo que verificamos anteriormente, elaboramos um quadro sinótico para simplificar o tema:

Regime Tributário	Tributo	Tributo	Receita	Tributação
Lucro Real anual	IRPJ	CSLL	Receita bruta (lucros e dividendos derivados de participações societárias)	Não (exclusão do lucro líquido)
Lucro Real trimestral	IRPJ	CSLL	Receita bruta (lucros e dividendos derivados de participações societárias)	Não (exclusão do lucro líquido)
Lucro Presumido	IRPJ	CSLL	Receita bruta (lucros e dividendos derivados de participações societárias)	Não
Regime não cumulativo	PIS/Pasep	Cofins	Receita bruta (lucros e dividendos derivados de participações societárias)	Não (não integram a base de cálculo)
Regime cumulativo	PIS/Pasep	Cofins	Receita bruta (lucros e dividendos derivados 0de participações societárias)	Não (exclusão da receita bruta)

4.5. Avaliação do Investimento pelo Custo de Aquisição – Holding Pura e Holding Mista

Com base nas disposições que vimos quanto à tributação da Holding, em relação à avaliação de investimento pelo custo de aquisição, temos a **Holding pura** que apenas tem como receita os lucros e dividendos derivados de participações societárias; e a **Holding mista** que além da receita anterior também possui a receita de outras atividades, conforme o objeto social (contrato social) ou a atividade (fora do contrato social).

Assim, a Holding pura não terá tributação do IRPJ, CSLL, PIS/Pasep e Cofins, enquanto a Holding mista só não tributará os lucros ou dividendos percebidos, devendo tributar a receita bruta decorrentes de outros objetos ou atividades.

4.6. Receitas Financeiras

As receitas financeiras estão definidas no artigo 397 do RIR/2018 e decorrem de juros, desconto, lucro na operação de reporte e os rendimentos ou os lucros de aplicações financeiras de renda fixa ou variável, ganhos pelo contribuinte.

Ainda, conforme o artigo 9º da Lei nº 9.718/1998, as variações monetárias dos direitos de crédito e das obrigações do contribuinte, em função da taxa de câmbio ou de índices ou coeficientes aplicáveis por disposição legal ou contratual serão consideradas, para efeitos da legislação do Imposto de Renda, da Contribuição Social sobre o Lucro Líquido, da contribuição PIS/Pasep e da Cofins, como receitas ou despesas financeiras, conforme o caso.

Com base nas disposições acima, relacionamos o tratamento das receitas financeiras para os regimes cumulativo e não cumulativo das contribuições.

4.6.1. Regime Cumulativo

As pessoas jurídicas que observam o regime cumulativo do PIS/Pasep e da Cofins se sujeitam às disposições da Lei nº 9.718/1998.

A referida Lei dispõe em seus artigos 2º e 3º que o PIS/Pasep e a Cofins serão calculados com base no seu faturamento.

Por sua vez, o faturamento compreende a receita bruta de que trata o artigo 12 do Decreto-Lei nº 1.598, de 26 de dezembro de 1977.

Logo, no regime cumulativo, apenas são tributadas as receitas advindas do objeto ou atividade das pessoas jurídicas.

Contudo, vale lembrar que os valores decorrentes do ajuste a valor presente, de que trata o inciso VIII do *caput* do artigo 183 da Lei nº 6.404/1976, das operações que fazem parte do objeto ou atividade da pessoa jurídica, serão tributadas como receita bruta (Decreto-Lei nº 1.598/1977, artigo 12, § 5º).

Sendo assim, se a receita financeira não faz parte do objeto ou atividade da pessoa jurídica, não teremos a tributação do PIS/Pasep e da Cofins no regime cumulativo.

4.6.2. Regime Não Cumulativo

De acordo com as Leis nᵒˢ 10.637/2002 e 10.833/2003, artigo 1º, o PIS/Pasep e a Cofins, apurados com base no regime não cumulativo, incidem sobre o total das receitas auferidas no mês pela pessoa jurídica, independentemente de sua denominação ou classificação contábil.

O total das receitas compreende a receita bruta de que trata o artigo 12 do Decreto-Lei nº 1.598, de 26 de dezembro de 1977, e todas as demais receitas auferidas pela pessoa jurídica com os seus respectivos valores decorrentes do ajuste a valor presente de que trata o inciso VIII do *caput* do artigo 183 da Lei nº 6.404, de 15 de dezembro de 1976.

No entanto, desde 1º de julho de 2015, conforme o Decreto nº 8.426/2015, artigo 1º, sobre as receitas financeiras auferidas pelas pessoas jurídicas que observam o regime não cumulativo, temos a tributação de 0,65% para o PIS/Pasep e de 4% para a Cofins.

Apenas permanecem com alíquota zero dessas contribuições, as receitas financeiras decorrentes de variações monetárias, em função da taxa de câmbio, de:

1) operações de exportação de bens e serviços para o exterior; e

2) obrigações contraídas pela pessoa jurídica, inclusive empréstimos e financiamentos.

Também permanecem com alíquota zero as receitas financeiras decorrentes de operações de cobertura (*hedge*) realizadas em bolsa de valores, de mercadorias e de futuros ou no mercado de balcão organizado destinadas exclusivamente à proteção contra riscos inerentes às oscilações de preço ou de taxas quando, cumulativamente, o objeto do contrato negociado:

a) estiver relacionado com as atividades operacionais da pessoa jurídica; e

b) destinar-se à proteção de direitos ou obrigações da pessoa jurídica.

Dessa forma, para o regime não cumulativo das contribuições, deve ser dado o tratamento acima para as receitas financeiras.

4.6.3. Juros Sobre o Capital Próprio – Considerações Gerais e Distorções em Relação ao Lucro Presumido

Como já vimos ao longo do capítulo, a Holding é uma pessoa jurídica comum e se sujeita às mesmas regras das demais pessoas jurídicas.

Dessa forma, também pode receber juros a título de remuneração do capital próprio conforme as regras estabelecidas pelo artigo 9º da Lei nº 9.249/1995 e a Instrução Normativa RFB nº 1.700/2017, artigos 75 e 76.

Os juros remuneratórios sobre o capital próprio são considerados como receita financeira e se sujeitam à tributação em relação ao IRPJ e CSLL pelo lucro real e para o PIS/Pasep e a Cofins no regime não cumulativo.

No regime não cumulativo, a tributação segue as disposições do Decreto nº 8.426/2015, artigo 1º, § 2º, onde as alíquotas serão de 1,65% para o PIS/Pasep e de 7,6% para a Cofins. Ou seja, não são aplicadas as alíquotas diferenciadas de 0,65% para o PIS/Pasep e de 4%, como é o caso de algumas receitas financeiras dispostas no referido Decreto.

Em relação ao lucro presumido, com observância da Instrução Normativa RFB nº 1.700/2017, artigo 215, § 3º, inciso III, temos a disposição de que serão acrescidos às bases de cálculo do IRPJ e da CSLL, os juros sobre o capital próprio auferidos. Tratamento como "outras receitas".

Em relação ao PIS/Pasep e a Cofins no regime cumulativo, que deveria receber o mesmo tratamento que o IRPJ e a CSLL, como outras receitas, a RFB se manifestou por meio da Solução de Consulta COSIT nº 84 de 08.06.2016, esclarecendo que:

"Apartir da publicação da Lei nº 11.941, de 2009, ocorrida em 28 de maio de 2009, a base de cálculo da Contribuição para o PIS/Pasep e da Cofins no regime de apuração cumulativa ficou restrita ao faturamento auferido pela pessoa jurídica, que corresponde à receita bruta de que trata o art. 12 do Decreto-Lei nº 1.598, de 26 de dezembro de 1977, nos termos do art. 2º e *caput* do art. 3º da Lei nº 9.718, de 1998;

A receita bruta sujeita à Cofins compreende as receitas oriundas do exercício de todas as atividades empresariais da pessoa jurídica, e não apenas aquelas decorrentes da venda de mercadorias e da prestação de serviços. **As receitas decorrentes do recebimento de juros sobre o capital próprio** auferidas por pessoa jurídica cujo objeto social seja a participação no capital social de outras sociedades compõem sua receita bruta para fins de apuração da Cofins devidas no regime de apuração cumulativa". (grifo nosso)

Ou seja, temos uma divergência entre o tratamento do IRPJ e da CSLL com o tratamento do PIS/Pasep e da Cofins no regime cumulativo.

Análise:

Se a empresa possui como objeto ou atividade a participação no capital de outras sociedades, esses juros seriam parte da receita bruta e não outras receitas. Logo, teríamos a tributação do PIS/Pasep e da Cofins, IRPJ e CSLL como receita bruta.

Porém, o JCP também poderia ser considerado como uma parte do lucro ou dividendo auferido, o qual não se sujeitaria à nenhuma tributação, seja para o IRPJ e CSLL, como para o PIS/Pasep e a Cofins, no regime cumulativo ou regime não cumulativo.

Assim, ainda não temos um posicionamento definitivo na legislação, sendo interessante acompanhar alguns processos do Superior Tribunal de Justiça – STJ: REsp nº 1.200.492/RS; REsp nº 1.373.438/RS; REsp nº 1.200.492/RS.

4.7. Distribuição Disfarçada de Lucros

Assim, como qualquer empresa que apura com base no lucro real, a Holding também se sujeita à presunção da distribuição disfarçada de lucros. O artigo 60 do Decreto-Lei nº 1.598/1977 e artigos 528 a 530 do RIR/2018 estabelecem que se presume distribuição disfarçada de lucros no negócio pelo qual a pessoa jurídica:

- ✓ aliena, por valor notoriamente inferior ao de mercado, bem do seu ativo a pessoa ligada;
- ✓ adquire, por valor notoriamente superior ao de mercado, bem de pessoa ligada;
- ✓ perde, em decorrência do não exercício de direito à aquisição de bem e em benefício de pessoa ligada, sinal, depósito em garantia ou importância paga para obter opção de aquisição;
- ✓ a parte das variações monetárias ativas (art.18) que exceder as variações monetárias passivas
- ✓ empresta dinheiro a pessoa ligada se, na data do empréstimo, possui lucros acumulados ou reservas de lucros;

✓ paga a pessoa ligada aluguéis, *royalties* ou assistência técnica em montante que excede notoriamente do valor de mercado.

✓ realiza com pessoa ligada qualquer outro negócio em condições de favorecimento, assim entendidas condições mais vantajosas para a pessoa ligada do que as que prevaleçam no mercado ou em que a pessoa jurídica contrataria com terceiros.

Havendo a presunção, a pessoa jurídica se sujeita às penalidades previstas nos artigos 531 e 532 do RIR/2018.

Sobre o assunto, vale destacar um tópico interessante extraído do livro "Imposto de Renda das Empresas – Interpretação e Prática" – 2017 – Hiromi Higuchi, cujo teor é reproduzido a seguir:

"Inúmeras pessoas físicas que no exercício financeiro de 1992, com base no art. 96 da Lei nº 8.383/91, alteraram o valor dos bens constantes da declaração de bens, atribuem esse valor na constituição de "Holding", sem qualquer preocupação.

Como o valor atribuído à participação societária era várias vezes superior ao do patrimônio líquido da sociedade, na "Holding" surgirá enorme ágio. Não importa se em 1992 foi elaborado laudo de avaliação dos bens da empresa ou se a avaliação foi correta porque a Receita Federal já está decaída do direito de examinar aquele exercício.

O problema tributário, todavia, surge no momento em que é constituída a "Holding" mediante atribuição à participação societária de valor bem superior ao percentual do patrimônio líquido a que tem direito, sem qualquer laudo de avaliação dos bens da empresa.

A jurisprudência do 1º Conselho de Contribuintes é mansa e pacífica no sentido de que o valor de mercado das quotas de capital ou das ações de sociedades de capital fechado é o patrimônio líquido. Com isso, na constituição de "Holding" se a pessoa física atribuir às ações ou quotas de capital possuídas valor várias vezes superior ao do patrimônio líquido, sem laudo de avaliação, incidirá na figura da distribuição disfarçada de lucros porque estará adquirindo bens de pessoa ligada por valor notoriamente superior ao de mercado, na forma do art. 464, inciso II, do RIR/99.

O laudo de avaliação, para afastar qualquer risco de autuação da Receita Federal, terá que ser bem elaborado com avaliação ao valor de mercado de todos os bens do ativo, líquido de tributos.

A maioria das avaliações de 1992 levou em consideração somente os acréscimos de valor do ativo, sem considerar os tributos incidentes sobre a mais-valia.

Atualmente o imposto de renda e adicional de 25% mais a CSLL de 9% totalizam 34%. Com isso, de cada 100 de mais-valia do ativo permanente restará o ganho líquido de 66".

Sendo assim, é um ponto que merece cuidado em relação à Holding.

4.8. Avaliação do Investimento pelo Método de Equivalência Patrimonial (MEP)

Se o investimento não é avaliado pelo custo de aquisição, cabe a avaliação pelo método de equivalência patrimonial.

Mas, como saber qual método utilizar?

A utilização não é por escolha, mas sim por atender a determinados requisitos trazidos pela legislação.

4.9. Definição do MEP

Equivalência patrimonial é o método que consiste em atualizar o valor contábil do investimento ao valor equivalente à participação societária da sociedade investidora no patrimônio líquido da sociedade investida, e no reconhecimento dos seus efeitos na demonstração do resultado do exercício.

Conforme definição contida no CPC 18 – Investimento em Coligada, em Controlada e em Empreendimento Controlado em Conjunto, equivalência patrimonial é o método de contabilização por meio do qual o investimento é inicialmente reconhecido pelo custo e, a partir daí, é ajustado para refletir a alteração pós-aquisição na participação do investidor sobre os ativos líquidos da investida.

As receitas ou as despesas do investidor incluem sua participação nos lucros ou prejuízos da investida, e os outros resultados abrangentes do investidor incluem a sua participação em outros resultados abrangentes da investida.

Em resumo, para fins didáticos: a investidora deve refletir no seu investimento as alterações que ocorrem no patrimônio da empresa investida.

4.10. Requisitos de Obrigatoriedade ao MEP

Os requisitos de obrigatoriedade do MEP estão dispostos no artigo 420 do RIR/2018, a seguir transcrito:

"Art. 420. Serão avaliados pelo valor de patrimônio líquido os investimentos da pessoa jurídica (Lei nº 6.404, de 1976, art. 248, *caput*):

I – em sociedades controladas;

II – em sociedades coligadas; e

III – em sociedades que façam parte do mesmo grupo ou estejam sob controle comum.

§ 1º **Considera-se controlada** a sociedade na qual a controladora, diretamente ou por meio de outras controladas, seja titular de direitos de sócio que lhe assegurem, de modo permanente, preponderância nas deliberações sociais e poder de eleger a maioria dos administradores (Lei nº 6.404, de 1976, art. 243, § 2º).

§ 2º **Consideram-se coligadas** as sociedades nas quais a investidora tenha influência significativa (Lei nº 6.404, de 1976, art. 243, § 1º).

§ 3º **Considera-se que há influência significativa** quando a investidora detenha ou exerça poder de participar nas decisões das políticas financeira ou operacional da investida, sem controlá-la (Lei nº 6.404, de 1976, art. 243, § 4º).

§ 4º **A influência significativa é presumida** quando a investidora for titular de vinte por cento ou mais do capital votante da investida, sem controlá-la (Lei nº 6.404, de 1976, art. 243, § 5º)". (grifo nosso)

Portanto, para que o investimento esteja sujeito ao método de equivalência patrimonial, faz-se necessário atender algum dos requisitos.

4.11. Desdobramento do Custo de Aquisição

A Instrução Normativa RFB nº 1700/2017, estabelece em seu artigo 178, que o contribuinte que avaliar o investimento pelo valor de patrimônio líquido deverá, **por ocasião da aquisição da participação**, desdobrar o custo de aquisição em:

1. **valor de patrimônio líquido na época da aquisição**, determinado de acordo com o disposto no artigo 179 (avaliação do investimento) da norma em referência, especificada no tópico seguinte;
2. **mais-valia ou menos-valia**, que corresponde à diferença entre o valor justo dos ativos líquidos da investida, na proporção da porcentagem da participação adquirida, e o valor de que trata o item 1; e
3. **ágio por rentabilidade futura (*goodwill*)**, que corresponde à diferença entre o custo de aquisição do investimento e o somatório dos valores de que tratam os itens 1 e 2 acima.

4.11.1. Registro em Subcontas

Os valores de patrimônio líquido, mais-valia ou menos-valia e ágio por rentabilidade futura (*goodwill*), serão registrados em subcontas distintas.

4.11.2. Elaboração de Laudo

O valor da **mais-valia ou menos-valia** deverá ser baseado em laudo elaborado por perito independente, que deverá ser protocolado na RFB ou cujo sumário deverá ser registrado em Cartório de Registro de Títulos e Documentos até o último dia útil do 13º (décimo terceiro) mês subsequente ao da aquisição da participação.

Mesmo que o valor da **mais-valia ou menos-valia** seja 0 (zero) deverá haver o laudo conforme o disposto no parágrafo anterior.

4.11.2.1. Protocolo e Prazo do Laudo

O protocolo do laudo na RFB ocorrerá com o envio do seu inteiro teor utilizando-se de processo eletrônico da RFB no seguinte prazo: **até o último dia útil do 13º (décimo terceiro) mês subsequente ao da aquisição da participação.**

O contribuinte deverá informar o número do processo eletrônico no primeiro Lalur de que trata o *caput* do art. 310 (Lalur apresentado em meio digital) que deve ser entregue após o prazo já mencionado, ou seja, até o último dia útil do 13º (décimo terceiro) mês subsequente ao da aquisição da participação.

4.11.2.2. Dispensa de Registro do Laudo no Cartório

Se o contribuinte fizer o protocolo do laudo por meio do processo eletrônico perante à RFB e informar o número desse processo no Lalur apresentado em meio digital fica dispensado do registro do sumário em Cartório de Registro de Títulos e Documentos.

Caso não esteja dispensado do registro do sumário do laudo no Cartório de Registro de Títulos e Documentos, o mesmo deverá conter no mínimo as seguintes informações:

→ qualificação da adquirente, alienante e adquirida;
→ data da aquisição;
→ percentual adquirido do capital votante e do capital total;
→ principais motivos e descrição da transação, incluindo potenciais direitos de voto;
→ discriminação e valor justo dos itens que compõem a contra-prestação total transferida;
→ relação individualizada dos ativos identificáveis adquiridos e dos passivos assumidos com os respectivos valores contábeis e valores justos; e
→ identificação e assinatura do perito independente e do responsável pelo adquirente.

O **não atendimento** das disposições acima **implica:**

1. o não aproveitamento da mais-valia, conforme disposto no inciso III do *caput* do artigo 186 da IN RFB nº 1700/2017;
2. considerar a menos-valia como integrante do custo dos bens ou direitos que forem realizados em menor prazo, conforme disposto no inciso III do *caput* do artigo 187 da IN RFB nº 1700/2017; e
3. o não aproveitamento do ágio por rentabilidade futura (*goodwill*), conforme disposto no *caput* do artigo 188 da IN RFB nº 1700/2017.

A aquisição de participação societária sujeita à avaliação pelo valor do patrimônio líquido exige:

→ em primeiro lugar, a mensuração dos ativos identificáveis adquiridos e dos passivos assumidos a valor justo; e

→ posteriormente, o reconhecimento do ágio por rentabilidade futura (*goodwill*) ou do ganho proveniente de compra vantajosa.

4.11.3. Tratamento do Ganho Proveniente da Compra Vantajosa

O ganho proveniente de compra vantajosa, que corresponde ao excesso do valor justo dos ativos líquidos da investida, na proporção da participação adquirida, em relação ao custo de aquisição do investimento, **será computado na determinação do lucro real e do resultado ajustado no período de apuração da alienação ou baixa do investimento.**

O ganho proveniente de compra vantajosa **registrado em conta de resultado** deverá ser **registrado no e-Lalur e no e-Lacs** como:

- ✓ **exclusão do lucro líquido** para apuração do lucro real e do resultado ajustado na parte A e registro do valor excluído na parte B, quando do seu reconhecimento; e
- ✓ **adição ao lucro líquido** para apuração do lucro real e do resultado ajustado na parte A e respectiva baixa na parte B, **quando da apuração do ganho ou da perda de capital na alienação ou baixa do investimento**.

A composição do custo de aquisição a que se refere o *caput* do artigo 178 da Instrução Normativa RFB nº 1700/2017 respeitará o disposto na legislação comercial, considerando inclusive contraprestações contingentes, sendo o seu tratamento tributário disciplinado no artigo 196 da mesma norma.

Dispõe o artigo 196 que os reflexos tributários decorrentes de obrigações contratuais em operação de combinação de negócios, subordinadas a evento futuro e incerto, inclusive nas operações que envolvam contraprestações contingentes, **devem ser reconhecidos na apuração do lucro real e do resultado ajustado nos termos dos incisos I e II do artigo 117 da Lei nº 5.172/1966 (Código Tributário Nacional):**

- ✓ sendo **suspensiva a condição**, a partir do seu implemento;
- ✓ sendo **resolutória a condição**, desde o momento da prática do ato ou da celebração do negócio.

Essas disposições independem da denominação dada à operação ou da forma contábil adotada pelas partes envolvidas.

Para efeitos dessas disposições, a pessoa jurídica **deverá proceder aos ajustes do lucro líquido para fins de apuração do lucro real e do resultado ajustado, no e-Lalur e no e-Lacs.**

4.12. Avaliação do Investimento

Em cada balanço o contribuinte **deverá avaliar o investimento pelo valor de patrimônio líquido da investida**, de acordo com o disposto no art. 248 da Lei nº 6.404, de 1976, e com as seguintes normas:

1. o valor de patrimônio líquido será determinado com base em balanço patrimonial ou balancete de verificação da investida levantado na mesma data do balanço do contribuinte ou até 2 (dois) meses, no máximo, antes dessa data, com observância da lei comercial, inclusive quanto à dedução das participações nos resultados e da provisão para o imposto sobre a renda;

2. se os critérios contábeis adotados pela investida e pelo contribuinte não forem uniformes o contribuinte deverá fazer, no balanço ou balancete da investida, os ajustes necessários para eliminar as diferenças relevantes decorrentes da diversidade de critérios;

3. o balanço ou balancete da investida, levantado em data anterior à do balanço do contribuinte, deverá ser ajustado para registrar os efeitos relevantes de fatos extraordinários ocorridos no período;

4. o prazo de 2 (dois) meses de que trata o inciso I do *caput* aplica-se aos balanços ou balancetes de verificação das sociedades de que a investida participe, direta ou indiretamente, com investimentos que devam ser avaliados pelo valor de patrimônio líquido para efeito de determinar o valor de patrimônio líquido da investida;

5. o valor do investimento do contribuinte será determinado mediante a aplicação, sobre o valor de patrimônio líquido ajustado de acordo com os incisos anteriores, da porcentagem da participação do contribuinte na investida; e

6. no caso de filiais, sucursais, controladas e coligadas, domiciliadas no exterior, aplicam-se as normas da legislação correspondente do país de domicílio.

No caso de filiais, sucursais, controladas e coligadas, domiciliadas no exterior, aplicam-se as normas da legislação correspondente do país de domicílio, **o patrimônio será apurado de acordo com a legislação correspondente do país de domicílio**, ajustando-o para eliminar as diferenças relevantes decorrentes da diversidade de critérios conforme disposto no 2 acima.

4.13. Ajuste do Valor Contábil do Investimento

O artigo 180 da IN RFB nº 1700/2017 estabelece que o valor do investimento na **data do balanço**, conforme o disposto no inciso I do *caput* do artigo 178, **deverá ser ajustado ao valor de patrimônio líquido** determinado de acordo com o disposto no artigo 179 (avaliação do investimento) da mesma norma, **mediante lançamento da diferença a débito (positiva) ou a crédito (negativa) da conta de investimento**.

Ou seja:

Diferença positiva

    D – Participação societária – Empresa "x" (ANC – Investimento)

    C – Receita de equivalência patrimonial (Conta de Resultado)

Diferença negativa

    D – Resultado negativo de equivalência patrimonial (Conta de Resultado)

    C – Participação societária – Empresa "x" (ANC – Investimento)

A contrapartida do ajuste, por aumento ou redução no valor de patrimônio líquido do investimento, **não será computada na determinação do lucro real e do resultado ajustado**. Assim, cabe exclusão no e-LALUR e no e-LACS quando o resultado for positivo ou adição quando for negativo.

4.13.1. Ajuste do Valor Contábil do Investimento – Sociedades estrangeiras

Não serão computadas na determinação do lucro real e do resultado ajustado as contrapartidas de ajuste do valor do investimento ou da redução dos valores decorrentes da mais-valia ou menos-valia e do ágio por rentabilidade futura (*goodwill*), derivados de investimentos em sociedades estrangeiras que não funcionem no País, conforme disposição contida no artigo 181, § 2º da Instrução Normativa RFB nº 1700/2017.

4.13.2. Tratamento Fiscal Patrimônio Líquido da Investida Negativo (Passivo a descoberto)

Como demonstrado no Capítulo 3 que trata das disposições contábeis, após reduzir até zero o saldo contábil da participação do investidor, as perdas adicionais devem ser consideradas, **e um passivo deve ser reconhecido**, somente na extensão em que o investidor tiver incorrido em obrigações legais ou construtivas (não formalizadas) ou tiver feito pagamentos em nome da investida.

Entretanto para fins fiscais este valor é **indedutível** por ter a natureza de provisão e não estar vinculado à operação da empresa, ou seja, não atende aos requisitos do artigo 311 do RIR/2018.

Ademais, o artigo 260, inciso I do mesmo Regulamento determina que as provisões e participações devem ser adicionadas na determinação do lucro real, assim como o artigo 339 que estabelece que apenas podem ser dedutíveis as provisões expressamente autorizadas no RIR/2018.

Portanto, essa provisão é indedutível, devendo ser adicionada.

4.13.3. Ajuste Decorrente de Avaliação a Valor Justo na Investida

Com observância dos artigos 114 e 115 da Instrução Normativa RFB nº 1700/2017, temos a disposição de que a contrapartida do ajuste positivo, na participação societária, mensurada pelo patrimônio líquido, decorrente da avaliação pelo valor justo de ativo ou passivo da investida, deverá ser compensada pela baixa do respectivo saldo da mais-valia de que trata o inciso II do *caput* do art. 178 da mesma norma.

O ganho relativo à contrapartida, no caso de bens diferentes dos que serviram de fundamento à mais-valia, ou relativo à contrapartida superior ao saldo da mais-valia, deverá ser computado na determinação do lucro real e do resultado ajustado, salvo se o ganho for evidenciado contabilmente em subconta vinculada à participação societária, com discriminação do bem, do direito ou da obrigação da investida objeto de avaliação com base no valor justo, em condições de permitir a determinação da parcela realizada, liquidada ou baixada em cada período.

A tributação do ganho poderá ser diferida, desde que o ganho seja evidenciado em subconta vinculada à participação societária, com discriminação do bem, do direito ou da obrigação da investida objeto de avaliação com base no valor justo, em condições de permitir a determinação da parcela realizada, liquidada ou baixada em cada período de apuração.

4.13.3.1. Registro do Ganho

Quando da avaliação com base no valor justo pela investida, o ganho será registrado pela investidora a crédito em conta de receita ou de patrimônio líquido em contrapartida à subconta vinculada à participação societária.

O ganho poderá ser excluído do lucro líquido na determinação do lucro real e do resultado ajustado no período de apuração em que for apropriado como receita.

4.13.3.2. Utilização de Subconta e Tratamento

O valor registrado na subconta será baixado à medida que o ativo da investida for realizado, inclusive mediante depreciação, amortização, exaustão, alienação ou baixa, ou quando o passivo da investida for liquidado ou baixado, e o **ganho respectivo não será computado na determinação do lucro real e do resultado ajustado nos períodos de apuração em que a investida computar o ganho na determinação do lucro real e do resultado ajustado.**

O **ganho relativo ao saldo da subconta** deverá ser computado na determinação do lucro real e do resultado ajustado do período de apuração em que o contribuinte **alienar ou liquidar o investimento**, pelo montante realizado.

O valor da subconta baixado deverá ser adicionado ao lucro líquido na determinação do lucro real e do resultado ajustado no período de apuração relativo à baixa.

4.13.4. Ajuste do valor do Patrimônio Líquido – Ganho Relativo ao Ajuste de Avaliação ao Valor Justo na Investida – Cômputo no Lucro real ou Subconta

O ganho relativo à contrapartida do ajuste positivo decorrente da avaliação a valor justo na investida, a exclusão do lucro líquido para apuração do lucro real e do resultado ajustado somente poderá ser efetuada caso haja evidenciação por meio de subconta nas condições determinadas pelos dispositivos legais mencionados.

Na situação em que o ganho relativo à contrapartida do ajuste positivo, na participação societária, mensurada pelo patrimônio líquido, decorrente da avaliação pelo valor justo de ativo ou passivo da investida, deve ser compensado pela baixa do respectivo saldo da mais-valia, no caso de bens diferentes dos que serviram de fundamento à mais-valia, ou relativo à contrapartida superior ao saldo da mais-valia, **deverá ser computado na determinação do lucro real e do resultado ajustado, salvo se o ganho for evidenciado contabilmente em subconta** vinculada à participação societária, com discriminação do bem, do direito ou da obrigação da investida objeto de avaliação com base no valor justo, em condições de permitir a determinação da parcela realizada, liquidada ou baixada em cada período.

4.13.5. Ajuste do valor do Patrimônio Líquido – Perda Relativa ao Ajuste de Avaliação ao Valor Justo na Investida – Compensação e Subcontas

Conforme os artigos 116 e 117 da Instrução Normativa RFB nº 1700/2017, a contrapartida do ajuste negativo na participação societária, mensurada pelo patrimônio líquido, decorrente da avaliação pelo valor justo de ativo ou passivo da investida, deverá ser compensada pela baixa do respectivo saldo da menos-valia.

A perda relativa à contrapartida acima, no caso de bens diferentes dos que serviram de fundamento à menos-valia, ou relativa à contrapartida superior ao saldo da menos-valia **não será computada na determinação do lucro real e do resultado ajustado e será evidenciada contabilmente em subconta vinculada à participação societária**, com discriminação do bem, do direito ou da obrigação da investida objeto de avaliação com base no valor justo, em condições de permitir a determinação da parcela realizada, liquidada ou baixada em cada período.

4.13.5.1. Registro de Subconta e Tratamento

O valor registrado na subconta será baixado à medida que o ativo da investida for realizado, inclusive mediante depreciação, amortização, exaustão, alienação ou baixa, ou quando o passivo da investida for liquidado ou baixado, e **a perda respectiva não será computada na determinação do lucro real e do resultado ajustado nos períodos de apuração em que a investida computar a perda na determinação do lucro real e do resultado ajustado.**

A perda relativa ao saldo da subconta poderá ser computada na determinação do lucro real e do resultado ajustado do período de apuração em que o contribuinte alienar ou liquidar o investimento.

Na hipótese de **não ser evidenciada por meio de subconta,** a perda será considerada indedutível na apuração do lucro real e do resultado ajustado.

A perda relativa à contrapartida do ajuste negativo na participação societária somente **poderá ser computada na determinação do lucro real e do resultado ajustado caso seja evidenciada em subconta vinculada à participação societária,** com discriminação do bem, do direito ou da obrigação da investida objeto de avaliação com base no valor justo, em condições de permitir a determinação da parcela realizada, liquidada ou baixada em cada período de apuração e sejam obedecidas as condições estabelecidas a seguir:

1ª) Quando da avaliação com base no valor justo pela investida, a perda será registrada pela investidora a débito em conta de despesa ou de patrimônio líquido em contrapartida à subconta vinculada à participação societária.

2ª) A perda será adicionada ao lucro líquido na determinação do lucro real e do resultado ajustado no período de apuração em que for apropriada como despesa.

3ª) O valor registrado na subconta será baixado à medida que o ativo da investida for realizado, inclusive mediante depreciação, amortização, exaustão, alienação ou baixa, ou quando o passivo da investida for liquidado ou baixado.

4ª) O valor da subconta baixado conforme a condição anterior não poderá ser excluído do lucro líquido na determinação do lucro real e do resultado ajustado caso a investida tenha deduzido a perda respectiva na determinação do lucro real e do resultado ajustado, ou esteja impedida

de deduzir a perda respectiva na determinação do lucro real e do resultado ajustado.

Capítulo 4 – Visão Tributária da Holding

5ª) O valor registrado na subconta também será baixado na alienação ou liquidação da participação societária, pelo montante realizado.

6ª) O valor da subconta baixadoconformeacondiçãoanterior poderá ser excluído do lucro líquido na determinação do lucro real e do resultado ajustado no período de apuração relativo à baixa.

4.14. Tratamento dos Lucros ou Dividendos Distribuídos pela Investida

Os lucros ou dividendos distribuídos pela investida **deverão ser registrados pelo contribuinte como diminuição do valor do investimento, e não influenciarão as contas de resultado.**

Ou seja:

    D – Caixa ou Banco ou valores a receber (Ativo Circulante)

    C – Participação em coligada ou controlada (Ativo Não Circulante – Investimento)

4.15. Tratamento da Redução da Mais-Valia ou Menos-Valia e do Goodwill

Conforme o artigo 182 da Instrução Normativa RFB nº 1700/2017, temos a disposição de que a contrapartida da redução da mais-valia ou da mesmo-valia e do ágio por rentabilidade futura (*goodwill*), **registrada em conta de resultado não será computada na determinação do lucro real e do resultado ajustado**, observado que na apuração do ganho ou da perda na alienação ou liquidação do investimento, esses valores serão somados ao valor contábil.

A contrapartida deverá ser registrada no e-Lalur e no e-Lacs como:

- ✓ **adição ao lucro líquido** para apuração do lucro real e do resultado ajustado na parte A, relativamente à mais-valia e ao ágio por rentabilidade futura (*goodwill*), e controlada na parte B para exclusão futura quando da apuração do ganho ou da perda de capital na alienação ou liquidação do investimento; e

- ✓ **exclusão do lucro líquido** para apuração do lucro real e do resultado ajustado na parte A, relativamente à menos-valia, e controlada na parte B para adição futura quando da apuração do ganho ou da perda de capital na alienação ou liquidação do investimento.

4.16. Aquisição de Participação Societária em Estágios

O artigo 183 da Instrução Normativa RFB nº 1700/2017 dispõe que no caso de aquisição de controle de outra empresa na qual se detinha participação societária anterior, deverão ser observadas as seguintes disposições:

→ o ganho decorrente de avaliação da participação societária anterior com base no valor justo, apurado na data da aquisição, poderá ser diferido, sendo reconhecido para fins de apuração do lucro real e do resultado ajustado por ocasião da alienação ou baixa do investimento;

→ a perda relacionada à avaliação da participação societária anterior com base no valor justo, apurada na data da aquisição, poderá ser considerada na apuração do lucro real e do resultado ajustado somente por ocasião da alienação ou baixa do investimento; e

→ o ganho decorrente do excesso do valor justo dos ativos líquidos da investida, na proporção da participação anterior, em relação ao valor dessa participação avaliada a valor justo, também poderá ser diferido, sendo reconhecido para fins de apuração do lucro real e do resultado ajustado por ocasião da alienação ou baixa do investimento.

Para tanto, a pessoa jurídica deverá manter controle dos valores de que tratam o *caput* na parte B do e-Lalur e do e-Lacs, que serão baixados quando do cômputo do ganho ou da perda na apuração do lucro real e do resultado ajustado.

Os valores apurados em decorrência da operação, relativos à participação societária anterior, que tenham a mesma natureza das parcelas discriminadas **da perda relacionada à avaliação da participação societária anterior com base no valor justo e o ganho decorrente do excesso do valor justo dos ativos líquidos da investida sujeitam-se ao mesmo disciplinamento tributário dado a essas parcelas.**

4.16.1. Utilização de Subcontas

Deverão ser contabilizados em subcontas distintas:

1. a mais-valia ou menos-valia e o ágio por rentabilidade futura (*goodwill*) relativos à participação societária anterior, existente antes da aquisição do controle; e

2. as variações nos valores da mais-valia ou menos-valia e o ágio por rentabilidade futura (*goodwill*), em decorrência da aquisição do controle.

Essas disposições aplicam-se aos demais casos em que o contribuinte avalia a valor justo a participação societária anterior no momento da aquisição da nova participação societária.

4.17. Alienação do Investimento

O valor contábil, para efeito de determinar o ganho ou a perda de capital na alienação ou liquidação do investimento avaliado pelo valor de patrimônio líquido, será a soma algébrica (Instrução Normativa RFB nº 1700/2017, artigo 184):

✓ do valor de patrimônio líquido pelo qual o investimento estiver registrado na contabilidade do contribuinte; e

✓ dos valores decorrentes de mais-valia ou menos-valia e ágio por rentabilidade futura (*goodwill*) ainda que tenham sido realizados na escrituração comercial do contribuinte, conforme previsto no artigo 182 da IN RFB nº 1700/2017.

A baixa do investimento deve ser precedida de avaliação pelo valor de patrimônio líquido, com base em balanço patrimonial ou balancete de verificação da coligada ou controlada, levantado na data da alienação ou liquidação ou até 30 (trinta) dias, no máximo, antes dessa data.

Não será computado na determinação do lucro real e do resultado ajustado o acréscimo ou a diminuição do valor de patrimônio líquido de investimento, decorrente de ganho ou perda por variação na porcentagem de participação do contribuinte no capital social da investida.

4.18. Extinção da Controlada e seus Reflexos na Holding

Para abordar este tema é fundamental conceituar o significado de extinção, conceito este que está previsto nos art. 51 da Lei nº 10.406, de 2002 e item 6 do Parecer Normativo CST nº 191, de 1972.

A fase de extinção é a última do processo, ou seja, após concluída a liquidação (destinação do seu acervo líquido), a pessoa jurídica se extingue.

A extinção da pessoa jurídica é o término da sua existência; é o perecimento da organização ditada pela desvinculação dos elementos humanos e materiais que dela faziam parte.

A extinção é a fase da despersonalização do ente jurídico que **decorre da baixa dos respectivos registros, inscrições e matrículas nos órgãos competentes etc.**

A extinção e precedida pelas fases de **liquidação do patrimônio social** e da **partilha dos lucros entre os sócios**, dá-se com o ato final, executado em dado momento, no qual se tem por cumprido todo o processo de liquidação.

Em suma a extinção da controlada representa o encerramento da entidade e a sua respectiva baixa do Investimento da Holding.

Lei 10.406/2002

(...)

Art. 51. Nos casos de dissolução da pessoa jurídica ou cassada a autorização para seu funcionamento, ela subsistirá para os fins de liquidação, até que esta se conclua.

§ 1º Far-se-á, no registro onde a pessoa jurídica estiver inscrita, a averbação de sua dissolução.

§ 2º As disposições para a liquidação das sociedades aplicam-se, no que couber, às demais pessoas jurídicas de direito privado.

§ 3º Encerrada a liquidação, promover-se-á o cancelamento da inscrição da pessoa jurídica.

Parecer Normativo CST nº 191, de 28.05.1972 – DOU 17.07.1972 (...)

6. Já a extinção de empresa individual ou de sociedade mercantil é o término da sua existência; é o perecimento da organização, ditada pela desvinculação dos elementos humanos e materiais que dela faziam parte. Dessa despersonalização do ente jurídico decorre a baixa dos respectivos registros, inscrições e matrículas nos órgãos competentes.

Exemplo:

Abaixo ilustramos um exemplo dos reflexos da extinção da controlada onde o evento aconteceu em 31/12/X1.

Dados da Controlada

Balanço Controlada			
31.12.X1		31.12.X1	
Ativo		Passivo	
Banco	35.000,00	Contas a apagar	52.500,00
Estoque	52.500,00		
Imobilizado	87.500,00	Patrimônio líquido	122.500,00
		Capital social	45.000,00
		Lucros	77.500,00
Total do Ativo	175.000,00	Total do Passivo	175.000,00

Dados da Holding

Balanço Holding 31.12.X1	
Investimento 122.500,00	

Contabilidade da Controlada

Lançamentos Contábeis Controlada		
	Ativo	
D	Extinção	175.000,00
C	Banco	35.000,00
C	Estoque	52.500,00
C	Imobilizado	87.500,00
	Passivo	
D	Contas a apagar	52.500,00
C	Extinção	52.500,00
	Patrimônio Liquido (encerramento da conta extinção)	
D	Capital social	45.000,00
D	Lucros	77.500,00
C	Extinção	122.500,00

Razonete da Conta Extinção

Extinção	
175.000,00	52.500,00
	122.500,00
175.000,00	175.000,00

Balanço da Controlada após a extinção

Balanço Controlada	Após liquidação		
Ativo em Reais		Passivo em reais	
Banco	35.000,00	Contas a apagar	52.500,00
Estoque	52.500,00	Extinção	(52.500,00)
Imobilizado	87.500,00	**Patrimônio líquido**	–
Extinção	(175.000,00)	Capital social	45.000,00
		Lucros	77.500,00
		Extinção	(122.500,00)
Total do Ativo	–	**Total do Passivo**	–

Nota-se que os valores foram zerados através da conta transitória extinção, a partir deste momento a Controlada não possui mais saldos contábeis.

Contabilidade Holding

	Lançamentos Contábeis Holding	
D	Banco (controlada)	35.000,00
D	Estoque (controlada)	52.500,00
D	Imobilizado (controlada)	87.500,00
C	Contas a pagar (controlada)	52.500,00
C	Investimento	122.500,00

Balanço Holding	Após liquidação
Ativo em Reais	
Banco (controlada)	35.000,00
Estoque (controlada)	52.500,00
Imobilizado (controlada)	87.500,00
Investimento	–
Total do Ativo	**175.000,00**
Passivo em reais	
Contas a apagar (controlada)	52.500,00
Total do Passivo	**52.500,00**
Ativo – Passivo	**122.500,00**

Efeito Fiscal

Conforme demonstrado no exemplo acima, a Holding realizou seu investimento, onde os ativos e passivos da controlada foram transferidos para o sócio.

Assim, para o balanço da Holding, nesta passagem deve ser verificado se houve ganho ou perda de capital.

No exemplo acima os valores foram transferidos pelo valor contábil e não houve ganho de capita. Mas, no caso de transferência por valores superiores ao contábil, a diferença será tributada, tendo em vista as disposições do Decreto-Lei nº 1.598 de 1977, artigo 31; e Lei nº 9.249, de 1995, art. 22.

4.19. Tratamento para o Lucro Presumido – Avaliação de Investimento

Como verificamos ao longo dos tópicos que tratam da avaliação do investimento, o legislador apenas tratou da tributação com base no regime do lucro real e não fez menção em relação ao lucro presumido.

Porém, não existe vedação para que a empresa que observa o regime do lucro presumido realize a avaliação de investimento pelo método de equivalência patrimonial.

A diferença entre ela e o lucro real é de que a empresa do lucro presumido não terá interferência tributária em relação ao investimento, com mínima exceção, conforme as disposições contidas na tabela abaixo:

Tipo	Tratamento	Base legal
Ganhos de capital auferidos na alienação de participações societárias permanentes em sociedades coligadas e controladas, e de participações societárias que permaneceram no ativo da pessoa jurídica até o término do ano-calendário seguinte ao de suas aquisições.	Acréscimo à base de cálculo do IRPJ e da CSLL. **Atenção:** Na apuração desses ganhos de capital, o aumento ou redução no valor do ativo registrado em contrapartida a ganho ou perda decorrente de sua avaliação com base no valor justo **não será considerado como parte integrante do valor contábil.** Contudo, essa disposição não se aplica caso o ganho relativo ao aumento no valor do ativo tenha sido anteriormente computado na base de cálculo do tributo.	Instrução Normativa RFB n° 1700/2017, artigo 215, § 3°, inciso I, alínea "a"; artigo 217, §§ 1° e 2°
O ganho decorrente de avaliação de ativo ou passivo com base no valor justo.	Não integrará as bases de cálculo do lucro presumido e do resultado presumido no período de apuração: ➔ relativo à avaliação com base no valor justo, caso seja registrado diretamente em conta de receita; ou ➔ em que seja reclassificado como receita, caso seja inicialmente registrado em conta de patrimônio líquido.	Instrução Normativa RFB n° 1700/2017, artigo 217.

4.20. Solução de Consulta COSIT nº 204 de 2019 – Obrigatoriedade do MEP – Lucro Presumido

De acordo com a Solução de Consulta COSIT nº 204 de 2019, temos a disposição de que as participações no capital de outras sociedades serão avaliadas pelo Método da Equivalência Patrimonial nas hipóteses previstas pela legislação societária, ainda que a investidora seja pessoa jurídica tributada com base no lucro presumido.

Logo, se a empresa participa do capital de outras sociedades e atende aos requisitos para avaliar pelo MEP, deve fazê-lo mesmo que tribute com base no regime do lucro presumido.

4.21. Súmula CARF 137 – Lucro Presumido – Equivalência Patrimonial – Não Tributação

Por meio da **Portaria ME nº 410 de 2020**, publicada no Diário Oficial da União de 18/12/2020, o Ministro da Economia atribuiu a 30 Súmulas do CARF efeito vinculante em relação a toda Administração Tributária Federal.

O efeito vinculante atribuído às Súmulas torna sua observância obrigatória pela Procuradoria Geral da Fazenda Nacional e Secretaria Especial da Receita Federal do Brasil repercutindo, assim, em todos os processos que tratam do mesmo tema.

A medida visa contribuir para a segurança jurídica na área tributária, assegurando a imparcialidade e celeridade na solução dos litígios.

Dentre as 30 Súmulas, destacamos:

Súmula CARF nº 137

Os resultados positivos decorrentes da avaliação de investimentos pelo método da Equivalência Patrimonial não integram a base de cálculo do IRPJ ou da CSLL na sistemática do lucro presumido.

Assim, a Súmula apenas corrobora com o tratamento que já vem sendo efetuado ao resultado da equivalência patrimonial para as empresas do lucro presumido.

4.22. Lucro Presumido – Participação Não Permanente – Tributação

A Solução de Consulta nº 6.007 – SRRF06/Disit, de 21 de março de 2018 trata de empresa que participa do capital social de outras empresas, como sócia/acionista de forma não permanente, com o objetivo definido de comercialização/ alienação, de gerar receita com a venda das participações tão logo surja oportunidade no mercado.

Podemos extrair alguns pontos principais:

Relatório (exposição do caso pelo contribuinte)

1) CNAE 6463-8-00 – Outras sociedades de participações, exceto holdings;

2) A atividade tem como pressuposto a efetivação de compra e venda de participações societárias em outras empresas, constituindo as receitas advindas destas alienações como sua receita operacional, haja vista que:

(i) tais ativos tem natureza circulante e não permanente; e

(ii) pelo simples fato de que essas receitas correspondem ao faturamento da sociedade no desempenho das atividades operacionais definidas em seu objeto social;

3) As participações societárias detidas em caráter não duradouro não são investimentos permanentes sob sua perspectiva, mas, sim, ativos gerenciados para comercialização e que, no que tange à contabilização, classifica-as como "ativos não circulantes mantidos para venda", evidenciando, assim, que são bens destinados à venda, segregando tais ativos dos investimentos permanentes em outras empresas, em consonância como o Pronunciamento Técnico CPC nº 31 – Ativo Não Circulante Mantido para Venda e Operação Descontinuada.

Conclusão

Diante do exposto, responde-se à consulente:

1) Com base nos questionamentos apresentados e na esteira do que foi decidido na Solução de Consulta Cosit nº 347 de 2017, que a receita obtida na **alienação de participação societária de caráter não permanente por pessoa jurídica que tenha como um de seus objetos sociais a compra e venda de participações societárias deve ser computada como receita bruta**, integrando a base de cálculo do IRPJ e da CSLL apurados com base no lucro presumido;

2) É receita bruta para fins de apuração da Contribuição para o PIS/Pasep e da Cofins apuradas de forma cumulativa;

3) O percentual de presunção a ser aplicado na determinação do IRPJ e da CSLL é de 32%.

4) Permite-se a exclusão da base de cálculo da Contribuição para o PIS/Pasep e da Cofins incidentes sobre a receita decorrente da alienação de determinada participação societária não permanente do valor despendido para aquisição dessa participação.

Em relação ao item 4 acima, a exclusão está prevista na Lei nº 9.718 de 1998, artigo 3º, §14 e na Instrução Normativa RFB nº 1911 de 2019, artigo 38.

4.23. MEP – Tributação do PIS/Pasep e da Cofins – Regimes Cumulativo e Não Cumulativo

O resultado positivo da avaliação de investimentos pelo valor do patrimônio líquido poderão ser excluídos para fins de determinação da base de cálculo do PIS/Pasep e a Cofins, seja no regime cumulativo ou no regime não cumulativo.

Base legal: Lei nº 9.718 de 1998, artigo 3º, § 2º, inciso II; Lei nº 10.637 de 2002, artigo 1º, § 3º, inciso V, alínea "b"; Lei nº 10.833 de 2003, artigo 1º, § 3º, inciso V, alínea "b"; e Instrução Normativa RFB nº 1911 de 2019, artigo 27, inciso XI.

4.24. Incorporação, Fusão e Cisão

A Holding também se sujeita aos eventos de incorporação, fusão e cisão. Contudo, não é o tema primordial deste livro.

Assim, indicamos na Instrução Normativa RFB nº 1.700/2017, os artigos que tratam do assunto:

Tratamento Fiscal da Mais-Valia e Menos-Valia e do *Goodwill*	Artigo 185
Mais-Valia	Artigo 186
Menos-Valia	Artigo 187
Goodwill	Artigo 188
Partes Dependentes	Artigo 189
Incorporação, Fusão, Cisão – Participação Societária Adquirida em Estágios	Artigos 190 e 191
Incorporação, Fusão e Cisão ocorrida até 31 de dezembro de 2017	Artigos 192 e 193
Demais Disposições Relativas a Combinação de Negócios	Artigos 194 a 197

Ainda, transcrevemos abaixo um breve texto disponibilizado pela RFB em sua Revista de Estudos Tributários e Aduaneiros da Receita Federal Brasília · Volume 01 · Número 01 · Ago./Dez. 2014 – V. INOVAÇÕES NORMATIVAS – Tributação e IFRS no Brasil: alterações na legislação do IRPJ, da CSLL, do PIS/PASEP e da COFINS, trazidas pela Lei nº 12.973/2014, sobre a combinação de negócios:

"De acordo com o Pronunciamento Técnico CPC 15 – Combinação de Negócios (CPC 15), a combinação de negócios é "uma operação ou outro evento por meio do qual um adquirente obtém o controle de um ou mais negócios, independentemente da forma jurídica da operação".

Nesse contexto, ainda à luz do CPC 15, um negócio é definido como "um conjunto integrado de atividades e ativos capaz de ser conduzido e gerenciado para gerar retorno, na forma de dividendos, redução de custos ou outros benefícios econômicos, diretamente a seus investidores ou outros proprietários, membros ou participantes".

Considerando a natureza daquilo que é entendido como negócio, percebe-se que há uma gama de operações que podem ser classificadas como combinação de negócios que, necessariamente, não envolve a aquisição de participação societária ou a realização de operações de reorganização societária, tais como, incorporação ou fusão.

O tratamento tributário conferido pela Lei nº 12.973/2014 às combinações de negócios, basicamente alcançou:

(i) o *goodwill*;

(ii) o ganho por compra vantajosa;

(iii) a aquisição de participação societária em estágios (combinação de negócios em estágios); e

(iv) a incorporação, fusão e cisão, nos casos em que tenha havido aquisição de participação societária em estágios.

Via de regra, conforme o art. 28 da Lei nº 12.973/2014, o *goodwill* não é dedutível, exceto quando resultante de aquisição de participação societária avaliada pelo MEP.

Portanto, o *goodwill* reconhecido em uma combinação de negócios que não se refira à aquisição de participação societária avaliada pelo MEP não será dedutível.

Já o ganho por compra vantajosa auferido em uma combinação de negócios será tributado, podendo tal tributação ser diferida na proporção de 1/60 (um sessenta avos), no mínimo, para cada mês dos períodos de apuração posteriores ao período em que ocorrer a combinação de negócios.

Tal ganho será tributado pelo PIS/Pasep e Cofins sob o regime não cumulativo no mês do seu reconhecimento. No que se refere à aquisição de participação societária em estágios, a Lei nº 12.973/2014 deu especial atenção à remensuração a valor justo da participação societária anterior, o que inclui os saldos de mais ou menos valia e *goodwill*, inclusive na hipótese da ocorrência de incorporação, fusão ou cisão.

Basicamente, no caso da remensuração, conforme o art. 37 da Lei nº 12.973/2014, os ganhos reconhecidos poderão ter a sua tributação diferida para o período em que a participação societária for alienada ou baixada.

Já no caso da perda, também será nesse período que a sua dedutibilidade será permitida.

As variações dos saldos de mais ou menos valia e de *goodwill*, reconhecidas em função da remensuração, não terão efeitos tributários e deverão ser evidenciadas em subconta específica.

Já no caso de incorporação, fusão ou cisão envolvendo a participação societária remensurada em razão de combinação em estágios, o art. 38 da Lei nº 12.973/2014 dispõe que os valores referentes aos ganhos ou perdas de AVJ deverão ser baixados sem qualquer efeito tributário.

Além disso, as variações dos saldos de mais ou menos valia e do *goodwill* também não terão qualquer efeito tributário".

4.25. Breves Considerações sobre o Ágio e o Deságio

O ágio, bem como o deságio, também foram modificados em decorrência da publicação da Lei nº 12.973/2014. Dessa forma, assim mostraremos a seguir um panorama geral:

Antes da Lei nº 12.973/2014	Após a Lei nº 12.973/2014
Valor da compra (-) valor do patrimônio líquido contábil da participação adquirida = Ágio ou deságio	Valor da compra (-) valor do patrimônio líquidos contábil da participação adquirida (-) Mais-valia ou menos-valia relativa a aplicação do valor justo dos ativos líquidos da investida = Ágio por rentabilidade futura

Antes da Lei nº 12.973/2014	Após a Lei nº 12.973/2014
Ágio ou deságio justificado pela diferença entre o valor de mercado e o valor contábil dos ativos	Parte de mais ou menos valia relativa a aplicação do valor justo aos ativos líquidos da investida.
Ágio ou deságio justificado em intangíveis, fundo de comércio e outros fatores econômicos.	Intangíveis contidos na mais ou menos valia relativos a aplicação do valor justo dos ativos líquidos da investida.
Ágio justificado pela rentabilidade futura da empresa adquirida.	Ágio por rentabilidade futura (*goodwill*).
Deságio justificado pela perspectiva de perdas futuras.	Compra vantajosa = Deságio
O ágio baseado em demonstração que o contribuinte arquivará como comprovante da escrituração.	Utiliza-se o valor justo para a apuração de mais-valia ou menos-valia baseado em laudo, protocolado na RFB e com prazo.
Não existia regra sobre a ordem dos itens a avaliar.	Primeiro faz-se a avaliação dos ativos identificáveis adquiridos e dos passivos assumidos a valor justo; e depois identifica-se e mensura-se o goodwill ou o ganho proveniente da compra vantajosa.
Ganho por compra vantajosa – Tributação quando da alienação ou baixa do investimento	*Goodwill* – Dedutibilidade quando houver a alienação ou baixa do investimento.

4.26. Tributação em Bases Universais – Participação em Investimentos no Exterior – Breve Relato

Não existe vedação para que uma empresa domiciliada no Brasil participe do capital social de empresas domiciliadas em outros países.

Porém, a tributação é diferenciada. É a tributação em bases universais decorrentes de participação em investimentos no exterior conforme a Lei nº 12.973/2014, em seus artigos 76 a 91, de forma breve.

Essas participações estão disciplinadas pela Instrução Normativa RFB nº 1520/2014, no que tange aos lucros auferidos no exterior, por pessoa jurídica domiciliada no Brasil, bem como pela Instrução Normativa SRF nº 213/2002, que teve seus artigos 2º, 3º e 5º revogados pela Instrução Normativa RFB nº 1520/2014.

A seguir transcrevemos algumas Perguntas e Respostas extraídas do site da RFB:

1 – São tributados no Brasil os lucros, rendimentos e ganhos de capital auferidos no exterior por pessoa jurídica domiciliada no Brasil?

Sim, o Brasil adota o Regime de Tributação em Bases Universais da renda da pessoa jurídica, desde 1996 com o advento da Lei no 9.249, de 26 de dezembro de 1995. Tal tributação se faz mediante adição dos resultados auferidos a esse título no exterior ao lucro líquido para fins de determinação do lucro real, e à base de cálculo da CSLL. Em relação aos lucros auferidos no exterior, a Lei nº 12.973, de 13 de maio de 2014, alterou a aplicação do Regime de Tributação em Bases Universais para pessoas jurídicas domiciliadas no Brasil controladoras, e equiparadas a controladoras de empresas no exterior, bem como para aquelas coligadas a empresas no exterior.

Base legal: Lei nº 9.249, de 1995, art. 25; e Lei nº 12.973, de 2014, arts. 76 a 92.

2 – Quais os lucros auferidos no exterior por pessoas jurídicas domiciliadas no Brasil que são alcançados pela tributação no Brasil?

Os lucros alcançados pela tributação no Brasil são os auferidos no exterior, apurados por filiais e sucursais da pessoa jurídica domiciliada no Brasil, e os decorrentes de participações societárias inclusive em controladas, diretas e indiretas, e coligadas domiciliadas no exterior.

Base legal: IN RFB nº 213, de 2002, art. 1º, § 1º; e IN RFB nº 1.520, de 2014.

3 – Quais os rendimentos e ganhos de capital auferidos no exterior por pessoas jurídicas domiciliadas no Brasil que devem ser tributados no Brasil?

Os rendimentos e ganhos de capital auferidos no exterior sujeitos à tributação no Brasil são aqueles auferidos diretamente pela pessoa jurídica domiciliada no Brasil. São exemplos de rendimentos auferidos diretamente no exterior, os obtidos com a remuneração de ativos tais como: os juros, os aluguéis, os demais resultados positivos de aplicações financeiras. Considera-se como ganho de capital o valor recebido pela alienação do bem diminuído de seu custo de aquisição.

Base legal: IN RFB nº 213, de 2002, art. 1º, § 2º; e Lei nº 9.249, de 1995, art. 25.

4 – Como serão tributados no Brasil os lucros auferidos no exterior por i

do as normas da legislação brasileira.

Base legal: IN RFB 1.520, de 2014, art. 8º, *caput*, § 1º, § 2º; art. 9º; e art. 14.

5 – As parcelas positivas e negativas do ajuste do valor do investimento em controlada, direta ou indireta, domiciliada no exterior equivalente aos lucros podem ser consolidadas pela controladora no Brasil?

Até 2022, as parcelas positivas e negativas do ajuste do valor do investimento em controlada, direta ou indireta, domiciliada no exterior equivalente aos lucros por ela auferidos antes do imposto sobre a renda, excetuando a variação cambial, poderão ser consolidadas pela controladora no Brasil. Não poderão ser consolidadas as parcelas referentes às pessoas jurídicas investidas que se encontrem em pelo menos uma das seguintes situações:

I – estejam situadas em país com o qual o Brasil não mantenha tratado ou ato com cláusula específica para troca de informações para fins tributários;

II – estejam localizadas em país ou dependência com tributação favorecida, ou sejam beneficiárias de regime fiscal privilegiado, de que tratam os arts. 24 e 24-A da Lei nº 9.430, de 27 de dezembro de 1996;

III – estejam submetidas a regime de subtributação;

IV – sejam controladas, direta ou indiretamente, por pessoa jurídica submetida a tratamento tributário previsto nos incisos II e III; ou V – tenham renda ativa própria inferior a 80% (oitenta por cento) da renda total. Considera-se renda ativa própria aquela obtida diretamente pela pessoa jurídica mediante a exploração de atividade econômica própria, excluídas as receitas decorrentes de:

a) royalties;

b) juros;

c) dividendos;

d) participações societárias (juros sobre capital próprio, partes beneficiárias, debêntures, resultado positivo da equivalência, variação cambial);

e) aluguéis;

f) ganhos de capital, salvo na alienação de ativos de caráter permanente ou participações societárias adquiridas há mais de 2 (dois) anos;

g) aplicações financeiras; e

h) intermediação financeira;

Considera-se renda total o somatório das receitas operacionais e não operacionais, conforme definido na legislação comercial do país de domicílio da investida; e

Considera-se regime de subtributação aquele que tributa os lucros da pessoa jurídica domiciliada no exterior à alíquota nominal inferior a 20% (vinte por cento). Os países ou dependências com tributação favorecida e os regimes privilegiados, de que tratam os arts. 24 e 24-A da Lei nº 9.430, de 1996, estão incluídos no conceito de subtributação.

Base legal: IN RFB 1.520, de 2014, art. 11; art.21, incisos I, II e II, § 3º.

6 – Os prejuízos de controladas e coligadas no exterior podem ser compensados entre si, ou com os lucros da pessoa jurídica domiciliada no Brasil?

Não. É vedada a compensação dos prejuízos de controladas e coligadas com o lucro da pessoa jurídica domiciliada no Brasil. Os prejuízos apurados por uma controlada ou coligada, no exterior, somente poderão ser compensados com lucros dessa mesma controlada ou coligada, desde que sejam informados no Demonstrativo de Prejuízos Acumulados no Exterior, não se aplicando, nesse caso, a restrição (compensação limitada a 30% do lucro líquido ajustado pelas adições e exclusões previstas na legislação do imposto de renda e da CSLL) de que trata o art. 15 da Lei nº 9.065, de 1995.

Contudo, não poderá ser utilizado na consolidação o prejuízo auferido no exterior por controlada, direta ou indireta, ou coligada correspondente às atividades de afretamento por tempo ou casco nu, arrendamento mercantil operacional, aluguel, empréstimo de bens ou prestação de serviços diretamente relacionados à prospecção e exploração de petróleo e gás, em território brasileiro.

Base legal; IN RFB nº 1.520, de 2014, art. 11, § 4º e § 6º; art. 12; art.14, inciso II; art. 19, inciso II; art.19-A; e art. 20.

7 – Os resultados auferidos por filiais e sucursais podem ser consolidados?

Desde que as filiais e sucursais sejam domiciliadas num mesmo país, e, tendo a matriz no Brasil indicado uma dessas filiais ou sucursais como entidade líder, os resultados poderão ser consolidados por país, e os prejuízos de uma poderão ser compensados com os lucros da outra.

Base legal: IN SRF nº 213, de 2002, art. 4º, § 5º.

8 – Como deverão ser convertidos os lucros auferidos no exterior por intermédio de filiais, sucursais, controladas ou coligadas?

Os lucros auferidos no exterior por intermédio de filiais, sucursais, controladas ou coligadas serão convertidos em Reais pela taxa de câmbio, para venda, do dia das demonstrações financeiras em que tenham sido apurados os correspondentes lucros.

Base legal: RIR/1999, art. 394, § 7º; e IN RFB nº 1.520, de 2014, art. 7º.

9 – Como deve ser apurado o limite admitido de compensação do tributo pago no exterior sobre lucros auferidos por meio de controladas, coligadas, filiais ou sucursais?

A pessoa jurídica deverá calcular o valor:

do imposto pago no exterior, correspondente aos lucros de cada filial, sucursal, controlada ou coligada, bem assim aos rendimentos e ganhos de capital, que foram computados na determinação do lucro real;

do imposto sobre a renda e CSLL devidos sobre o lucro real antes e após a inclusão dos lucros auferidos no exterior.

O imposto, passível de compensação, não poderá exceder o valor determinado na letra "a" anterior, nem à diferença positiva entre os valores calculados sobre o lucro real com e sem a inclusão dos referidos lucros, rendimentos ou ganhos de capital auferidos no exterior e referidos na letra "b".

Base legal: IN RFB nº 1.520, de 2014, art. 30, §§ 8º a 11.

10 – O saldo do imposto de renda pago no exterior, nãocompensado no Brasil, poderá ser compensado com a CSLL devida?

Sim. O saldo de imposto de renda pago no exterior sobre lucros auferidos por filiais, sucursais, controladas e coligadas que exceder o valor compensável com o imposto de renda devido pela pessoa jurídica no Brasil, poderá ser compensado com a CSLL devida, exclusivamente, até o limite do acréscimo decorrente da adição, à sua base de cálculo, dos lucros, rendimentos ou ganhos de capital oriundos do exterior.

Base legal: MP 2.158-35, de 2001, art. 21, parágrafo único, e IN RFB nº 1.520, de 2014, art. 30, § 13.

11 – Se o imposto pago no exterior não puder ser compensado no Brasil, poderá ocorrer a compensação em anos posteriores? Como calcular?

O tributo pago sobre lucros auferidos no exterior, que não puder ser compensado em virtude de a pessoa jurídica, no Brasil, no respectivo ano calendário, não ter apurado lucro real positivo, ou tê-lo apurado em valor inferior ao total dos lucros adicionados ao lucro real, poderá ser compensado com o que for devido nos anos calendários subsequentes.

O valor do imposto a ser compensado nos anos-calendário subsequentes será calculado da seguinte forma:

a) no caso de inexistência de lucro real positivo, deve-se apurar o somatório dos lucros auferidos no exterior e nele computados, considerados individualmente por filial, sucursal, coligada ou controlada, o qual será multiplicado pela alíquota de 15%, se o valor computado não exceder o limite de isenção do adicional, ou 25%, se for excedido tal limite. Em ambos os casos o valor do imposto a ser compensado não poderá exceder o valor do imposto pago no exterior;

b) na hipótese de apuração de lucro real positivo em valor inferior ao total dos lucros auferidos no exterior, e nele computados, deve-se apurar a diferença entre aquele total e o lucro real correspondente, a qual será multiplicada pela alíquota de 15%, se o valor computado não exceder o limite de isenção do adicional, ou 25%, se for excedido tal limite. O somatório do valor do imposto a ser compensado com o montante já compensado no próprio ano-calendário não poderá exceder o valor do imposto pago no exterior. Em ambos os cálculos, o valor assim determinado será escriturado na Parte B do Lalur, para fins de controle de sua utilização em anos-calendário subsequentes.

Base legal: IN RFB nº 1.520, de 2014, art. 30, §§ 14 a 17.

12 – Em que momento deve ser tributado o lucro gerado por uma empresa estrangeira, classificada pela legislação brasileira como coligada ou portfólio de investimento sem influência nem relevância, cuja participação societária seja detida por uma por controlada direta ou indireta da controladora brasileira?

Os lucros gerados por empresas tidas como coligadas das controladas diretas ou indiretas ou como participações em empresas de portfólio, detidas por controlada direta ou indireta domiciliadas no exterior, serão tributados pela controladora brasileira quando forem reconhecidos no balanço da controlada direta ou indireta, segundo a legislação comercial de sua jurisdição.

Base legal: IN RFB nº 1.520, de 2014, art. 19, § 1º.

13 – Deve ser aberta subconta para a filial em pais distinto da jurisdição da sua matriz de controlada direta ou indireta no exterior, como se fosse empresa distinta?

O imposto pago no exterior que seja passível de dedução pela investidora no Brasil deve ser apurado de forma individualizada por filial, sucursal, coligada, controlada, direta ou indireta. Para este efeito, cabe o controle do lucro a ser tributado de cada entidade e deve ser aberta subconta distinta para a filial cuja matriz, controlada no exterior, tenha em jurisdição distinta.

Base legal: IN RFB nº 1.520, de 2014, art. 30, § 6º.

14 – Há países que, atendidas certas condições, permitem a eleição de moeda funcional distinta da moeda corrente do país. Assim, o balanço levantado em moeda funcional, que atenda as normas da legislação comercial do país de domicílio, poderá ser utilizado para efeitos brasileiros da TBU, convertendo-se os saldos para reais pela taxa cambial fixada pelo Banco Central do Brasil para esta moeda funcional?

A determinação legal requer que os resultados da controlada direta ou indireta sejam apurados segundo as normas da legislação comercial do país de domicílio. O balanço em moeda funcional distinta da moeda corrente do país poderá ser utilizado desde que atenda à legislação comercial do país de domicílio, sem necessidade de reconversão para a moeda corrente do país de domicílio.

Base legal: Lei nº 9.249, de 1995, art. 25, § 7º.

15 – O que deve ser entendido como montante de "prejuízos acumulados" de períodos anteriores a 2015, a que se refere o artigo Art. 38 da IN 1.520/14?

O prejuízo acumulado de períodos anteriores a 2015 a que se refere o Art. 38 da IN nº 1.520/14 deve ser entendido como sendo o montante que resulta da soma dos prejuízos contábeis apurados segundo a legislação comercial local, antes dos tributos corrente e diferido sobre os lucros e antes dos resultados de participações em outras sociedades sob controle direto e indireto da controladora brasileira, em cada balanço do exercício social individualizado por filial, sucursal, controlada direta ou indireta domiciliada no exterior, que não tenham sido absorvidos por lucros apurados pela mesma entidade em exercícios seguintes até dezembro de 2014.

Base legal: IN RFB n° 1.520, de 2014, arts. 2°, § 2°, 10, 30 § 6° e 38.

16 – O controle das subcontas dos investimentos no exterior pode ser realizado através da utilização de "contas espelho", aquelas entendidas como uma duplicação da conta principal, na qual seria feito os controles fiscais em subcontas exigidos em contrapartida a uma conta redutora, ocasionando um saldo zero, da mesma forma como funcionavam as contas de compensação?

O texto legal não prevê a utilização das chamadas "contas-espelho", sendo necessário a utilização de subcontas vinculadas à conta de investimentos.

Base legal: IN RFB n° 1.520, de 2014, art. 3°.

17 – Qual é o valor da parcela do investimento referente ao lucro ou prejuízo de investimento no exterior que deve ser registrada na sub-conta de investimento?

O valor a ser registrado na subconta de investimento é o equivalente aos lucros ou prejuízos antes da tributação no exterior sobre tais lucros ou prejuízos, assim entendido como o lucro ou prejuízo antes dos tributos sobre a renda, sejam correntes e/ou diferidos.

Base legal: IN RFB n° 1.520, de 2014, art. 2°, § 1°.

18 – Ao fazer o registro individualizado, quais informações devem ser incluídas nas subcontas e qual norma contábil deve ser considerada?

Deve ser informada a parcela do ajuste do investimento equivalentes aos lucros auferidos antes da tributação no exterior sobre o lucro, na proporção da participação na controlada.

Deve existir uma subconta para cada controlada direta e cada controlada indireta, vinculada conta do investimento em controlada direta no exterior.

O valor do resultado positivo (lucro) a ser registrado deverá ser contabilizado a débito na subconta em contrapartida à conta de ativo representativa do investimento.

O valor do resultado negativo (prejuízo) deverá ser contabilizado a crédito na subconta em contrapartida à conta de ativo representativa do investimento.

O resultado auferido no exterior deve ser apurado segundo as normas da legislação comercial do país de domicílio e antes da tributação no exterior sobre o lucro.

No caso de inexistir normas expressas que regulem a elaboração de demonstrações financeiras no país de domicílio da investida, estas deverão ser elaboradas segundo as normas da legislação brasileira.

Base legal: IN RFB nº 1.520, de 2014, arts. 2º, 3º e 8º, §§ 1º e 2º.

3.27. Obrigações Acessórias

A obrigação principal decorrente do pagamento do tributo não existe no caso da Holding pura, pois, a receita bruta relativa à percepção de lucros ou dividendos não se sujeita à tributação. Mas, esse fato da não tributação não exime a apresentação das obrigações acessórias pertinentes ao regime de tributação.

Dessa forma, a Holding se sujeita às seguintes obrigações acessórias, observando os requisitos específicos de cada uma delas:

Obrigação acessória	Normativa
CBE – Capitais Brasileiros no Exterior	Resolução CMN nº 3.854, de 27 de maio de 2010
DCTF – Declaração de Débitos e Créditos Tributários Federais e DCTFWeb	Instrução Normativa RFB nº 2005/2021
DIRF – Declaração do Imposto de Renda Retido na Fonte	Instrução Normativa RFB nº 1990/2010
DME – Declaração de Operações Liquidadas com Moeda em Espécie	Instrução Normativa RFB nº 1761/2017
ECD – Escrituração Contábil Digital	Instrução Normativa RFB nº 2003/2021
ECF – Escrituração Contábil Fiscal	Instrução Normativa RFB nº 2004/2021
EFD-Contribuições – Escrituração Fiscal Digital da Contribuição para o Pis/Pasep, da Cofins e da Contribuição Previdenciária sobre a Receita Bruta	Instrução Normativa RFB nº 1252/2012

Obrigação acessória	Normativa
PER/DCOMP – Pedido de Restituição, Ressarcimento ou Reembolso e Declaração de Compensação	Instrução Normativa RFB nº 1717/2017
EFD-Reinf – Escrituração Fiscal Digital de Retenções e Outras Informações Fiscais	Instrução Normativa RFB nº 1701/2017
DIMOB – Declaração de Informações sobre Atividades Imobiliárias	Instrução Normativa RFB nº 1115 DE 2010

4.28. Opção pelo Simples Nacional

De acordo com a Lei Complementar nº 123/2006, artigo 3º, § 4º, inciso VII e com a Resolução CGSN nº 140/2018, artigo 15, inciso VIII, temos a disposição de que não poderá se beneficiar do tratamento jurídico diferenciado (Simples Nacional), a pessoa jurídica que participe do capital de outra pessoa jurídica.

Assim, a Holding não pode optar pelo Simples Nacional.

O mesmo é válido para as empresas as quais a Holding participa como sócia, tendo em vista o artigo 3º, § 4º, inciso I da LC nº 123/2006 e o artigo 15, inciso II da Resolução CGSN 140/2018.

Assim, finalizamos este capítulo, abordando as informações tributárias de forma objetiva.

4.29. Concentração em única empresa – Rateio de despesas

Conforme a Solução de Divergência nº 23 – Cosit, 23 de setembro de 2013, que trata das NORMAS GERAIS DE DIREITO TRIBUTÁRIO, temos disposição sobre o rateio de despesas.

Assim, é possível a concentração, em uma única empresa, do controle dos gastos referentes a departamentos de apoio administrativo centralizados, para posterior rateio dos custos e despesas administrativos comuns entre empresas que não a mantenedora da estrutura administrativa concentrada.

Para que os valores movimentados em razão do citado rateio de custos e despesas sejam dedutíveis do IRPJ, exige-se que correspondam a custos e despesas necessárias, normais e usuais, devidamente comprovadas e pagas; que sejam calculados com base em critérios de rateio razoáveis e objetivos, previamente ajustados, formalizados por instrumento firmado entre os intervenientes; que correspondam ao efetivo gasto de cada empresa e ao preço global pago pelos bens e serviços; que a empresa centralizadora da operação aproprie como despesa tão somente a parcela que lhe cabe de acordo com o critério de rateio, assim como devem proceder de forma idêntica as empresas descentralizadas beneficiárias dos bens e serviços, e contabilize as parcelas a serem ressarcidas como direitos de créditos a recuperar; e, finalmente, que seja mantida escrituração destacada de todos os atos diretamente relacionados com o rateio das despesas administrativas.

Relativamente à contribuição para o PIS/Pasep e à Cofins, observadas as exigências estabelecidas no item anterior para regularidade do rateio de dispêndios em estudo:

a) os valores auferidos pela pessoa jurídica centralizadora das atividades compartilhadas como reembolso das demais pessoas jurídicas integrantes do grupo econômico pelo pagamento dos dispêndios comuns não integram a base de cálculo das contribuições em lume apurada pela pessoa jurídica centralizadora;

b) a apuração de eventuais créditos da não cumulatividade das mencionadas contribuições deve ser efetuada individualizadamente em cada pessoa jurídica integrante do grupo econômico, com base na parcela do rateio de dispêndios que lhe foi imputada;

c) o rateio de dispêndios comuns deve discriminar os itens integrantes da parcela imputada a cada pessoa jurídica integrante do grupo econômico para permitir a identificação dos itens de dispêndio que geram para a pessoa jurídica que os suporta direito de creditamento, nos termos da legislação correlata.

Dessa forma, a Solução de Divergência mencionada traz posicionamento sobre o rateio de despesas do grupo, permitindo um tratamento diferente das posições anteriores, reformando inclusive a Decisão SRRF07/Disit nº 46, de 22 de abril de 2008, que trata do mesmo assunto.

4.30. Investidor-Anjo

Com a publicação da Lei Complementar nº 155/2016 foi regulada a figura do investidor-anjo. A referida Lei Complementar alterou a Lei Complementar nº 123/2006 para incluir os artigos 61-A a 61-D com as disposições dessa figura.

O objetivo dessa criação é o de incentivar as atividades de inovação e os investimentos produtivos, da sociedade enquadrada como microempresa ou empresa de pequeno porte, nos termos desta Lei Complementar nº 123/2006, que poderá admitir o aporte de capital, que não integrará o capital social da empresa.

As finalidades de fomento a inovação e investimentos produtivos deverão constar do contrato de participação, com vigência não superior a sete anos.

O aporte de capital poderá ser realizado por pessoa física ou por pessoa jurídica, denominadas investidor-anjo.

A atividade constitutiva do objeto social é exercida unicamente por sócios regulares, em seu nome individual e sob sua exclusiva responsabilidade.

O investidor-anjo:
- ✓ **não será considerado sócio** nem terá qualquer direito a gerência ou voto na administração da empresa;
- ✓ **não responderá por qualquer dívida da empresa, inclusive em recuperação judicial**, não se aplicando a ele o art. 50 da Lei no 10.406, de 10 de janeiro de 2002 – Código Civil. Ou seja, não se aplica a desconsideração da personalidade jurídica;
- ✓ **será remunerado por seus aportes**, nos termos do contrato de participação, pelo prazo máximo de cinco anos.

Para fins de enquadramento da sociedade como microempresa ou empresa de pequeno porte, **os valores de capital aportado não são considerados receitas da sociedade**.

Ao final de cada período, o investidor-anjo fará jus à remuneração correspondente aos resultados distribuídos, conforme contrato de participação, não superior a 50% (cinquenta por cento) dos lucros da sociedade enquadrada como microempresa ou empresa de pequeno porte.

O investidor-anjo somente poderá exercer o direito de resgate depois de decorridos, no mínimo, dois anos do aporte de capital, ou prazo superior estabelecido no contrato de participação, e seus haveres serão pagos na forma do art. 1.031 da Lei no 10.406, de 10 de janeiro de 2002 – Código Civil, não podendo ultrapassar o valor investido devidamente corrigido. Contudo, não impede a transferência da titularidade do aporte para terceiros.

A transferência da titularidade do aporte para terceiro alheio à sociedade dependerá do consentimento dos sócios, salvo estipulação contratual expressa em contrário.

O Ministério da Fazenda poderá regulamentar a tributação sobre retirada do capital investido.

A emissão e a titularidade de aportes especiais não impedem a fruição do Simples Nacional.

Caso os sócios decidam pela venda da empresa, o investidor-anjo terá direito de preferência na aquisição, bem como direito de venda conjunta da titularidade do aporte de capital, nos mesmos termos e condições que forem ofertados aos sócios regulares.

Os fundos de investimento poderão aportar capital como investidores-anjos em microempresas e empresas de pequeno porte.

4.30.1. Investidor-Anjo e a Tributação

Com a publicação da Instrução Normativa RFB nº 1.719/2017, a Receita Federal do Brasil disciplinou a tributação de rendimentos recebidos pelo investidor-anjo.

Referidos aportes, como vimos no tópico anterior, são decorrentes de contratos de participação firmados entre as sociedades enquadradas como microempresas ou empresa de pequeno porte e o investidor-anjo.

A referida norma dispõe que para a microempresa ou empresa de pequeno porte que receba os aportes não é obrigatória a adoção pelo regime do Simples Nacional. Assim, pode a microempresa ou empresa de pequeno porte adotar qualquer forma de tributação aceita pela legislação do imposto de renda.

Em relação à tributação pelo Imposto de Renda dos rendimentos decorrentes do aporte de capital, utiliza a regressividade pelo prazo do contrato, como segue:

Alíquota	Prazo do contrato
22,5%	Contratos de participação com prazo de até 180 (cento e oitenta) dias.
20%	Contratos de participação com prazo de 181 (cento e oitenta e um) dias até 360 (trezentos e sessenta) dias.
17,5%	Contratos de participação com prazo de 361 (trezentos e sessenta e um) dias até 720 (setecentos e vinte) dias.
15%	Contratos de participação com prazo superior a 720 (setecentos e vinte) dias.

Via de regra incidirá a alíquota mínima de 15% dado que pela definição da própria Lei Complementar nº 123, de 2006, o resgate do valor aportado somente poderá ser efetuado se decorridos, no mínimo, dois anos do aporte de capital, o que pressupõe contratos de prazo mínimo de dois anos, podendo se estender a até sete anos por limitação do mesmo texto legal.

Sujeitam-se à retenção na fonte, os rendimentos periódicos e o ganho obtido no resgate do aporte obtidos pelas pessoas físicas e pessoas jurídicas quando do seu pagamento, sendo que o imposto retido na fonte é considerado definitivo para investidores pessoas físicas e jurídicas isentas ou optantes pelo Simples Nacional.

No caso em que o investidor-anjo alienar a titularidade dos direitos do contrato de participação incidirá imposto de renda pelas alíquotas regressivas dispostas na tabela demonstrada, com o tempo calculado entre a data do aporte e a data da alienação dos direitos.

Em relação aos fundos de investimentos ficam dispensadas as retenções do imposto de renda nas operações do fundo, contudo, no resgate das cotas aplicam-se as regras estabelecidas para os fundos de investimentos regidos por norma geral ou as regras estabelecidas para os fundos de investimentos constituídos sob a forma de condomínio fechado.

4.30.2. Investidor-Anjo e a Holding

E como fica o investidor-anjo em relação à Holding?

Não vemos nenhum problema que o investidor-anjo faça aporte em uma sociedade que participe do capital de outras sociedades. Apenas tem que ser avaliado se é um bom investimento que proporcione bons rendimentos.

Assim, finalizamos esse capítulo com a análise de tributação aplicada à Holding.

4.31. Atividade Imobiliária: Locação, Compra e Venda de Imóveis

É muito comum que a Holding seja constituída para fins de desenvolver atividade imobiliária.

A atividade imobiliária abrange a locação de bens imóveis, assim como a compra e venda de imóveis e também a incorporação imobiliária.

Assim, decidimos abrir este tópico específico para orientar sobre essa atividade e tendo em vista também os esclarecimentos da Receita Federal do Brasil.

4.31.1. Receita de Aluguel de Imóveis Próprios

A locação de imóveis próprios se sujeita à tributação do PIS/PASEP, Cofins, IRPJ e CSLL.

Ou seja, é uma receita como qualquer outra advinda de outros tipos de atividades, tendo em vista o conceito de receita bruta previsto no Decreto-Lei 1.598 de 1977, artigo 12.

Portanto, se a empresa possui o objeto social (contrato social) ou mesmo que possua tal atividade (mesmo que não esteja no contrato, mas possui a habitualidade), deve oferecer à tributação como receita bruta.

Para as empresas que tributam com base no lucro presumido ou com base no lucro real anual, apurando a estimativa mensal com base na receita bruta, os percentuais de presunção a serem utilizados serão de 32% para o IRPJ e de 32% para a CSLL, conforme as disposições da Instrução Normativa RFB 1700 de 2017, artigo 33, § 1º inciso IV, alínea "c" e artigo 34, § 1º, inciso III.

Quanto ao PIS/Pasep e a Cofins, as alíquotas são as usuais:

Regime Cumulativo (Lei n° 9.718 de 1998; Lei n° 9.715 de 1998; e Instrução Normativa RFB n° 1.911 de 2019)	0,65% para o PIS/Pasep	3% para a Cofins
Regime Não Cumulativo (Lei n° 10.637 de 2002 e Lei n° 10.833 de 2003; e Instrução Normativa RFB n° 1.911 de 2019)	1,65% para o PIS/Pasep	7,6% para a Cofins.

4.31.2. Lucro Presumido – Administração de imóveis próprios – Despesas Condominiais, Taxas e Tributos Incidentes sobre o Imóvel Administrado.

A Receita Federal do Brasil esclareceu por meio da **Solução de Consulta Cosit n° 38 de 2014**, publicada no DOU de 07/04/2014, sobre o tratamento das despesas para a as empresas de administração de imóveis próprios.

Assim, consideram-se receitas auferidas pelas empresas de administração de imóveis próprios, decorrentes do exercício de sua atividade principal, além de aluguéis decorrentes de locação, valores recebidos também dos locatários referentes ao próprio imóvel administrado, independente da denominação utilizada, que se prestam a pagar despesas como o consumo de água, luz e gás, conservação, higiene e limpeza de aparelhos sanitários, de iluminação, ramais de encanamentos d'água, esgoto, gás, luz, pinturas, vidraças, ferragens, torneiras, pias, ralos, banheiros, registros, manutenção de elevadores, vigilâncias e demais acessórios em perfeito estado de conservação e funcionamento, bem como todos os impostos e taxas que incidam ou venham a incidir sobre o imóvel locado, incluindo-se IPTU, Taxa de Lixo e apólice de seguro contra incêndio e danos de qualquer natureza à estrutura do imóvel.

Assim, tais valores **devem integrar a base de cálculo** sobre a qual se calcula o lucro presumido das pessoas jurídicas optantes por esta modalidade de tributação do IRPJ, de que trata o art. 15 da Lei n° 9.249, de 26 de dezembro de 1995.

4.32. Atividade Imobiliária – Desconto Condicional Concedido por Empresas do Lucro Presumido – Regime de Caixa

As empresas optantes pelo Lucro Presumido não podem abater/deduzir nenhum valor sobre a receita bruta, que não seja decorrente de vendas canceladas ou descontos incondicionais concedidos, conforme o artigo 215 da Instrução Normativa RFB 1700 de 2017.

Contudo, a Receita Federal do Brasil, por meio da **Solução de Consulta Cosit nº 106 de 2020**, publicada no DOU de 11/03/2021, esclareceu que os valores dos descontos concedidos condicionalmente, não representando valor efetivamente recebido pela venda de unidades imobiliárias, não integram a receita bruta das pessoas jurídicas que exploram atividades imobiliárias de loteamento de terrenos, incorporação imobiliária, construção de prédios destinados à venda, bem como a venda de imóveis construídos ou adquiridos para revenda, para fins de apuração do IRPJ, CSLL, PIS/Pasep e Cofins com base no lucro presumido.

4.33. Regime Especial de Tributação – RET

Para a Holding também cabe a aplicação do Regime Especial de Tributação – RET, conforme as disposições da Lei nº 10.931 de 2004 e Instrução Normativa RFB nº 1.435 de 2013.

4.34. Doação de Bens Imóveis – Empresa do Lucro Presumido

De acordo com a **Solução de Consulta Cosit nº 68 de 2020**, publicada no DOU de 30/06/2020, a Receita Federal do Brasil esclareceu sobre o tratamento tributário para as empresas do lucro presumido que receberam imóveis por meio de doação.

Tratamento para o IRPJ e a CSLL

O valor de bem imóvel recebido em doação por pessoa jurídica tributada pelo IRPJ com base no lucro presumido não integra sua receita bruta, mas deve ser acrescido à base de cálculo do referido imposto, sendo tributado como outras receitas da donatária. O valor de bem imóvel doado por pessoa jurídica tributada pelo lucro presumido não integra a base de cálculo do IRPJ devido pela doadora.

Caso haja conexão direta ou indireta entre essas operações (receber imóvel de terceiros ou dá-los a esses) e as atividades da pessoa jurídica, a operação não se configura como doação e os valores dos bens recebidos de terceiros ou transferidos a esses devem ser incluídos integralmente na receita bruta da entidade para fins de apuração do IRPJ com base no lucro presumido.

Tratamento para o PIS/Pasep e a Cofins

Em se tratando de pessoa jurídica cujo objeto social compreenda atividades relacionadas à comercialização e gestão de imóveis, o valor de bem imóvel dado ou recebido em doação não integra a base de cálculo da Contribuição para o PIS/Pasep e da Cofins no seu regime de apuração cumulativa, desde que não haja qualquer conexão entre a doação e as operações de compra, venda e permuta de imóveis.

Caso haja conexão direta ou indireta entre essas operações (receber imóvel de terceiros ou dá-los a esses) e as atividades da pessoa jurídica, a operação não se configurará como doação e os valores dos bens recebidos de terceiros ou transferidos a esses devem ser incluídos integralmente na base de cálculo da Contribuição para o PIS/Pasep e da Cofins, em seu regime de apuração cumulativa.

4.35. Solução de Consulta Cosit nº 7 de 2021 – Lucro Presumido – Atividade Imobiliária – Venda de imóveis – Imobilizado – Investimento – Tratamento Tributário

A Instrução Normativa RFB nº 1700 de 2017, estabelece em seu artigo 200 que serão classificados como ganhos ou perdas de capital e computados na determinação do lucro real e do resultado ajustado, os resultados na alienação, na baixa por perecimento, extinção, desgaste, obsolescência ou exaustão, ou na liquidação de bens do ativo não circulante classificados como investimentos, imobilizado ou intangível, **ainda que reclassificados para o ativo circulante com a intenção de venda.**

Ou seja, apuração do ganho ou perda de capital do imóvel mantido no ativo não circulante.

Mas, tendo em vista a publicação da **Solução de Consulta Cosit nº 7 de 2021**, publicada no DOU de 11/03/2021, tivemos outro posicionamento, conforme detalhamento a seguir:

No caso apresentado a consulente informa que "desenvolve atividades imobiliárias consistentes na incorporação imobiliária, aquisição e venda de imóveis próprios e na locação de imóveis próprios".

Em virtude disso, expõe ser comum que, por questões de conveniência de mercado, imóveis de sua propriedade, **registrados em conta de ativo não circulante, visto que geradores de receitas de aluguel, sejam posteriormente colocados à venda.**

A questão posta gira em torno dessa operação de venda.

A consulente, pessoa jurídica optante pelo lucro presumido, submete à consulta seu entendimento acerca da forma correta de se tributar as receitas decorrentes da operação referida, sintetizado conforme abaixo:

Diante do exposto, requer seja reconhecida a presente consulta e seja proferida decisão esclarecendo se está correto seu entendimento de que, à luz do redirecionamento de imóveis anteriormente locados à atividade comercial de compra e venda, que faz parte de seu objeto social, deve submeter tais receitas ao percentual de presunção de 8% e 12%, bem como à incidência da Contribuição para o PIS/Pasep e da Cofins às alíquotas de 0,65% e 3%, respectivamente, e não à apuração de ganho de capital do que decorreria a não submissão à Contribuição para o PIS/Pasep e à Cofins.

A Receita Federal do Brasil, por sua vez esclareceu o que segue:

Ante o exposto, soluciona-se a presente consulta nos seguintes termos:

a) **a receita bruta auferida por meio da exploração de atividade imobiliária** relativa à compra e venda de imóveis próprios submete-se ao percentual de presunção de 8% (oito por cento) e 12% (doze por cento) para fins de determinação da base de cálculo do lucro presumido e do resultado presumido, respectivamente;

b) **se os imóveis vendidos foram utilizados anteriormente para locação a terceiros**, e essa atividade constituir objeto da pessoa jurídica, as receitas dela decorrente compõem o resultado operacional e a receita bruta da pessoa jurídica;

c) **a receita decorrente da alienação de bens do ativo não circulante, classificados como imobilizado ou investimento, ainda que os bens tenham sido anteriormente reclassificados para o ativo circulante com a intenção de venda**, deve ser objeto de apuração de ganho de capital que, por sua vez, deve ser acrescido às bases de cálculo do IRPJ e da CSLL na hipótese em que essa atividade não constituir objeto da pessoa jurídica, não compor o resultado operacional da empresa nem a sua receita bruta;

d) **a pessoa jurídica que tem como objeto a exploração da atividade imobiliária relativa à compra e venda de imóveis** está sujeita à incidência cumulativa da Contribuição para o PIS/PASEP e da Cofins, mediante a aplicação das alíquotas de 0,65% (sessenta e cinco centésimos por cento) e de 3% (três por cento), respectivamente, em relação à receita bruta auferida com a venda de imóveis próprios, **mesmo na hipótese de os imóveis vendidos já terem sido utilizados para locação a terceiros em período anterior à venda e, consequentemente, terem sido classificados no ativo imobilizado naquele período.**

Portanto, é necessário observar o objeto social/atividade da pessoa jurídica para dar o tratamento correspondente.

4.36. Tratamento Contábil sobre os imóveis adquiridos para locação e vendidos posteriormente conforme a Solução de Consulta Cosit nº 7/2021

Resolvemos tratar neste capítulo sobre a questão contábil da Solução de Consulta Cosit nº 7 de 2021, para que as informações fiquem na sequência da parte tributária, visando facilitar a compreensão.

4.36.1. Introdução

Para este módulo vamos abordar os aspectos contábeis da Solução de Consulta Cosit nº 7/2021, onde seu objeto de questionamento são os imóveis inicialmente adquiridos para locação, que foram registrados no ativo não circulante e vendidos posteriormente, sendo que ambas as operações (locação e venda) constam de seu objeto social, ou seja, para fins fiscais a Solução de Consulta citada quer afastar a possibilidade de que a classificação contábil não provoque alterações na natureza da receita e da sua respectiva tributação.

A Solução de Consulta Cosit nº 7/2021 determina que a base de cálculo do IRPJ e CSLL sobre as receitas auferidas por meio da exploração de atividade imobiliária relativa à compra e venda de imóveis próprios submete-se ao percentual de presunção de 8% (oito por cento) e 12% (Doze por cento) respectivamente.

Caso a empresa tributada pelo Lucro Presumido tenha imóveis no Ativo não Circulante (Imóveis utilizados para Locação a Terceiros) e efetue a venda do mesmo, ela deverá calcular os Impostos Federais (IRPJ /CSLL/PIS e Cofins) como se fosse receita da sua operação, ou seja, Receita Bruta da atividade, lembrando que esta condição é valida se ela tiver no seu objeto social a exploração da atividade imobiliária relativa à compra e venda de imóveis, caso contrário esta venda será considerada para fins fiscais como apuração do ganho de Capital.

Em resumo independente da forma como está classificado no balanço (Ativo Circulante ou Não Circulante), para fins fiscais será tratado como receita operacional desde que seu objeto social tenha a exploração da atividade imobiliária (compra e venda de imóveis).

Antes de entrar nos exemplos é fundamental trazer alguns conceitos contábeis como: Ativo Imobilizado e Investimento.

- **CPC 27: Ativo Imobilizado**

Pronunciamento Técnico CPC 27

(...)

Ativo imobilizado é o item tangível que:

*(a) é mantido para uso na produção ou fornecimento de mercadorias ou serviços, para **aluguel a outros**, ou para fins administrativos; e*

(b) se espera utilizar por mais de um período.

- **CPC 28: Propriedade para Investimento**

Pronunciamento Técnico CPC 28

(...)

*Propriedade para investimento **é a propriedade** (terreno ou edifício – ou parte de edifício – ou ambos) **mantida** (pelo proprietário ou pelo arrendatário como ativo de direito de uso) **para auferir aluguel** ou para valorização do capital ou para ambas e, não, para: (Alterado pela Revisão CPC 13)*

(a) uso na produção ou fornecimento de bens ou serviços ou para finalidades

administrativas; ou

(b) venda no curso ordinário do negócio.

4.36.2. Lançamentos contábeis conforme a Solução de Consulta Cosit 7/2021

Após o breve resumo dos conceitos contábeis vamos para os exemplos de apuração de ganho de Capital conforme as explanações da Solução de Consulta Cosit nº 7/2021.

Suponhamos que uma empresa do Lucro Presumido realize uma venda à vista de um imóvel próprio utilizado para locação de terceiros com as seguintes condições:

- Valor da Venda: 1.000.000,00
- Valor contábil do Imóvel: 700.000,00
- Classificação Contábil: Imobilizado
- Objeto social: Administração e Locação de Imóveis próprios

Conforme a Solução de Consulta Cosit nº 7 de 2021 esta venda deverá ser tratada como Ganho ou Perda de Capital porque no seu objeto não tem compra e venda de imóveis, e para isso devemos fazer os seguintes tratamentos contábeis e Fiscais:

1º Organizar as Informações

- **Contabilidade**

Ativo Imobilizado	900.000,00
Depreciação	(200.000,00)
Valor Contábil	**700.000,00**

- Valor da Venda 1.000.000,00

2º Registro da Venda

D	Banco	1.000.000,00	Ativo
C	Ganho/ Perda de Capital	1.000.000,00	Resultado

3º Baixa do Imobilizado

D	Ganho/ Perda de Capital	900.000,00	Resultado
C	Ativo Imobilizado	900.000,00	Ativo

4º Baixa da Depreciação

D	Depreciação Acumulada	200.000,00	Resultado
C	Ganho/ Perda de Capital	200.000,00	Ativo

5º Apuração do Ganho ou Perda de Capital (Conta de Resultado)

Ganho ou Perda de Capital			
Baixa do Imobilizado	900.000,00	1.000.000,00	Registro da Venda
		200.000,00	Baixa da Depreciação
Total	900.000,00	1.200.000,00	
Saldo Final		**300.000,00**	**Ganho de Capital**

6º Processo Fiscal – Lucro Presumido

Conforme o exemplo acima a empresa do Lucro Presumido não tem no objeto social venda de Imóveis e por isso deverá apurar o ganho ou perda de capital e se o resultado da apuração der positivo deverá incluir 100% do ganho na Base de cálculo do IRPJ e CSLL.

Apuração Lucro Presumido – IRPJ

Composição da Receita	Base	Resultado da Aplicação dos Percentuais sobre a base	ECF
Receita Bruta Sujeita ao Percentual de 1,6%		0,00	P200
Receita Bruta Sujeita ao Percentual de 8%		0,00	P200
Receita Bruta Sujeita ao Percentual de 16%		0,00	P200
Receita Bruta Sujeita ao Percentual de 32%		0,00	P200
Base Tributável I			
Receita Financeira – Renda Fixa			P200
Demais Receitas e Ganho de Capital	300.000,00		P200
Base de cálculo do imposto sobre o lucro presumido			P300
IRPJ 15%		45.000,00	P300

Adicional 10% (300.000,00 - 60.000,00 * 10%)	24.000,00	P300
IR Devido		P300
Dedução - IRRF	0,00	P300
IRPJ a Recolher	69.000,00	P300

Apuração Lucro Presumido CSLL

Composição da Receita	Base	Resultado da Aplicação dos Percentuais sobre a Base	ECF
Receita Bruta Sujeita ao Percentual de 12%		0,00	P400
Receita Bruta Sujeita ao Percentual de 32%		0,00	P400
Base Tributável I			
Receita Financeira - Renda Fixa		0,00	P400
Demais Receitas e Ganho de Capital		300.000,00	P400
Base de cálculo do imposto sobre o lucro presumido			P500
CSLL 9%		27.000,00	P500
CSLL Devido		27.000,00	P500
CSLL a Recolher		27.000,00	P500

4.36.3. Comparativo da carga tributária conforme a Solução de Consulta Cosit 7/2021 (Venda de imóveis dentro e fora do Objeto social)

Neste tópico será demonstrado um comparativo da carga tributária dos tributos federais (IR, CSLL, PIS e COFINS) dos imóveis vendidos que tenham sido utilizados anteriormente para locação a terceiros (Receita da atividade e fora da atividade).

Venda de Imóveis **dentro do Objeto Social**

Receita da Atividade

Tributos Federais	Valor
*IRPJ	14.000,00
**CSLL	10.800,00
PIS (Receita 1.000.000,00 x 0,65%)	6.500,00
COFINS (Receita 1.000.000,00 x 3,00%)	30.000,00
Total da Carga Tributaria	61.300,00

Representatividade dos Tributos em relação a Venda   6,1%
61.300,00/ 1.000.000,00

Venda de Imóveis **fora do Objeto Social**

Receita **Fora** da Atividade

Tributos Federais	Valor
IRPJ	69.000,00
CSLL	27.000,00
PIS	0
COFINS	0
Total da Carga Tributaria	96.000,00

Representatividade dos Tributos em relação a Venda   9,6%
96.000,00/ 1.000.000,00

Racional do Cálculo do IRPJ e CSLL quando a Receita é da Atividade:

*Cálculo do IR

Receita	1.000.000,00
Presunção 8% - Base	80.000,00
15%	12.000,00
Adicional 10% (80.000 - 60.000*10%)	2.000,00
Total IR	**14.000,00**

**Calculo do CSLL

Receita	1.000.000,00
Presunção 12% - Base	120.000,00
9%	10.800,00
Total CSLL	**10.800,00**

Nota

Para o exemplo acima a receita do Lucro Presumido tratada fora da atividade apresentou uma carga tributária maior quando comparado com Receitas tributadas dentro do seu objeto social (Receitas da própria atividade).

Assim, finalizamos esse capítulo com a análise da tributação aplicada à Holding.

CAPÍTULO 5

PARTES RELACIONADAS – CONCEITO CONTÁBIL E FISCAL

5.1. Introdução

É comum as empresas do mesmo grupo econômico e pessoas que fazem parte ou tenham influência no negócio efetuarem operações entre si, seja através de uma prestação de serviço, venda de produtos ou mercadorias, operações financeiras como mútuo etc., por isso é fundamental que o profissional saiba detectar quando as transações do grupo estão enquadradas como parte relacionadas e seu respectivo tratamento como divulgar nas demonstrações contábeis e efetuar os devidos ajustes fiscais caso o mesmo seja classificado como tal.

Este tópico tem como objetivo, conceituar o termo "**partes relacionadas**" sobre a ótica contábil e fiscal.

5.2. Partes Relacionadas Sobre a Ótica Contábil

Os relacionamentos com partes relacionadas são uma característica normal do comércio e dos negócios. Por exemplo, as entidades realizam frequentemente parte das suas atividades por meio de controladas, empreendimentos controlados em conjunto (*joint ventures*) e coligadas. Nessas circunstâncias, a entidade tem a capacidade de afetar as políticas financeiras e operacionais da investida por meio de controle pleno, controle compartilhado ou influência significativa.

A demonstração do resultado e o balanço patrimonial do Grupo podem ser afetados por um relacionamento com partes relacionadas mesmo que não ocorram transações com essas partes relacionadas. A mera existência do relacionamento pode ser suficiente para afetar as transações da entidade com outras partes.

Exemplo 1:

Uma controlada pode cessar relações com um parceiro comercial quando da aquisição pela controladora de outra controlada dedicada à mesma atividade do parceiro comercial anterior. Alternativamente, uma parte pode abster-se de agir por causa da influência significativa de outra.

Exemplo 2:

Uma controlada pode ser orientada pela sua controladora a não se envolver em atividades de pesquisa e desenvolvimento ou até elaborar outra estratégia de negócio.

Em resumo o conhecimento das transações, dos saldos e dos detalhes das operações com partes relacionadas podem afetar as avaliações de suas operações por parte dos usuários das demonstrações contábeis, inclusive as avaliações dos riscos e das oportunidades com os quais a entidade se depara.

O Conceito de Parte Relacionadas sobre a ótica contábil é a **pessoa** ou a **empresa** que está relacionada com a entidade que está elaborando suas demonstrações contábeis.

a) **Uma pessoa, ou um membro próximo de sua família, está relacionada com a entidade que reporta a informação se:**
- tiver o controle pleno ou compartilhado da entidade que reporta a informação;
- tiver influência significativa sobre a entidade que reporta a informação; ou
- for membro do pessoal chave da administração da entidade que reporta a informação ou da controladora da entidade que reporta a informação.

Nota

Membros próximos da família de uma pessoa: são aqueles membros da família dos quais se pode esperar que exerçam influência ou sejam influenciados pela pessoa nos negócios desses membros com a entidade e incluem:

(a) os filhos da pessoa, cônjuge ou companheiro(a);

(b) os filhos do cônjuge da pessoa ou de companheiro(a); e

(c) dependentes da pessoa, de seu cônjuge ou companheiro(a).

b) **Uma entidade está relacionada** com a entidade que reporta a informação se qualquer **das condições abaixo for observada:**

- a controlada e a entidade que reporta a informação **são membros do mesmo grupo econômico** (o que significa dizer que a controladora e cada controlada são inter-relacionadas, bem como as entidades sob controle comum são relacionadas entre si);
- **a entidade é coligada ou controlada em conjunto (*joint venture*) de outra entidade** (ou coligada ou controlada em conjunto de entidade membro de grupo econômico do qual a outra entidade é membro);
- **ambas as entidades estão sob o controle conjunto (*joint ventures*) de uma terceira** entidade;
- uma entidade está sob o controle conjunto (*joint venture*) de uma terceira entidade **e a outra entidade for coligada dessa terceira entidade**;
- **a entidade é um plano de benefício pós-emprego cujos beneficiários são os empregados de ambas as entidades,** a que reporta a informação e a que está relacionada com a que reporta a informação. Se a entidade que reporta a informação for ela própria um plano de benefício pós-emprego, os empregados que contribuem com a mesma serão também considerados partes relacionadas com a entidade que reporta a informação;
- **a entidade é controlada, de modo pleno ou sob controle conjunto, por uma pessoa identificada na letra (a)**;
- uma pessoa identificada no item a) que tenha influência significativa sobre a entidade, ou for membro do pessoal chave da administração da entidade (ou de controladora da entidade);
- **a entidade, ou qualquer membro de grupo do qual ela faz parte, fornece serviços de pessoal-chave da administração da entidade que reporta ou à controladora da entidade que reporta.**

5.3. Partes Relacionadas Sobre a Ótica Fiscal

Sobre a ótica fiscal não há definição expressa de "Partes relacionadas" onde cada tributo e operação possui normas e procedimentos específicos com o objetivo de neutralizar ou não prejudicar a base tributária.

Por exemplo:
- **Preços de transferência entre partes vinculadas;**

Para fins de Preço de Transferência será considerada vinculada à pessoa jurídica domiciliada no Brasil:
- ➤ **a matriz desta, quando domiciliada no exterior;**
- ➤ **a sua filial ou sucursal**, domiciliada no exterior;
- ➤ **a pessoa física ou jurídica**, residente ou domiciliada no exterior, **cuja participação societária no seu capital social a caracterize como sua controladora ou coligada**, na forma definida nos §§ 1º e 2º, art. 243 da Lei das S.A.;
- ➤ **a pessoa jurídica domiciliada no exterior que seja caracterizada como sua controlada ou coligada**, na forma definida nos §§ 1º e 2º, art. 243 da Lei das S.A.;
- ➤ **a pessoa jurídica domiciliada no exterior, quando esta e a empresa domiciliada no Brasil estiverem sob controle societário ou administrativo comum ou quando pelo menos 10% (dez por cento) do capital social de cada uma pertencer a uma mesma pessoa física ou jurídica;**
- ➤ **a pessoa física ou jurídica, residente ou domiciliada no exterior**, que, em conjunto **com a pessoa jurídica domiciliada no Brasil**, tiver participação societária no capital social de uma terceira pessoa jurídica, cuja soma as caracterizem como controladoras ou coligadas desta, na forma definida nos §§ 1º e 2º, art. 243 da Lei das S.A.;
- ➤ **a pessoa física ou jurídica, residente ou domiciliada no exterior, que seja sua associada**, na forma de consórcio ou condomínio, conforme definido na legislação brasileira, em qualquer empreendimento;
- ➤ **a pessoa física residente no exterior que for parente ou afim até o terceiro grau, cônjuge ou companheiro de qualquer de seus diretores** ou **de seu sócio ou acionista controlador em participação direta ou indireta;**
- ➤ **a pessoa física ou jurídica, residente ou domiciliada no exterior, que goze de exclusividade**, como seu agente, dis-

tribuidor ou concessionário, para a compra e venda de bens, serviços ou direitos;
- **Distribuição disfarçada de lucros;**
  ➤ o sócio ou acionista desta, mesmo quando outra pessoa jurídica;
  ➤ o administrador ou o titular da pessoa jurídica;
  ➤ o cônjuge e os parentes até o terceiro grau.

Decreto 3.000/99

Art. 465. **Considera-se pessoa ligada à pessoa jurídica** (Decreto-Lei nº 1.598, de 1977, art. 60, § 3º, e Decreto-Lei nº 2.065, de 1983, art.

20, inciso IV):

I – *o sócio ou acionista desta, mesmo quando outra pessoa jurídica;*

II – *o **administrador** ou o **titular da pessoa jurídica**;*

III – *o **cônjuge** e os **parentes até o terceiro grau**, inclusive os afins, do sócio pessoa física de que trata o inciso I e das demais pessoas mencionadas no inciso II.*

§ 1º Valor de mercado é a importância em dinheiro que o vendedor pode obter mediante negociação do bem no mercado (Decreto-Lei nº 1.598, de 1977, art. 60, § 4º).

§ 2º O valor do bem negociado *frequentemente no mercado, ou em bolsa, é o preço das vendas efetuadas em condições normais de mercado, que tenham por objeto bens em quantidade e em qualidade semelhantes* (Decreto-Lei nº 1.598, de 1977, art. 60, § 5º).

§ 3º O valor dos bens para os quais não haja mercado ativo poderá

ser determinado com base em negociações anteriores e recentes do

mesmo bem, ou em negociações contemporâneas de bens semelhantes, entre pessoas não compelidas a comprar ou vender e que tenham conhecimento das circunstâncias que influam de modo relevante na determinação do preço (Decreto-Lei nº 1.598, de 1977, art. 60, § 6º).

§ 4º Se o valor do bem não puder ser determinado nos termos dos

§§ 2º e 3º e o valor negociado pela pessoa jurídica basear-se em laudo de avaliação de perito ou empresa especializada, caberá à autoridade tributária a prova de que o negócio serviu de instrumento à distribuição disfarçada de lucros (Decreto-Lei nº 1.598, de 1977, art. 60, § 7º).

- **Partes dependentes** (aproveitamento fiscal de mais-valia/ *Goodwill*);

➢ **o adquirente e o alienante são controlados, direta ou indiretamente**, pela mesma parte ou partes;
➢ **existir relação de controle entre o adquirente e o alienante**;
➢ **o alienante for sócio, titular, conselheiro ou administrador da pessoa jurídica adquirente**;
➢ **o alienante for parente ou afim até o terceiro grau, cônjuge** ou companheiro das pessoas relacionadas; ou
➢ em decorrência de outras relações não descritas nos itens anteriores, **em que fique comprovada a dependência societária.**

"*Lei 12.973/2014*

Art. 25. Para fins do disposto nos arts. 20 e 22, consideram-se partes dependentes quando: (Vigência)

I – o adquirente e o alienante são controlados, direta ou indiretamente,

pela mesma parte ou partes;

II – existir relação de controle entre o adquirente e o alienante;

III – o alienante for sócio, titular, conselheiro ou administrador da pes-

soa jurídica adquirente;

IV – o alienante for parente ou afim até o terceiro grau, cônjuge ou companheiro das pessoas relacionadas no inciso III; ou

V – em decorrência de outras relações não descritas nos incisos I a IV, em que fique comprovada a dependência societária.

Parágrafo único. No caso de participação societária adquirida em estágios, a relação de dependência entre o(s) alienante(s) e o(s) adquirente(s) de que trata este artigo deve ser verificada no ato da primeira aquisição, desde que as condições do negócio estejam previstas no instrumento negocial".

- **Subcapitalização – Pessoas Vinculadas**

A legislação brasileira evita a utilização da subcapitalização mediante a previsão legal de coeficientes de endividamento, considerados usuais para a generalidade das empresas, para fins de fixação de limites de dedutibilidade de despesas de juros em operações de **mútuo com pessoa vinculada**, residente ou domiciliada no exterior, não constituída em país ou dependência com tributação favorecida ou sob regime fiscal privilegiado.

Considera-se como pessoa vinculada à pessoa jurídica domiciliada no Brasil:

➤ **a matriz desta, quando domiciliada no exterior;**

➤ **a sua filial ou sucursal, domiciliada no exterior;**

➤ **a pessoa física ou jurídica, residente ou domiciliada no exterior**, cuja participação societária no seu capital social a **caracterize como sua controladora ou coligada**, na forma definida nos §§ 1º, 2º, 4º e 5º do art. 243 da Lei nº 6.404, de 1976; IV – a pessoa jurídica domiciliada no exterior que seja caracterizada como sua controlada ou coligada, na forma definida nos §§ 1º, 2º, 4º e 5º do art. 243 da Lei nº 6.404, de 1976;

➤ **a pessoa jurídica domiciliada no exterior, quando esta e a empresa domiciliada no Brasil** estiverem sob controle societário ou administrativo comum ou quando pelo menos dez por cento do capital social de cada uma pertencer a uma mesma pessoa física ou jurídica;

➤ **a pessoa física ou jurídica, residente ou domiciliada no exterior**, que, em conjunto com a pessoa jurídica domiciliada no Brasil, tiver participação societária no capital social de uma terceira pessoa jurídica, cuja soma as caracterize como controladoras ou coligadas desta, na forma definida nos §§ 1º, 2º, 4º e 5º do art. 243 da Lei nº 6.404, de 1976;

- **a pessoa física ou jurídica, residente ou domiciliada no exterior, que seja sua associada, na forma de consórcio ou condomínio**, conforme definido na legislação brasileira, em qualquer empreendimento;
- **a pessoa física residente no exterior que for parente** ou afim até o terceiro grau, cônjuge ou companheiro de qualquer de seus diretores ou de seu sócio ou acionista controlador em participação direta ou indireta;
- **pessoa física ou jurídica, residente ou domiciliada no exterior, que goze de exclusividade, como seu agente, distribuidor ou concessionário**, para a compra e venda de bens, serviços ou direitos; e
- **a pessoa física ou jurídica, residente ou domiciliada no exterior**, em relação à qual a pessoa jurídica domiciliada no Brasil goze de exclusividade, como agente, distribuidora ou concessionária, para a compra e venda de bens, serviços ou direitos.

Capítulo 6
LUCROS E DIVIDENDOS

6.1. Introdução

Lucros e dividendos são a mesma coisa? Esta pergunta é comum entre os investidores. Para responder este questionamento, é interessante definir alguns conceitos técnicos que serão demonstrados nos tópicos seguintes.

Em resumo, dividendos é o lucro que possui condições e ordens de pagamentos específicos, enquanto o lucro é um termo genérico que resulta do saldo positivo depois do fechamento dos resultados da entidade.

6.2. Dividendos

Todo acionista espera o retorno do capital investido na sociedade, entretanto, há acionistas que possuem preferência no retorno deste capital; preferência esta que podemos chamar de dividendos.

Os dividendos têm como objetivo preservar os direitos dos acionistas preferenciais de receber a parcela do seu lucro. Em regra geral, a companhia determina pelo seu estatuto as condições e formas para tal distribuição, porém existem situações em que o estatuto não prevê a forma de distribuição dos dividendos. Diante desta omissão, a sociedade deverá aplicar os procedimentos previstos no artigo 202 da Lei nº 6.404/1976 conforme será demonstrado através de um exemplo prático de cálculo de dividendos, no tópico seguinte.

Nota

Quando o estatuto social da sociedade anônima for omisso em relação aos critérios de pagamento de dividendos, aplica-se a regra do dividendo mínimo obrigatório conforme o art. 202, da Lei das S.A.

6.2.1. Exemplo Prático do Cálculo dos Dividendos Obrigatórios

Antes de partir para parte prática, devemos sempre observar os critérios de distribuição dos dividendos obrigatórios conforme o estatuto. Caso o estatuto seja omisso, deverá obedecer a regra prevista no inciso I, artigo 202, da Lei das S.A.

> Dividendos obrigatórios caso o estatuto seja omisso:
> **Lucro do exercício**
> (-) reserva legal
> (-) reserva para contingências +
> + reversão da reserva para contingência
> = **lucro líquido ajustado**
> Lucro ajustado/2 = **Dividendo obrigatório**

Lei nº 6.404/1976

Art. 202. Os acionistas têm direito de receber como dividendo obrigatório, em cada exercício, a parcela dos lucros estabelecida no estatuto ou, se este for omisso, a importância determinada de acordo com as seguintes normas: (Redação dada pela Lei nº 10.303, de 2001) (Vide Medida Provisória nº 608, de 2013) (Vide Lei nº 12.838, de 2013)

I – metade do lucro líquido do exercício diminuído ou acrescido dos seguintes valores: (Redação dada pela Lei nº 10.303, de 2001)

a) importância destinada à constituição da reserva legal (art. 193); e

(Incluída pela Lei nº 10.303, de 2001)

b) importância destinada à formação da reserva para contingências (art. 195) e reversão da mesma reserva formada em exercícios anteriores; (Incluída pela Lei nº 10.303, de 2001)

II – o pagamento do dividendo determinado nos termos do inciso I poderá ser limitado ao montante do lucro líquido do exercício que tiver sido realizado, desde que a diferença seja registrada como reserva de lucros a realizar (art. 197); (Redação dada pela Lei nº 10.303, de 2001)

III – os lucros registrados na reserva de lucros a realizar, quando realizados e se não tiverem sido absorvidos por prejuízos em exercícios subsequentes, deverão ser acrescidos ao primeiro dividendo declarado após a realização. (Redação dada pela Lei nº 10.303, de 2001)

§ 1º O estatuto poderá estabelecer o dividendo como porcentagem do lucro ou do capital social, ou fixar outros critérios para determiná-lo, desde que sejam regulados com precisão e minúcia e não sujeitem os acionistas minoritários ao arbítrio dos órgãos de administração ou da maioria.

§ 2º Quando o estatuto for omisso e a assembleia-geral deliberar alterá-lo para introduzir norma sobre a matéria, o dividendo obrigatório não poderá ser inferior a 25% (vinte e cinco por cento) do lucro líquido ajustado nos termos do inciso I deste artigo. (Redação dada pela Lei nº 10.303, de 2001)

§ 3º A assembleia-geral pode, desde que não haja oposição de qualquer acionista presente, deliberar a distribuição de dividendo inferior ao obrigatório, nos termos deste artigo, ou a retenção de todo o lucro líquido, nas seguintes sociedades: (Redação dada pela Lei nº 10.303, de 2001)

I – companhias abertas exclusivamente para a captação de recursos por debêntures não conversíveis em ações; (Incluído pela Lei nº 10.303, de 2001)

II – companhias fechadas, exceto nas controladas por companhias abertas que não se enquadrem na condição prevista no inciso I. (Incluído pela Lei nº 10.303, de 2001)

§ 4º O dividendo previsto neste artigo não será obrigatório no exercício social em que os órgãos da administração informarem à assembleia-geral ordinária ser ele incompatível com a situação financeira da companhia. O conselho fiscal, se em

funcionamento, deverá dar parecer sobre essa informação e, na companhia aberta, seus administradores encaminharão à Comissão de Valores Mobiliários, dentro de 5 (cinco) dias da realização da assembleia-geral, exposição justificativa da informação transmitida à assembleia.

§ 5º Os lucros que deixarem de ser distribuídos nos termos do § 4º serão registrados como reserva especial e, se não absorvidos por prejuízos em exercícios *subsequentes, deverão ser pagos como dividendo assim que o permitir a situação financeira da companhia.*

§ 6º Os lucros não destinados nos termos dos artigos 193 a 197 deverão ser distribuídos como dividendos. (Incluído pela Lei nº 10.303, de 2001)

Agora que temos a fórmula e a fundamentação legal, vamos para o exemplo prático.

A empresa Dividendos S.A. apresentou em 31.12.20X2 os seguintes dados:

- Lucro líquido do exercício R$ 1.000.000,00

- Constituição de reserva legal conforme o artigo 193 da Lei nº 6.404/1976 no valor de R$ 50.000,00 (5%) do lucro liquido.

* Para Simplificar o entendimento, não houve constituição de outras reservas e o estatuto é omisso aos critérios de distribuição de dividendos.

Cálculo dos dividendos obrigatórios conforme o inciso I, artigo 202, da Lei das S.A. (estatuto omisso)	
Lucro do exercício	R$ 1.000.000,00
(-) reserva legal	(R$ 50.000,00)
(-) reserva para contingências	0
+ reversão da reserva para contingência	0
= lucro líquido ajustado	R$ 950.000,00
Lucro ajustado R$ 950.000,00/2 =	R$ 475.000,00
Dividendo obrigatório	R$ 475.000,00

6.3. Lucros

Lucros são rendimentos resultantes do capital investido na entidade, seja ela limitada, companhia aberta ou até mesmo Sociedade em Conta de Participações (SCP). O lucro é a principal motivação que faz um investidor aplicar seus recursos em um negócio, por isso, abordaremos nos tópicos seguintes as regras de tributação e isenção para distribuição de lucros e também o tratamento destes lucros na declaração de Imposto Renda da Pessoa Física.

A fim de facilitar o entendimento sobre as regras e condições para distribuição de lucros, será dividido em 3 períodos, que compreendem

Lucros e dividendos distribuídos com base nos resultados apurados em:

- 1º de janeiro de 2008 a 31 de dezembro de 2013;
- 1º de janeiro de 2014 a 31 de dezembro de 2014;
- 1º de janeiro de 2015 em diante.

Nota
Em cada período, houve procedimentos e condições específicos para aplicação da isenção do Imposto de Renda.

6.4. Lucros e Dividendos Distribuídos com Base nos Resultados Apurados entre 1º de janeiro de 2008 e 31 de dezembro de 2013

A Medida Provisória nº 627/2013 dispunha que o fisco aceitaria a isenção do lucro apurado conforme a contabilidade societária, entretanto, para ter a referida isenção, a pessoa jurídica deveria optar pela aplicação dos procedimentos contidos na Medida Provisória nº 627/2013 que até então eram opcionais conforme abordaremos nos itens posteriores.

Com a publicação da Lei nº 12.973/2014, houve novas disposições acerca da isenção do Imposto de Renda sobre os lucros apurados nos períodos entre 2008 a 2013; disposições que estão contidas no art. 72, da Lei nº 12.973/2014: *"os lucros ou dividendos calculados com base nos resultados apurados entre 1º de janeiro de 2008 e 31 de dezembro de 2013 pelas pessoas jurídicas tributadas com base no lucro real, presumido ou arbitrado, não ficarão sujeitos* à *incidência do Imposto de Renda na Fonte, nem integrarão a base de cálculo do imposto de renda e da Contribuição Social sobre o Lucro Líquido do beneficiário, pessoa física ou jurídica, residente ou domiciliado no País ou no exterior".*

Em resumo, o fisco aceita a isenção do lucro apurado conforme a contabilidade societária, para os períodos entre 2008 a 2013.

6.5. Lucros ou Dividendos Apurados no Ano-Calendário de 2014

Para lucros apurados no período de 01.01.2014 a 31.12.2014, existiram dois parâmetros (contabilidade fiscal e contabilidade societária) a serem observados para aplicação da isenção do Imposto de Renda; além dos parâmetros citados, a entidade deveria se atentar aos procedimentos da Lei nº 12.973/2014.

A referida lei dispõe de duas bases para chegar aos valores dos lucros que serão isentos do Imposto de Renda. São eles:

1. Contabilidade Societária: contabilidade que segue os procedimentos internacionais de contabilidade (CPC e IFRS);
2. Contabilidade Fiscal: contabilidade que não aceita os lançamentos e procedimentos trazidos pela contabilidade internacional, ou seja, contabilidade conforme os critérios de apuração usados até 31/12/2007.

No ano-calendário de 2014, as entidades deveriam se manifestar sobre a opção para aplicação ou não dos procedimentos da Lei nº 12.973/2014 pela DCTF.

Nos tópicos abaixo, serão abordados os efeitos da tributação sobre os lucros conforme a opção ou não pela Lei nº 12.973/2014.

6.5.1. Optante pela Lei nº 12.973/2013

Em resumo, esta opção faz com que a Receita Federal do Brasil aceite as alterações trazidas pela convergência às Normas Internacionais de Contabilidade. Entretanto, os lançamentos e efeitos da contabilidade internacional deverão ser destacados em subcontas e anulados via adição e exclusão no Lalur ou controlados via relatório gerencial para empresas tributadas pelo lucro presumido.

À pessoa jurídica que optar pelas disposições contidas nos artigos 1º e 2º e 4º a 70 da **Lei nº 12.973/2014** para o ano-calendário de 2014, os lucros e dividendos (apurados com base no ano-calendário de 2014) serão isentos do Imposto de Renda e não integram a base de cálculo do IRPJ e da CSL.

6.5.2. Não Optante pela Lei nº 12.973/2013

Caso a pessoa jurídica **não fizesse a opção pela Lei nº 12.973/2014** para o ano-calendário de 2014, os lucros ou dividendos calculados com base no ano-calendário de 2014 não serão tributados do IRPJ e CSL da pessoa jurídica beneficiária, e também não terá a incidência do IRRF para beneficiário pessoa física, desde que estes lucros ou dividendos estejam calculados conforme os critérios **contábeis vigentes em 31.12.2007,** ou seja, sem os efeitos dos procedimentos trazidos pelas normas internacionais de contabilidade.

6.6. Lucros e Dividendos Distribuídos com Base nos Resultados Apurados a partir de 1º de janeiro de 2015

Todas as pessoas jurídicas deverão aplicar os procedimentos da Lei nº 12.973/2014 para os lucros apurados a partir de 2015. **Em resumo, o fisco aceita a aplicação da isenção do Imposto de Renda sobre o lucro originado da contabilidade societária;** em contrapartida as pessoas jurídicas deverão discriminar os lançamentos contábeis originados pela contabilidade internacional por subcontas (contas analíticas), adicionar, excluir e controlar os efeitos da contabilidade internacional pelo Livro de Apuração do Lucro Real (Lalur e Lacs) e para as pessoas jurídicas tributadas pelo lucro presumido e arbitrado controlar estes efeitos via relatório interno que será disciplinado pela Receita Federal.

6.7. Cálculo dos Lucros e Dividendos para Empresas Tributadas pelo Lucro Presumido

Para que o lucro ou dividendos distribuídos pela pessoa jurídica tributada com base no lucro presumido sejam isentos do Imposto de Renda existem duas formas de cálculo, que são:

1. Distribuição com base na Presunção;
2. Distribuição com base no lucro apurado pela contabilidade.

6.7.1. Distribuição com Base na Presunção

Este método consiste em considerar o valor da base de cálculo do Imposto de Renda e subtrair todos os impostos e contribuições (IRPJ, CSLL, PIS e Cofins) a que estiver sujeita a pessoa jurídica.

Exemplo:

Cálculo para Distribuição de Lucros	1º Trimestre	2º Trimestre	3º Trimestre	4º Trimestre	TOTAL
BASE DE CÁLCULO DO IR	R$ 3.520,00	R$ 4.480,00	R$ 6.080,00	R$ 24.640,00	R$ 38.720,00
(-) IR + CSL	-R$ 1.161,60	-R$ 1.478,40	-R$ 2.006,40	-R$ 4.646,40	-R$ 9.292,80
(-) PIS + Cofins	-R$ 803,00	-R$ 1.022,00	-R$ 1.387,00	-R$ 1.204,50	-R$ 4.416,50
(=) LUCRO A DISTRIBUIR	R$ 1.555,40	R$ 1.979,60	R$ 2.686,60	R$ 18.789,10	R$ 25.010,70

Conforme o cenário apresentado, a empresa tributada com base no lucro presumido poderá distribuir lucros isentos do Imposto de Renda até o valor de R$ 25.010,70.

6.7.2. Distribuição com Base no Lucro Apurado pela Contabilidade

Como regra geral, aplica-se o método de presunção, conforme exposto no item anterior, entretanto, se a pessoa jurídica possuir contabilidade que justifique uma distribuição de lucro maior do que a presunção, poderá distribuir este lucro apurado pela contabilidade isento do Imposto de Renda.

Exemplo:

A empresa Lucro presumido Ltda. fechou o resultado com o seguinte cenário:

Demonstração do Resultado do Exercício	
Receita Bruta de Vendas	**R$ 150.000,00**
Receita de Serviços	R$ 150.000,00
(-) Devoluções, Deduções e Impostos	**-R$ 24.416,50**
(-) ISS sobre Serviços	-R$ 20.000,00
(-) PIS e Cofins	-R$ 4.416,50
Receita Líquida de Vendas	**R$ 125.583,50**
Custos de serviços prestados	-R$ 50.000,00
Lucro Bruto	**R$ 75.583,50**
(-) Deduções e Acréscimos	-R$ 20.000,00
Lucro antes do IRPJ e CSLL	**R$ 55.583,50**
(-) Provisão IRPJ	-R$ 5.808,00
(-) Provisão CSLL	-R$ 3.484,80
Lucro Líquido	**R$ 46.290,70**

Observa-se que o lucro apurado pela contabilidade é superior ao cálculo da presunção. Diante disso, a pessoa jurídica **poderá distribuir o total do lucro apurado pela contabilidade (R$ 46.290,70)** e não tributar conforme as disposições contidas no artigo 238 da Instrução Normativa nº 1.700/2017.

Lucro Líquido com base na Contabilidade	R$ 46.290,70
Distribuição com base na Presunção	R$ 25.010,70
Excedente	R$ 21.280,00

Instrução Normativa RFB nº 1.700/2017

DOS LUCROS E DIVIDENDOS DISTRIBUÍDOS

Art. 238. *Não estão sujeitos ao imposto sobre a renda os lucros e dividendos pagos ou creditados a sócios, acionistas ou titular de empresa individual, observado o disposto no Capítulo III da Instrução Normativa RFB nº 1.397, de 16 de setembro de 2013.*

§ 1º O disposto neste artigo abrange inclusive os lucros e dividendos

atribuídos a sócios ou acionistas residentes ou domiciliados no exterior.

§ 2º No caso de pessoa jurídica tributada com base no lucro presumido

ou arbitrado, poderão ser pagos ou creditados sem incidência do IRRF:

I – o valor da base de cálculo do imposto, diminuído do IRPJ, da CSLL, da Contribuição para o PIS/Pasep e da Cofins a que estiver sujeita a pessoa jurídica;

II – a parcela de lucros ou dividendos excedentes ao valor determinado no inciso I, desde que a empresa demonstre, com base em escrituração contábil feita com observância da lei comercial, que o lucro efetivo é maior que o determinado segundo as normas para apuração da base de cálculo do imposto pela qual houver optado.

§ 3º A parcela dos rendimentos pagos ou creditados a sócio ou acionista ou ao titular da pessoa jurídica submetida ao regime de tributação com base no lucro real, presumido ou arbitrado, a título de lucros ou dividendos distribuídos, ainda que por conta de período-base não encerrado, que exceder o valor apurado com base na escrituração, será imputada aos lucros acumulados ou reservas de lucros de exercícios anteriores, ficando sujeita a incidência do imposto sobre a renda calculado segundo o disposto na legislação específica, com acréscimos legais.

§ 4º Inexistindo lucros acumulados ou reservas de lucros em montante suficiente, a parcela excedente será submetida à tributação nos termos do art. 61 da Lei nº 8.981, de 1995.

§ 5º A isenção de que trata o *caput* não abrange os valores pagos a outro título, tais como pró-labore, aluguéis e serviços prestados.

§ 6º A isenção de que trata este artigo somente se aplica em relação aos lucros e dividendos distribuídos por conta de lucros apurados no encerramento de período-base ocorrido a partir do mês de janeiro de 1996.

§ 7º O disposto no § 3º não abrange a distribuição do lucro presumido ou arbitrado conforme previsto no inciso I do § 2º, após o encerramento do trimestre correspondente.

§ 8º Ressalvado o disposto no inciso I do § 2º, a distribuição de rendimentos a título de lucros ou dividendos que não tenham sido apurados em balanço sujeita-se à incidência do imposto sobre a renda na forma prevista no § 4º.

§ 9º A isenção de que trata este artigo inclui os lucros ou dividendos pagos ou creditados a beneficiários de todas as espécies de ações previstas no art. 15 da Lei nº 6.404, de 1976, ainda que a ação seja classificada em conta de passivo ou que a remuneração seja classificada como despesa financeira na escrituração comercial.

§ 10. Não são dedutíveis na apuração do lucro real e do resultado ajustado os lucros ou dividendos pagos ou creditados a beneficiários de qualquer espécie de ação prevista no art. 15 da Lei nº 6.404, de 1976, ainda que classificados como despesa financeira na escrituração comercial.

Nota

As pessoas jurídicas tributadas com base no lucro presumido, que distribuírem os lucros ou dividendos com base na contabilidade e este valor seja **superior ao valor da base de cálculo do imposto,** diminuída de todos os impostos e contribuições a que estiver sujeita (*vide* tópico

"**Distribuição com base na Presunção**"), ficará obrigada à entrega do Sped contábil (Escrituração Contábil Digital – ECD)

(Inciso V do artigo 3º da Instrução Normativa RFB nº 1.774, de 22 de dezembro de 2017).

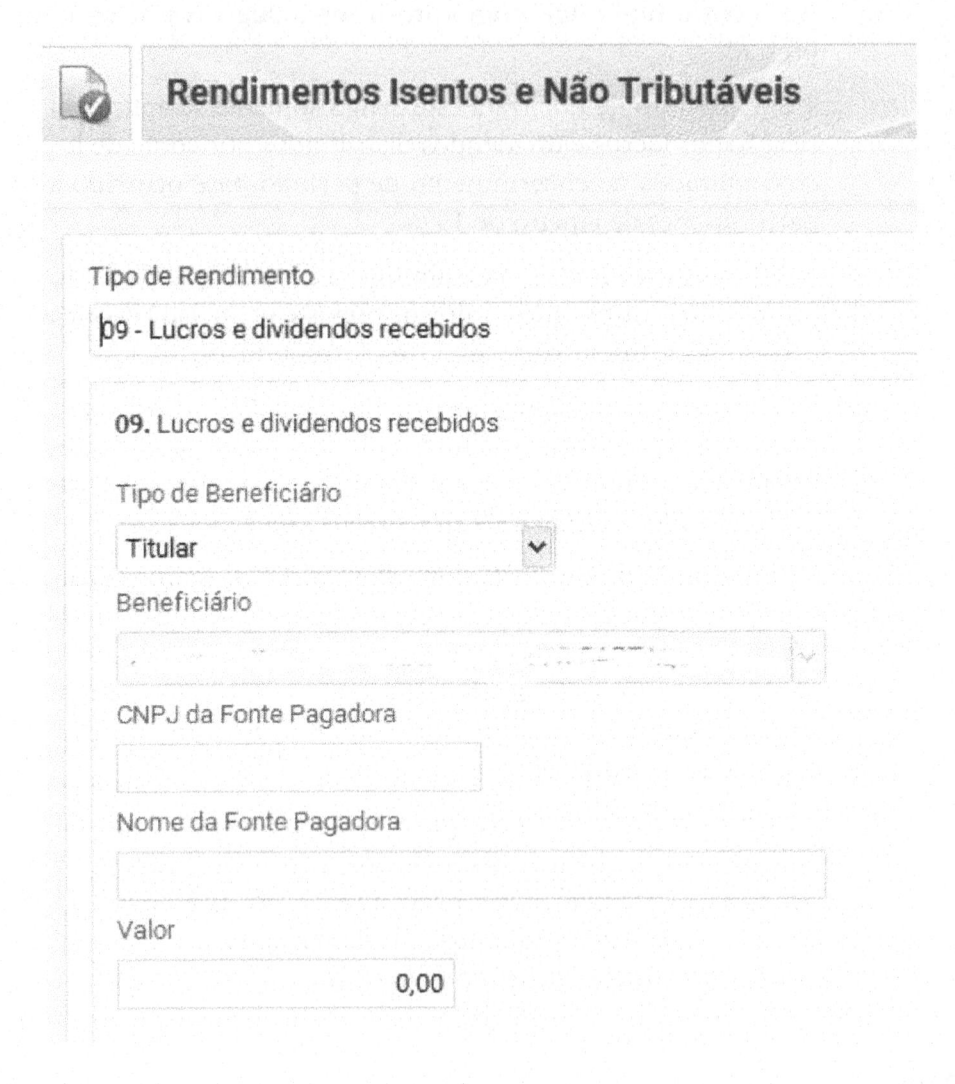

Rendimentos Isentos e Não Tributáveis

Tipo de Rendimento

> 09 - Lucros e dividendos recebidos

09. Lucros e dividendos recebidos

Tipo de Beneficiário

> Titular

Beneficiário

CNPJ da Fonte Pagadora

Nome da Fonte Pagadora

Valor

> 0,00

6.8. Tratamento dos Lucros e Dividendos Recebidos pela Pessoa Física

Conforme o art. 10 da Lei nº 9.249/1995 e o art. 8º da Instrução Normativa RFB nº 1.500/2014, os lucros ou dividendos calculados com base nos resultados apurados a partir de 01/01/1996, pagos ou creditados pelas pessoas jurídicas ou equiparadas às pessoas jurídicas tributadas com base no lucro real, presumido ou arbitrado, não estão sujeitos à incidência do Imposto sobre a Renda na Fonte nem integram a base de cálculo do imposto do beneficiário.

Observadas as regras de obrigatoriedade para entrega da declaração de pessoa física, caso a mesma esteja obrigada, deverá informar estes lucros ou dividendos na ficha rendimentos isentos e não tributáveis, conforme a seguir:

INSTRUÇÃO NORMATIVA RFB Nº 1.500, DE 29 DE OUTUBRO DE 2014

Dos Rendimentos de Participações Societárias

Art. 8º São isentos ou não se sujeitam ao imposto sobre a renda, os seguintes rendimentos de participações societárias:

I – lucros ou dividendos calculados com base nos resultados apurados em 1993 e os apurados a partir do mês de janeiro de 1996, pagos ou creditados pelas pessoas jurídicas tributadas com base no lucro real, presumido ou arbitrado;

II – valores efetivamente pagos ou distribuídos ao titular ou sócio da microempresa ou empresa de pequeno porte optante pelo Regime Especial Unificado de Arrecadação de Tributos e Contribuições devidos pelas Microempresas e Empresas de Pequeno Porte (Simples Nacional), salvo os que corresponderem a pro labore, aluguéis ou serviços prestados;

III – valores decorrentes de aumento de capital mediante a incorporação de reservas ou lucros apurados a partir de 1º de janeiro de 1996, por pessoas jurídicas tributadas com base no lucro real, presumido ou arbitrado;

IV – bonificações em ações, quotas ou quinhão de capital, decorrentes da capitalização de lucros ou reservas de lucros apurados nos anos-

-calendário de 1994 e 1995, desde que nos 5 (cinco) anos anteriores à data da incorporação a pessoa jurídica não tenha restituído capital aos sócios ou titular por meio de redução do capital social.

§ 1º A isenção de que trata o inciso I do *caput* não abrange os valores pagos a outro título, tais como *pro labore, aluguéis e serviços prestados*, bem como *os lucros e dividendos distribuídos que não tenham sido apurados em balanço*.

§ 2º A isenção prevista no inciso I do *caput abrange inclusive os lucros e dividendos correspondentes a resultados apurados a partir de 1º de janeiro de 1996, atribuídos a sócios ou acionistas não residentes no Brasil*.

§ 3º A isenção de que trata o inciso II do *caput fica limitada ao valor resultante da aplicação dos percentuais de que trata o art. 15 da Lei nº 9.249, de 26 de dezembro de 1995, sobre a receita bruta mensal, no caso de antecipação de fonte, ou da receita bruta total anual, tratando-se de declaração de ajuste, subtraído do valor devido na forma do Simples Nacional no período, relativo ao Imposto sobre a Renda da Pessoa Jurídica (IRPJ)*.

§ 4º O disposto no § 3º não se aplica na hipótese de a pessoa jurídica manter escrituração contábil e evidenciar lucro superior ao limite previsto no referido parágrafo.

§ 5º Na hipótese de a pessoa jurídica não ter efetuado a opção prevista no art. 75 da Lei nº 12.973, de 13 de maio de 2014, a parcela dos rendimentos *correspondentes a dividendos e lucros apurados no ano-calendário de 2014 e distribuídos a sócio ou acionista ou a titular de pessoa jurídica submetida ao regime de tributação com base no lucro real, presumido ou arbitrado em valores superiores aos apurados com observância dos métodos e critérios contábeis vigentes em 31 de dezembro de 2007, é tributada nos termos do § 4º do art. 3º da Lei nº 7.713, de 22 de dezembro de 1988, com base na tabela progressiva de que trata o art. 65*.

§ 6º No caso a que se refere o inciso III do *caput*:

I – o lucro a ser incorporado ao capital deverá ser apurado em balanço

transcrito no livro Diário;

II – devem ser observados os requisitos dispostos no art. 3º da Lei nº 8.849, de 28 de janeiro de 1994.

6.9. Tratamento Contábil dos Lucros e Dividendos

Conforme o item 10 do CPC 18, o lucro ou o prejuízo gerado pela sua coligada ou controlada deve ser reconhecido no resultado da Holding no próprio exercício e sua contrapartida é o aumento da conta investimento para situações de lucro ou diminuição para prejuízo.

Para os lucros distribuídos ou deliberados da investida, terão como contrapartida a redução do valor contábil do investimento conforme será demonstrado no exemplo abaixo.

- **Reconhecimento no resultado da investidora**

D – Investimento em coligadas ou controladas (ativo)

C – Receita de equivalência patrimonial (resultado)

- **Reconhecimento do direito em receber os lucros ou dividendos**

D – Lucros ou dividendos a receber (ativo)

C – investimento em coligadas ou controladas (ativo)

- **Reconhecimento do recebimento dos lucros ou dividendos**

D – Banco (ativo)

C – Lucros ou dividendos a receber (ativo)

6.10. Aspectos Legais e Normativos

- *Artigo 10 da Lei nº 9.249/1995*

Art. 10. Os lucros ou dividendos calculados com base nos resultados apurados a partir do mês de janeiro de 1996, pagos ou creditados pelas pessoas jurídicas tributadas com base no lucro real, presumido ou arbitrado, não ficarão sujeitos à incidência do imposto de renda na fonte, nem integrarão a base de cálculo do imposto de renda do beneficiário, pessoa física ou jurídica, domiciliado no País ou no exterior.

Parágrafo único. No caso de quotas ou ações distribuídas em decorrência de aumento de capital por incorporação de lucros apurados a partir do mês de janeiro de 1996, ou de reservas constituídas com esses lucros, o custo de aquisição será igual à parcela do lucro ou reserva capitalizado, que corresponder ao sócio ou acionista.

• **Artigos 72 a 74 da Lei nº 12.973/2013**

Art. 72. *Os lucros ou dividendos calculados com base nos resultados apurados entre 1º de janeiro de 2008 e 31 de dezembro de 2013 pelas pessoas jurídicas tributadas com base no lucro real, presumido ou arbitrado, em valores superiores aos apurados com observância dos métodos e critérios contábeis vigentes em 31 de dezembro de 2007, não ficarão sujeitos à incidência do imposto de renda na fonte, nem integrarão a base de cálculo do imposto de renda e da Contribuição Social sobre o Lucro Líquido do beneficiário, pessoa física ou jurídica, residente ou domiciliado no País ou no exterior.*

Art. 73. *Para os anos-calendário de 2008 a 2014, para fins do cálculo do limite previsto no art. 9º da Lei nº 9.249, de 26 de dezembro de 1995, a pessoa jurídica poderá utilizar as contas do patrimônio líquido mensurado de acordo com as disposições da Lei nº 6.404, de 15 de dezembro de 1976.*

§ 1º *No cálculo da parcela a deduzir prevista no* caput, *não serão considerados os valores relativos a ajustes de avaliação patrimonial a que se refere o § 3º do art. 182 da Lei nº 6.404, de 15 de dezembro de 1976.*

§ 2º *No ano-calendário de 2014, a opção ficará restrita aos não optantes das disposições contidas nos arts. 1º e 2º e 4º a 70 desta Lei.*

Art. 74. *Para os anos-calendário de 2008 a 2014, o contribuinte poderá avaliar o investimento pelo valor de patrimônio líquido da coligada ou controlada, determinado de acordo com as disposições da Lei nº 6.404, de 15 de dezembro de 1976.*

Parágrafo único. *No ano-calendário de 2014, a opção ficará restrita aos não optantes das disposições contidas nos arts. 1º e 2º e 4º a 70 desta Lei.*

• Instrução normativa RFB nº 1500, de 29 de outubro de 2014

Dos Rendimentos de Participações Societárias

Art. 8º São isentos ou não se sujeitam ao imposto sobre a renda, os seguintes rendim*entos de participações societárias:*

I – lucros ou dividendos calculados com base nos resultados apurados em 1993 e os apurados a partir do mês de janeiro de 1996, pagos ou creditados pelas pessoas jurídicas tributadas com base no lucro real, presumido ou arbitrado;

II – valores efetivamente pagos ou distribuídos ao titular ou sócio da microempresa ou empresa de pequeno porte optante pelo Regime Especial Unificado de Arrecadação de Tributos e Contribuições devidos pelas Microempresas e Empresas de Pequeno Porte (Simples Nacional), salvo os que corresponderem a pró-labore, aluguéis ou serviços prestados;

III – valores decorrentes de aumento de capital mediante a incorporação de reservas ou lucros apurados a partir de 1º de janeiro de 1996, por pessoas jurídicas tributadas com base no lucro real, presumido ou arbitrado;

IV – bonificações em ações, quotas ou quinhão de capital, decorrentes da capitalização de lucros ou reservas de lucros apurados nos anos-calendário de 1994 e 1995, desde que nos 5 (cinco) anos anteriores à data da incorporação a pessoa jurídica não tenha restituído capital aos sócios ou titular por meio de redução do capital social.

§ 1º A isenção de que trata o inciso I do *caput* não abrange os valores pagos a outro título, tais como pró-labore, aluguéis e serviços prestados, bem como os lucros e div*idendos distribuídos que não tenham sido apurados em balanço.*

§ 2º A isenção prevista no inciso I do *caput* abrange inclusive os lucros e dividendos correspondentes a resultados apurados a partir de 1º de janeiro de 1996, atribuídos a sócios ou acionistas não residentes no Brasil.

§ 3º A isenção de que trata o inciso II do *caput* fica limitada ao valor resultante da *aplicação dos percentuais de que trata o art. 15 da Lei nº 9.249, de 26 de dezembro de 1995, sobre a receita bruta mensal, no caso de antecipação de fonte, ou da receita bruta total anual, tratando-se de declaração de ajuste, subtraído do valor devido na forma do Simples Nacional no período, relativo ao Imposto sobre a Renda da Pessoa Jurídica (IRPJ).*

§ 4º O disposto no § 3º não se aplica na hipótese de a pessoa jurídica manter escrituração contábil e evidenciar lucro superior ao limite previsto no referido parágrafo.

§ 5º Na hipótese de a pessoa jurídica não ter efetuado a opção prevista no art. 75 da Lei nº 12.973, de 13 de maio de 2014, a parcela dos rendimentos correspondentes a dividendos e lucros apurados no ano-calendário de 2014 e distribuídos a sócio ou *acionista ou a titular de pessoa jurídica submetida ao regime de tributação com base no lucro real, presumido ou arbitrado em valores superiores aos apurados com observância dos métodos e critérios contábeis vigentes em 31 de dezembro de 2007, é tributada nos termos do § 4º do art. 3º da Lei nº 7.713, de 22 de dezembro de 1988, com base na tabela progressiva de que trata o art. 65.*

§ 6º No caso a que se refere o inciso III do *caput*:

I – *o lucro a ser incorporado ao capital deverá ser apurado em balanço*

transcrito no livro Diário;

II – *devem ser observados os requisitos dispostos no art. 3º da Lei nº 8.849, de 28 de janeiro de 1994.*

6.11. Usufruto de ações e quotas – Tributação

O usufruto de ações e quotas é permitido conforme as disposições da Lei nº 6.404/1976, em seu artigo 40 e pela Lei nº 10.406/2002, em seus artigos 1.390 a 1.411.

Usufruto é o direito conferido a alguém, durante certo tempo, de gozar ou fruir de um bem cuja propriedade pertence a outrem.

Com base nessas disposições, a Secretaria da Receita Federal do Brasil já se manifestou sobre o tratamento tributário relativo aos lucros e dividendos decorrentes de usufruto, conforme ementa das Soluções de Consulta a seguir transcritas:

SOLUÇÃO DE CONSULTA COSIT Nº 38, DE 27 DE MARÇO DE 2018

Assunto: Imposto sobre a Renda de Pessoa Jurídica – IRPJ Ementa: USUFRUTRO DE AÇÕES. DIVIDENDOS. TRIBUTAÇÃO.

Os lucros ou dividendos pagos ao usufrutuário das ações da empresa constituem rendimento não sujeito à tributação pelo imposto de renda, desde que tenham sido calculados com base em resultados apurados a partir do mês de janeiro de 1996.

Dispositivos Legais: Lei nº 6.404, de 1976, arts. 40 e 116; Lei nº

10.406, de 2002, arts. 1.390 a 1.411; Lei nº 9.249, de 1995, art. 10.

SOLUÇÃO DE CONSULTA COSIT Nº 190, DE 27 DE JUNHO DE 2014

ASSUNTO: SIMPLES NACIONAL USUFRUTO. QUOTAS DE SOCIEDADE LIMITADA. OPÇÃO PELO SIMPLES NACIONAL.

A gravação de usufruto sobre quotas de sociedade limitada configura modalidade de participação no capital, para os efeitos do Simples Nacional.

Dispositivos Legais: Lei Complementar nº 123, de 2006, art. 17, III; Lei nº 6.404, de 1976, art. 114; Lei nº 10.406, de 2002 (Código Civil),

arts. 981, 997, 1.007, 1.008, 1.010, 1.013, 1.019, 1.054, 1.055, 1.060, 1.071

a 1.080, 1.228 e 1.394.

Portanto, neste capítulo, abordamos o tratamento dos lucros e dividendos.

Capítulo 7

CRITÉRIOS GERAIS SOBRE A RESPONSABILIDADE DOS SÓCIOS E ADMINISTRADORES

Neste capítulo abordaremos um panorama geral sobre a responsabilidades dos sócios e administradores da Holding.

7.1. Responsabilidade Tributária dos Sócios e Administradores

A utilização de Holding está em evidência, sendo divulgada como um meio lícito de "blindagem patrimonial", Ou seja, proteção ao patrimônio dos sócios.

Mas, sabemos que não temos uma blindagem.

A partir do momento em que os sócios integralizam o capital com bens e/ou direitos, deixa de ser seu e passa a integrar o patrimônio da sociedade. E, sendo patrimônio da sociedade, responde por quaisquer obrigações desta.

O sócio já não tem nenhum direito sobre aquele bem. Ele passa a ter direito sobre a remuneração (*pro labore*) e sobre os lucros ou dividendos.

Muitos sócios acabam por ver na Holding uma forma de burlar a legislação. Pode até ser uma forma de planejamento tributário e societário, porém, se realizado de maneira muito bem estudada e seguindo os preceitos legais.

A criação de uma empresa de administração patrimonial pode sim facilitar os processos de sucessão com a simplificação e redução de despesas, por exemplo.

Todavia, o órgão fiscalizador busca mecanismos (cruzamento de dados) para garantir o recolhimento dos tributos nas situações pelas quais a empresa não cumpre com seus deveres fiscais.

Desde que haja uma separação entre o patrimônio dos sócios e da empresa, não haveria nenhum problema em manter esse tipo de empresa. Mas, quando existe o excesso de poderes ou infração à legislação ou contrato/estatuto social poderemos ter a responsabilização dos sócios, seja civil ou tributária.

Regra geral, os sócios e administradores não respondem pelos débitos tributários da sociedade, em decorrência da responsabilidade limitada ao capital, mesmo que a sociedade não possua bens suficientes para cumprir suas obrigações.

A inadimplência, quando não dolosa, provoca apenas a obrigação da pessoa jurídica de quitar a dívida, acrescida das penalidades moratórias, mas não a responsabilidade pessoal dos sócios ou administradores.

Somente em casos excepcionais é que os sócios e administradores responderão pessoalmente pelo débito.

O STJ menciona que o encerramento irregular da empresa é a causa mais comum da excepcional responsabilização dos sócios pelas obrigações fiscais da empresa.

O encerramento irregular ocorre quando a empresa deixa de exercer suas atividades e não comunica a situação aos órgãos competentes. Na prática, tal fato é comprovado por meio de Oficial de Justiça, que a pedido do órgão comparece no endereço que a sociedade declara como sendo de sua sede e certifica que a empresa não funciona no local.

A não localização da empresa no endereço que consta nos cadastros públicos é considerada pela maioria da jurisprudência como presunção de encerramento irregular, porquanto é dever da empresa comunicar toda e qualquer alteração efetuada na pessoa jurídica, sendo assim, o suficiente para ensejar a responsabilização dos sócios. Esse entendimento foi consolidado por meio da *Súmula nº 435 do STJ:*

> "**Súmula 435** – Presume-se dissolvida irregularmente a empresa que deixar de funcionar no seu domicílio fiscal, sem comunicação aos órgãos competentes, legitimando o redirecionamento da execução fiscal para o sócio-gerente. (Súmula 435, PRIMEIRA SEÇÃO, julgado em 14/04/2010, DJe 13/05/2010)"

Precedentes Originários

"Hipótese em que o Tribunal a quo decidiu pela responsabilidade dos sócios-gerentes, reconhecendo existirem indícios concretos de dissolução irregular da sociedade por 'impossibilidade de se localizar a sede da empresa, estabelecimento encontrado fechado e desativado etc'.'.

Dissídio entre o acórdão embargado (segundo o qual a não-localização do estabelecimento nos endereços constantes dos registros empresarial e fiscal não permite a responsabilidade tributária do gestor por dissolução irregular da sociedade) e precedentes da Segunda Turma (que decidiu pela responsabilidade em idêntica situação). 3. O sócio-gerente que deixa de manter atualizados os registros empresariais e comerciais, em especial quanto à localização da empresa e à sua dissolução, viola a lei (arts. 1.150 e 1.151, do CC, e arts. 1º, 2º, e 32, da Lei 8.934/1994, entre outros). A não-localização da empresa, em tais hipóteses, gera legítima presunção iuris tantum de dissolução irregular e, portanto, responsabilidade do gestor, nos termos do art. 135, III, do CTN, ressalvado o direito de contradita em Embargos à Execução".

(EREsp 716412 PR, Rel. Ministro HERMAN BENJAMIN, PRIMEIRA SEÇÃO, julgado em 12/09/2007, DJe 22/09/2008)

"*In casu*, o ajuizamento da execução fiscal deu-se contra a pessoa jurídica, amparada em certidão de dívida ativa da qual não constam os nomes dos sócios-gerentes. 2. Consoante o entendimento pacífico deste STJ, constando da CDA apenas o nome da pessoa jurídica, infere-se que a Fazenda Pública, ao propor a execução, não vislumbroua responsabilidade dos sócios-gerentes pela dívida, razão pela qual se, posteriormente, pretende voltar-se contra eles, precisa demonstrar a infração à lei, ao contrato social ou aos estatutos ou, ainda, a dissolução irregular da empresa [...] 3. 'Se a empresa não for encontrada no endereço constante do contrato social arquivado na junta comercial, sem comunicar onde está operando, será considerada presumidamente desativada ou irregularmente extinta' [...]". (REsp 980150 SP, Rel. MIN. CARLOS FERNANDO MATHIAS(JUIZ CONVOCADO DO TRF 1ª REGIÃO), SEGUNDA TURMA, julgado em 22/04/2008,DJe 12/05/2008)

"Em matéria de responsabilidade dos sócios de sociedade limitada, é necessário fazer a distinção entre empresa que se dissolve irregularmente daquela que continua a funcionar. 4. Em se tratando de sociedade que se extingue irregularmente, impõe-se a responsabilidade tributária do sócio-gerente, autorizando-se o redirecionamento, cabendo ao sócio-gerente provar não ter agido com dolo, culpa, fraude ou excesso de poder. [...] uma empresa não pode funcionar sem que o endereço de sua sede ou do eventual estabelecimento se encontre atualizado na Junta

Comercial e perante o órgão competente da Administração Tributária, sob pena de se macular o direito de eventuais credores, *in casu*, a Fazenda Pública, que se verá impedida de localizar a empresa devedora para cobrança de seus débitos tributários. Isso porque o art. 127 do CTN impõe ao contribuinte, como obrigação acessória, o dever de informar ao fisco o seu domicílio tributário, que, no caso das pessoas jurídicas de direito privado, é, via de regra, o lugar da sua sede. Assim, presume-se dissolvida irregularmente a empresa que deixa de funcionar no seu domicílio fiscal, sem comunicação aos órgãos competentes, comercial e tributário, cabendo a responsabilização do sócio-gerente, o qual pode provar não ter agido com dolo, culpa, fraude ou excesso de poder, ou ainda, que efetivamente não tenha ocorrido a dissolução irregular. No direito comercial, há que se valorizar a aparência externa do estabelecimento comercial, não se podendo, por mera suposição de que a empresa poderia estar operando em outro endereço, sem que tivesse ainda comunicado à Junta Comercial, obstar o direito de crédito da Fazenda Pública. Ainda que a atividade comercial esteja sendo realizada em outro endereço, maculada está pela informalidade, pela clandestinidade. Assim, entendo presente indícios de dissolução irregular, e neste caso, é firme a jurisprudência desta Corte no sentido de que, nesta hipótese, não há que se exigir comprovação da atuação dolosa, com fraude ou excesso de poderes, por parte dos sócios, para se autorizar o redirecionamento da execução fiscal. Necessário apenas que haja indícios da dissolução irregular. Portanto, reconhecida a ocorrência da dissolução irregular da empresa é legítimo o redirecionamento da execução contra os sócios". (REsp 1017732 RS, Rel. Ministra ELIANA CALMON, SEGUNDA TURMA, julgado em 25/03/2008, DJe 07/04/2008)".

Resumimos no quadro seguir:

Sócio e administrador	**Atos praticados** com excesso de poderes, infração à lei, contrato social ou estatuto.	Sujeição à desconsideração da personalidade jurídica.
Sócio e administrador	**Sem a prática de atos** com excesso de poderes, infração à lei, contrato social ou estatuto.	Não há que desconsideração da personalidade jurídica.

7.2. A Responsabilidade perante o CTN

A responsabilidade tributária está prevista no artigo 135 do CTN, a seguir transcrito:

"Art. 135. São pessoalmente responsáveis pelos créditos correspondentes a obrigações tributárias resultantes de atos praticados com excesso de poderes ou infração de lei, contrato social ou estatutos:

I – as pessoas referidas no artigo anterior;

II – os mandatários, prepostos e empregados;

III – os diretores, gerentes ou representantes de pessoas jurídicas de direito privado".

O artigo 135 do CTN abrange a responsabilidade dos sujeitos mencionados nos incisos I a III, pelos créditos correspondentes a obrigações tributárias resultantes dos atos ilícitos lá previstos (excesso de poder, infração de lei etc.).

Ou seja, haverá a desconsideração da personalidade jurídica, desde que sejam comprovados os atos que acarretem esse fato.

7.3. Responsabilidade Civil

A responsabilidade civil dos sócios ocorre em diversas situações.

Dessa forma, por exemplo, eles serão responsabilizados quando:

- ✓ não houver a integralização do capital social e o patrimônio da sociedade for insuficiente para o pagamento dos credores sociais – artigo 1.052, CC/2002, dispõe:

"Art. 1.052. Na sociedade limitada, a responsabilidade de cada sócio é restrita ao valor de suas quotas, mas todos respondem solidariamente pela integralização do capital social".

- ✓ houver a incorreta estimação dos aportes – artigo 1.055, § 1º,

CC/2002 dispõe:

"Art. 1.055. O capital social divide-se em quotas, iguais ou desiguais, cabendo uma ou diversas a cada sócio.

§ 1º Pela exata estimação de bens conferidos ao capital social respondem solidariamente todos os sócios, até o prazo de cinco anos da data do registro da sociedade".

- até dois anos depois da morte, retirada ou exclusão do sócio pelas dívidas sociais – artigo 1.032, CC/2002, dispõe:

"Art. 1.032. A retirada, exclusão ou morte do sócio, não o exime, ou a seus herdeiros, da responsabilidade pelas obrigações sociais anteriores, até dois anos após averbada a resolução da sociedade; nem nos dois primeiros casos, pelas posteriores e em igual prazo, enquanto não se requerer a averbação".

- quando o sócio não administrador fizer incorreta utilização de firma ou denominação social – artigo 1.064, CC/2002, dispõe:

"Art. 1.064. O uso da firma ou denominação social é privativo dos administradores que tenham os necessários poderes".

- até dois anos em caso de cessão de quotas conforme o artigo 1.003 do Código Civil, como segue:

"Art. 1.003. A cessão total ou parcial de quota, sem a correspondente modificação do contrato social com o consentimento dos demais sócios, não terá eficácia quanto a estes e à sociedade.

Parágrafo único. Até dois anos depois de averbada a modificação do contrato, responde o cedente solidariamente com o cessionário, perante a sociedade e terceiros, pelas obrigações que tinha como sócio".

- quando houver conflito de interesses pessoal com o da sociedade conforme o artigo 1.010, § 3º, do Código Civil, a seguir:

"Art. 1.010. Quando, por lei ou pelo contrato social, competir aos sócios decidir sobre os negócios da sociedade, as deliberações serão tomadas por maioria de votos, contados segundo o valor das quotas de cada um.

(...)

§ 3º Responde por perdas e danos o sócio que, tendo em alguma operação interesse contrário ao da sociedade, participar da deliberação que a aprove graças a seu voto".

- quando o sócio aprovar deliberação ilícita de acordo com artigo 1.080, CC/2002, a seguir:

"Art. 1.080. As deliberações infringentes do contrato ou da lei tornam ilimitada a responsabilidade dos que expressamente as aprovaram".

✓ a responsabilidade dos sócios perante terceiros não integrantes da sociedade é limitada à importância do capital social. Perante a empresa, até o limite de sua participação societária conforme o artigo 1.052, do Código Civil, abaixo:

"Art. 1.052. Na sociedade limitada, a responsabilidade de cada sócio é restrita ao valor de suas quotas, mas todos respondem solidariamente pela integralização do capital social".

Na omissão da palavra limitada, a responsabilidade é limitada àqueles que fizeram uso da firma social.

O administrador da sociedade limitada será responsabilizado com base nos artigos 1.009, 1.011, § 2º, 1.012, 1.013, § 2º, 1.014, 1.015 e seu parágrafo único, 1.016, 1.017 e parágrafo único, 1.018, 1.020, 1.151, § 2º e 1.158, § 3º, do Código Civil e ao administrador da sociedade anônima serão aplicados os artigos de 153 a 159 da Lei nº 6.404/1976.

Dessa forma, ocorrerá sua responsabilidade:

✓ decorrente da não utilização do termo "limitada" conforme o

artigo 1.158, § 3º, do Código Civil, como segue:

"Art. 1.158. Pode a sociedade limitada adotar firma ou denominação, integradas pela palavra final "limitada" ou a sua abreviatura. (...)

§ 3º A omissão da palavra "limitada" determina a responsabilidade solidária e ilimitada dos administradores que assim empregarem a firma ou a denominação da sociedade".

✓ decorrente da não observação das formalidades legais para alteração do contrato social conforme o artigo 1.151 do Código Civil;

✓ no caso de má-fé conforme o artigo 422 do Código Civil, a seguir:

"Art. 422. Os contratantes são obrigados a guardar, assim na conclusão do contrato, como em sua execução, os princípios de probidade e boa-fé".

- pela violação da administração coletiva perante os demais sócios conforme o artigo 1.014 do Código Civil, a seguir:

"Art. 1.014. Nos atos de competência conjunta de vários administradores, torna-se necessário o concurso de todos, salvo nos casos urgentes, em que a omissão ou retardo das providências possa ocasionar dano irreparável ou grave".

- quando agir com culpa ou dolo conforme o artigo 1.016 do Código Civil, a seguir:

"Art. 1.016. Os administradores respondem solidariamente perante a sociedade e os terceiros prejudicados, por culpa no desempenho de suas funções".

- pela incorreta distribuição de lucros em prejuízo ao capital conforme o artigo 1.009 do Código Civil, a seguir:

"Art. 1.009. A distribuição de lucros ilícitos ou fictícios acarreta responsabilidade solidária dos administradores que a realizarem e dos sócios que os receberem, conhecendo ou devendo conhecer-lhes a ilegitimidade".

- Um exemplo é, quando o sócio emite cheque em nome da sociedade sem provisão de fundos conforme o artigo 1.016 do Código Civil, a seguir:

"Art. 1.016. Os administradores respondem solidariamente perante a sociedade e os terceiros prejudicados, por culpa no desempenho de suas funções".

De acordo com o que preconiza artigo 50 do Código Civil, a desconsideração da personalidade jurídica ocorrerá nas relações civis **quando houver prova de confusão patrimonial ou desvio de finalidade**. Vejamos:

"Art. 50. Em caso de abuso da personalidade jurídica, caracterizado pelo desvio de finalidade, ou pela confusão patrimonial, pode o juiz decidir, a requerimento da parte, ou do Ministério Público

quando lhe couber intervir no processo, que os efeitos de certas determinadas relações de obrigações sejam estendidos aos bens particulares dos administradores ou sócios da pessoa jurídica".

Embora os dois requisitos sejam indispensáveis para a desconsideração da personalidade jurídica, muitos julgadores vêm entendendo que a insuficiência patrimonial é suficiente para que haja a desconsideração da personalidade jurídica numa relação envolvendo dois empresários, independentemente da existência de prova de desvio de finalidade ou confusão patrimonial.

Tal posicionamento foi "excluído" pelo Superior Tribunal de Justiça (REsp nº 876.974/SP - 3ª Turma - Relatora Ministra Nancy Andrighi - j. em 09.08.2007 - DJ 27.08.2007, p. 236), que veio a entender que a prova da insuficiência patrimonial é motivo para pedido de falência e não para desconsideração da personalidade jurídica.

A Lei nº 11.101/2005, que regula a recuperação judicial, a extrajudicial e a falência do empresário e da sociedade empresária, também dispõe sobre a responsabilidade em seu artigo 82.

7.4. Tabela - Resumo de Responsabilidades dos Sócios e Acionistas - Sociedades em geral

Tipo societário	Responsabilidade conforme o Código Civil	Fundamentação Legal
Sociedade Comum	→ Responsabilidade subsidiária, solidária e ilimitada. → Quanto ao sócio que contratou pela sociedade, não há subsidiariedade.	Lei nº 10.406/2002, artigos 989, 990 e 1.024
Sociedade em conta de participação	→ Responsabilidade ilimitada e pessoal do sócio ostensivo. → Sócio participante responde apenas perante o sócio ostensivo, de acordo com as regras do contrato social.	Lei nº 10.406/2002, artigo 991
Tipo societário	Responsabilidade conforme o Código Civil	Fundamentação Legal

Sociedade Simples Observação: as regras dessa sociedade aplicam-se de forma subsidiária aos demais tipos de sociedade, quando couber. Para as sociedades coligadas, não se aplica essa disposição	➔ Responsabilidade ilimitada, na proporção do capital ou solidária entre os sócios, se assim for estipulado no contrato social. ➔ O contrato social determinará, também, se a responsabilidade dos sócios será subsidiária. ➔ Manutenção da responsabilidade dos sócios pelas obrigações sociais, durante 2 anos de sua saída da sociedade. ➔ Distribuição de lucros ilícitos ou fictícios acarreta a responsabilidade dos administradores que a realizam, e dos sócios que a recebem.	Lei nº 10.406/2002, artigos 997, 1.003, 1.007, 1.009, 1.023
Sociedade em nome coletivo	➔ Responsabilidade solidária e ilimitada perante terceiros.	Lei nº 10.406/2002, artigo 1.039
Comandita simples	➔ Responsabilidade solidária e ilimitada para os comanditados. ➔ Limitada, ao valor das quotas, para os comanditários.	Lei nº 10.406/2002, artigo 1.045
Sociedade limitada	➔ Responsabilidade limitada ao valor das quotas. Todos os sócios respondem solidariamente até a integralização. ➔ Manutenção da responsabilidade dos sócios pelas obrigações sociais, durante 2 anos de sua saída da sociedade. ➔ Deliberações infringentes do contrato social ou da lei tornam ilimitada a responsabilidade dos que expressamente a aprovaram.	Lei nº 10.406/2002, artigos 1.003, 1.052 e 1.080
Sociedade anônima	➔ Responsabilidade limitada ao preço das ações que subscreverem ou adquirirem.	Lei nº 10.406/2002, artigo 1.088

Tipo societário	Responsabilidade conforme o Código Civil	Fundamentação Legal
Comandita por ações	→ Responsabilidade subsidiária e ilimitada do diretor. Se houver mais de um diretor, a responsabilidade é solidária.	Lei nº 10.406/2002, artigos 1.088 e 1.091
	→ Para os demais acionistas, a responsabilidade é limitada ao preço das ações que subscreverem ou adquirirem.	
	→ Manutenção da responsabilidade dos sócios pelas obrigações sociais, durante 2 anos de sua saída da sociedade.	
Cooperativa	→ Responsabilidade pode ser limitada ou ilimitada. O Código Civil restringe-se a conceituar as duas possibilidades, sem prescrever em quais casos se aplicam. O ato constitutivo deverá dispor sobre essa matéria.	Lei nº 10.406/2002, artigo 1.094

7.5. Parecer Normativo COSIT nº 4 de 2018 – Responsabilidade Tributária

O Parecer Normativo Cosia/RFB nº 4, de 2018, publicado no Diário Oficial da União em 12.12.2018, uniformiza a interpretação no âmbito da Receita Federal acerca da responsabilidade tributária tratada no inciso I do art. 124 do Código Tributário Nacional (CTN).

Por meio do referido Parecer Normativo, a responsabilidade tributária solidária a que se refere esse dispositivo legal decorre de interesse comum da pessoa responsabilizada na situação vinculada ao fato jurídico tributário, que pode ser tanto o ato lícito que gerou a obrigação tributária como o ilícito que a desfigurou.

Para tanto, deve-se comprovar que a pessoa a ser responsabilizada tenha vínculo com o ato e com a pessoa do contribuinte ou do responsável por substituição.

Ressalte-se que o mero interesse econômico, sem comprovação do vínculo com o fato jurídico tributário (incluídos os atos ilícitos a ele vinculados) não pode caracterizar a responsabilização solidária.

São ilícitos que podem ensejar a responsabilização a que se refere o inciso I do art. 124 do CTN:

1 – abuso da personalidade jurídica em que se desrespeita a autonomia patrimonial e operacional das pessoas jurídicas mediante direção única (**"grupo econômico irregular"**);

2 – evasão e simulação e demais atos deles decorrentes;

3 – abuso de personalidade jurídica pela sua utilização para operações realizadas com o intuito de acarretar a supressão ou a redução de tributos mediante manipulação artificial do fato gerador (planejamento tributário abusivo).

Restando comprovado o interesse comum em determinado fato jurídico tributário, incluído o ilícito, a não oposição ao Fisco da personalidade jurídica existente apenas formalmente pode se dar nas modalidades direta, inversa e expansiva.

Portanto, a referida norma é de extrema importância quando for realizado um planejamento tributário.

Assim, neste capítulo resumimos as questões da reponsabilidade para que os sócios e administradores das empresas tenham conhecimento sobre tal situação.

Capítulo 8

INTEGRALIZAÇÃO DO CAPITAL SOCIAL

Neste capítulo decidimos dispor sobre a integralização do capital social pelos sócios da Holding, que pode ocorrer em espécie e/ou bens e ou/direitos, como de qualquer outra pessoa jurídica que possua outro objeto social. Decidimos também fazer alguns apontamentos sobre o usufruto de cotas.

8.1. Sócios Pessoas Físicas

De acordo com o artigo 23 da Lei nº 9.249/1995, base legal do artigo 132 do RIR/99, temos a disposição de que as pessoas físicas poderão transferir a pessoas jurídicas, a título de integralização de capital, bens e direitos pelo valor constante da Declaração de Bens ou pelo valor de mercado, tendo em vista que:

- ✓ se a entrega for feita pelo valor constante da Declaração de Bens (DIRPF), a pessoa física deverá lançar nesta declaração as ações ou quotas subscritas pelo mesmo valor dos bens ou direitos transferidos, não se lhes aplicando as regras de distribuição disfarçada de lucros;
- ✓ se a transferência não se fizer pelo valor constante da Declaração de Bens, a diferença a maior será tributável como ganho de capital na pessoa física.

8.2. Sócios Pessoas Jurídicas

A transferência de bens do Ativo de uma pessoa jurídica para outra pessoa jurídica, a título de integralização de capital, poderá ser feita pelo valor contábil ou pelo valor de mercado dos bens, observando-se que, nessa segunda alternativa, o diferencial a maior entre o valor contábil e o valor de mercado dos bens constituirá resultado tributável na empresa que os transfere (Decreto-Lei nº 1.598, de 1977, art. 36; artigo 439 do RIR/99; Lei nº 9.959/2000, artigos 4º e 12).

O capital social da sociedade poderá ser formado com contribuições em dinheiro ou em qualquer espécie de bens suscetíveis de avaliação em dinheiro.

O valor de mercado a ser utilizado para transferir os bens deve ser determinado com base em laudo subscrito por 3 peritos ou por empresa especializada, com observância dos demais requisitos previstos na Lei nº 6.404/1976, artigo 8º.

Alertamos que a legislação de Imposto de Renda que cuida do assunto não foi revogada. Dessa forma, entendemos que as sociedades, com exceção das sociedades anônimas e sociedades de grande porte (Lei nº 11.638/2007, artigo 3º), poderão transferir os bens reavaliados, e os respectivos valores não serão computados na determinação do lucro real da pessoa jurídica que os transfere, enquanto mantida em conta de reserva de reavaliação.

O valor da reserva de reavaliação constituída na forma supramencionada deverá ser computado na determinação do lucro real:

→ na alienação ou liquidação da participação societária;

→ quando a reserva for utilizada para aumento do capital social, pela importância capitalizada;

Desde 1º.01.2000, a contrapartida da reavaliação de quaisquer bens da pessoa jurídica somente pode ser computada em conta de resultado ou na determinação do lucro real e da base de cálculo da Contribuição Social sobre o Lucro (CSL) quando ocorrer a efetiva realização do bem reavaliado, mediante depreciação, amortização ou exaustão, alienação ou baixa a qualquer título.

→ em cada período de apuração, em montante igual à parte dos lucros, dividendos, juros ou participações recebidos pela pessoa jurídica, que corresponder à participação adquirida com o aumento do valor dos bens do Ativo; ou

→ proporcionalmente ao valor realizado, no período de apuração em que a pessoa jurídica que houver recebido os bens reavaliados realizar o valor dos bens (mediante depreciação, amortização ou exaustão, alienação sob qualquer forma ou baixa por perecimento) ou com eles integralizar capital de outra pessoa jurídica.

8.3. Ato Declaratório Interpretativo RFB nº 7 de 2016 – Integralização de Capital de Pessoa Jurídica no Brasil com Cessão de Direito por Residente no Exterior – IRRF e CIDE

Com a publicação do ADI RFB nº 7 de 2016, foi esclarecido que a integralização de capital de pessoa jurídica no Brasil com cessão de direito por residente no exterior sujeita-se à incidência do Imposto sobre a Renda Retido na Fonte (IRRF) à alíquota de 15% (quinze por cento) sobre o valor do direito, conforme previsto no art. 72 da Lei nº 9.430, de 27 de dezembro de 1996.

Na hipótese de o direito cedido consistir em aquisição de conhecimentos tecnológicos ou implicar transferência de tecnologia, a integralização de que trata o *caput* sujeita-se também à incidência da Contribuição de Intervenção no Domínio Econômico (CIDE) à alíquota de 10% (dez por cento) sobre o valor do direito, nos termos do art. 2º da Lei nº 10.168, de 29 de dezembro de 2000.

Ficam modificadas as conclusões em contrário constantes em Soluções de Consulta ou em Soluções de Divergência emitidas antes da publicação deste Ato Declaratório Interpretativo, independentemente de comunicação aos consulentes.

8.4. Devolução de Capital em Bens e Direitos – Redução do Capital Social Excessivo

Com a publicação da Solução de Consulta COSIT º 99010 de 2018 tivemos o esclarecimento de que na hipótese de redução do capital social excessivo, mediante devolução, aos acionistas, de ações ordinárias nominativas registradas no ativo circulante, estas podem ser avaliadas pelo seu valor contábil, hipótese em que não haverá ganho de capital.

No entanto, o valor contábil não se confunde com o custo de aquisição e inclui o ganho decorrente de avaliação a valor justo controlado por meio de subconta vinculada ao ativo, e, quando da realização deste, qual seja, transferência dos bens aos sócios, o valor justo referente ao aumento do valor do ativo, anteriormente excluído da determinação do lucro real e do resultado ajustado, deverá ser adicionado à apuração das bases de cálculo do IRPJ e da CSLL.

Dessa forma, verificamos o tratamento para a integralização de capital da Holding por seus sócios.

Capítulo 9

A HOLDING: PLANEJAMENTOS E OUTRAS DISPOSIÇÕES

O objetivo da elaboração deste Capítulo é apresentar dicas que ajudem na escolha da criação de uma Holding.

Portanto, com essa finalidade, vamos tratar das principais vantagens e desvantagens, bem como informações objetivas na forma de perguntas e respostas elaboradas com base nas abordagens que fizemos nos Capítulos específicos.

9.1. Vantagens e Desvantagens na Constituição de Holding

Para U. W. Rasmussen (*Holdings e Joint Ventures*, Edições Aduaneiras, 1988, p. 70), as **vantagens** da formação de sociedade Holding são:

1) consolidação do poder econômico de todos os componentes do grupo numa entidade representativa, tanto financeira como administrativamente;

2) maior integração dos processos produtivos, tanto no aspecto retrointegrativo como pró-integrativo;

3) racionalização dos custos operacionais pela estrutura da Holding nos aspectos mais sofisticados da gestão:
   - o planejamento estratégico;
   - a manipulação financeira;
   - a atuação mercadológica; e
   - a seleção dos recursos humanos;

4) extensiva simplificação da estrutura administrativa e operacional dos componentes das controladas e afiliadas nos campos de produção, administração e comercialização exclusivamente;

5) facilidade e dinamismo na manipulação de recursos entre os componentes do grupo e da Holding;

Capítulo 9 – A Holding: Planejamentos e Outras Disposições

6) centralização do processo decisório, baseado em uma estrutura de gestão profissional e de alto nível na Holding;
7) elaboração e implantação de técnicas de planejamento estratégico nos componentes do grupo na mesma Holding;
8) centralização e execução dos planos táticos e operacionais nos componentes do grupo;
9) análise centralizada de projetos de expansão, horizontalização, verticalização, pró-integração, transnacionalização e, eventualmente, a venda de componentes que mostram baixa performance econômica;
10) centralização do processo de compras de equipamentos pesados, instalações e contratação de projetos de construção civil nos componentes do grupo;
11) seleção e qualificação dos recursos humanos para o grupo;
12) centralização de processamento de dados e consolidação dos processos contábeis do grupo na Holding;
13) maior poder de barganha na negociação e obtenção de recursos financeiros e melhor controle de aplicação de recursos líquidos a curto, médio e longo prazos;
14) (*);
15) padronização de processos de Organização & Métodos e sistemas de controles internos em todos os componentes do grupo;
16) centralização das atividades de *marketing*, pesquisas de mercado, publicidade e propaganda, para apoiar as atividades de comercialização dos componentes do grupo;
17) maior resultado de atividades de *lobby* com os Governos em caso de necessidade de apoio político para certos projetos do grupo;
18) manipulação e administração centralizada de assuntos de acionistas do grupo em caso de dissidência ou conflito entre os interesses dos acionistas.

(*) Sobre o número 14, esse autor aponta como vantagem da Holding a declaração consolidada do Imposto de Renda, o que, se fosse permitido, propiciaria o benefício da compensação de prejuízos de algumas sociedades componentes do grupo com lucros de outras. Todavia, as firmas ou sociedades coligadas, bem como as controladoras e controladas, devem apresentar declaração separadamente quanto aos resultados de suas atividades. Desse modo, não há possibilidade de se viabilizar a mencionada compensação de prejuízos entre as sociedades controladas nem entre essas e a Holding, visto que são tributadas separadamente, com base nos resultados próprios de cada uma.

Fábio Konder Comparato (*Poder de Controle na Sociedade Anônima*, RT, 1977, p. 121) afirma que as vantagens empresariais da sociedade Holding costumam ser sintetizadas conforme a seguir:

a) controle centralizado, com administração descentralizada;
b) gestão financeira unificada do grupo;
c) controle sobre um grupo societário com o mínimo investimento necessário.

Salvador Ceglia Neto aponta, ainda, como uma das grandes vantagens da Holding, o poder de facilitar e operacionalizar uma futura sucessão hereditária (*As vantagens de se criar uma empresa* Holding, Edven Edições, p. 10).

Como **desvantagens** da formação de uma Holding, U. W. Rasmussen (obra citada no subitem anterior) aponta:

1) eventuais conflitos com acionistas ou quotistas minoritários do grupo econômico que se oponham à consolidação de poderes na Holding e a sua participação minoritária no bolo da Holding;

2) a centralização excessiva de poderes na Holding, especialmente na imposição do planejamento estratégico e no setor financeiro que pode incomodar os acionistas minoritários nas empresas afiliadas;

3) a inconveniência da publicação de balanços, ou seja, a disposição do *disclosure* em caso de a Holding ser incorporada ao modelo legal de uma sociedade anônima;

4) certas preocupações com a Lei nº 6.404/1976 a respeito da distribuição obrigatória de dividendos (caso das S.A.);

5) preocupação com a diferenciação de performance econômica dos diferentes componentes do grupo, tendo a Holding

de, eventualmente, sustentar algumas coligadas com o lucro de outras.

João Bosco Lodi e Edna Pires Lodi (*Holding*, Livraria Pioneira Editora, 2ª ed., p. 117) observam que se percebe uma cautelosa resistência dos empresários para a constituição de grupos, motivada não só por algumas das desvantagens já citadas, como também pela possibilidade de oneração do patrimônio de todo o grupo, em razão do mau desempenho de algumas afiliadas, que afetaria o conceito de solidariedade.

Portanto, para a constituição de qualquer dos tipos e finalidades existentes de Holding, é necessário analisar os aspectos jurídicos, societários, contábeis e tributários, para saber se é o melhor caminho a seguir.

9.2. Formação da Holding Imobiliária

Para a formação de uma Holding imobiliária, é preciso atenção redobrada no sentido de que seja avaliada qual a verdadeira finalidade do imóvel, tendo em vista os efeitos tributários diversos conforme o imóvel seja mantido na titularidade da pessoa física ou conferido ao capital social de uma pessoa jurídica. Qual a finalidade desse imóvel: uso pessoal, empresarial, locação, alienação etc.

Assim, é crucial que sejam observados:
- a segregação patrimonial: riscos da atividade;
- a não formação de condomínio: planejamento sucessório;
- os efeitos tributários: planejamento tributário;
- a inconveniência em integralizar o capital social da Holding patrimonial com bem de família (Lei nº 8.009/1990 – Dispõe sobre a impenhorabilidade do bem de família);
- os aspectos tributários na alienação de bens imóveis que foram integralizados no capital social da Holding.

9.3. Perguntas e Respostas

1) O que é Holding?

Resposta: A expressão Holding advém do verbo inglês *to hold* que significa "controlar", "manter" ou "guardar".

De forma mais direta, a Holding pode ser definida como uma empresa de participação societária, quer por meio de ações (Sociedade

Anônima), quer por meio de quotas (Sociedade Limitada), no capital de outra(s) sociedade(s).

2) Quais os tipos de Holding?

Resposta: De forma geral, as empresas Holding são classificadas como:

a) *puras:* no caso de constar de seu objetivo social somente a participação no capital de outras sociedades; e

b) *mistas:* no caso de exercer, além da participação, a exploração de alguma atividade empresarial.

A doutrina aponta, ainda, outras classificações para as empresas Holdings, tais como Holding administrativa, Holding de controle, Holding de participação, Holding familiar etc.

Entre esses tipos, é muito conhecida a Holding familiar, que apresenta grande utilidade na concentração patrimonial e facilita a sucessão hereditária e a administração dos bens, garantindo a continuidade sucessória.

3) Quais as principais características de uma Empresa Familiar?

Resposta: São as principais características na primeira geração, com o fundador vivo:

- Dificuldades na separação entre o que é intuitivo/emocional e racional, tendendo mais para o primeiro;

- Comando único e centralizado, permitindo reações rápidas em situações de emergência;

- A postura de autoritarismo e austeridade do fundador, seja na forma de vestir, seja na administração dos gastos, se alterna com atitudes de paternalismo, que acabam sendo usadas como forma de manipulação. Estrutura administrativa e operacional "enxuta";

- Exigência de dedicação exclusiva dos familiares, priorizando os interesses da empresa;

- Forte valorização da confiança mútua, independentemente de vínculos familiares, isto é, a formação de laços entre empregados antigos e os proprietários exerce papel importante no desempenho da empresa.

Laços afetivos extremamente fortes, influenciando os comportamentos, relacionamentos e decisões da empresa;

- Valorização da antiguidade como um atributo que supera a exigência de eficácia ou competência;
- Expectativa de alta fidelidade dos empregados, manifestada mediante comportamentos como não ter outras atividades profissionais, que não estejam relacionadas com a vida da empresa. Isto pode gerar um comportamento de submissão, sufocando a criatividade;
- Jogos de poder, onde muitas vezes vale mais a habilidade política do que a característica ou competência administrativa.

4) Como fica o nepotismo e a Holding familiar?

Resposta: Nepotismo é favorecimento, proteção.

Com base na definição, o nepotismo pode ser terrível caso signifique colocar pessoas inadequadas para ocupar cargos de administração/ tomada de decisões. Podendo até ensejar na recuperação judicial, desconsideração da personalidade jurídica e na falência.

5) A Holding se sujeita à falência?

Resposta: Sim, desde que esteja constituída como Sociedade Empresária e com observância das regras estabelecidas pela Lei nº 11.101/2005.

Lembramos que a Holding pode ser registrada na Junta Comercial (Sociedade Empresária) ou no Registro Civil das Pessoas Jurídicas (Sociedade Simples).

A escolha da natureza jurídica como Sociedade Empresária ou Sociedade Simples também é uma forma de planejamento societário que reflete no aspecto tributário e jurídico.

6) Qual o objeto social de uma sociedade de participações (Holding)?

Resposta: Como a Holding não é um tipo societário, mas uma pessoa jurídica constituída com o objetivo de participar de outras sociedades, de forma sucinta o objeto pode ser definido como "a participação no capital ou lucros de outras sociedades nacionais ou estrangeiras, como controladora ou minoritária".

7) A Holding Pura ou Mista deve apresentar a Escrituração Contábil Fiscal (ECF)?

Resposta: Sim. As pessoas jurídicas em geral, em relação ao exercício de 2015, referente ao ano-calendário de 2014, ficarão obrigadas ao preenchimento e apresentação anualmente, no ambiente do Sistema Público de Escrituração Digital (Sped), da Escrituração Contábil Fiscal (ECF), que substituirá a DIPJ.

8) O que é ganho por compra vantajosa e quando deve ser reconhecido este ganho?

Resposta: O ganho por compra vantajosa ocorre quando o investidor paga menos por um investimento que vale mais. Ganho este que é obtido pela diferença entre o valor de aquisição e o valor justo dos ativos líquidos; se negativo, constitui um ganho.

No caso de ganho por compra vantajosa, a Holding deverá reconhecer este ganho no resultado do período em que ocorreu a aquisição do investimento.

Itens 32 e 34 do CPC 15 (...)

Item 34. Ocasionalmente, um adquirente pode realizar uma compra vantajosa, assim entendida como sendo uma combinação de negócios cujo valor determinado pelo item 32(b) é maior que a soma dos valores especificados no item 32(a). Caso esse excesso de valor permaneça após a aplicação das exigências contidas no item 36, o adquirente deve reconhecer o ganho resultante, na demonstração de resultado do exercício, na data da aquisição. O ganho deve ser atribuído ao **adquirente**.

(...)

Item 32. O adquirente deve reconhecer o ágio **por** expectativa de rentabilidade futura (*goodwill*), na data da aquisição, mensurado pelo montante que (a) exceder (b) abaixo:

(a) a soma:

(i) da contraprestação transferida em troca do controle da adquirida, mensurada de acordo com este Pronunciamento, para a qual geralmente se exige o valor justo na data da aquisição (ver item 37);

(ii) do montante de quaisquer participações de não controladores na adquirida, mensuradas de acordo com este Pronunciamento; e

(iii) no caso de combinação de negócios realizada em estágios (ver itens 41 e 42), o valor justo, na data da aquisição, da participação do adquirente na adquirida imediatamente antes da combinação;

(b) o valor líquido, na data da aquisição, dos ativos identificáveis adquiridos e dos passivos assumidos, mensurados de acordo com este Pronunciamento.

Para o cálculo do ganho por compra vantajosa, deverá seguir a seguinte fórmula:

+ Valor de Aquisição

(-) Valor justo dos ativos líquidos

= Compra Vantajosa (se negativo)

9) De forma resumida, quais os procedimentos contábeis para Holding avaliar investimentos do exterior?

Resposta: De forma resumida, a Holding deverá seguir as seguintes etapas:

1. elaborar as **demonstrações contábeis da investida na moeda funcional da mesma, porém, com base nas normas e procedimentos** contábeis adotados pela Holding (investidora);

2. **efetuar a conversão das demonstrações contábeis elaboradas** conforme o item acima, para a moeda funcional da investidora (no caso do Brasil para Real);

3. **reconhecer o resultado da investida por equivalência patrimonial** com base na **Demonstração do Resultado (DRE)** levantada conforme a conversão das demonstrações contábeis;

4. reconhecer os **ganhos ou perdas cambiais no investimento em uma conta específica no Patrimônio Líquido** (ajuste acumulado de conversão).

10) Como deve ser feita conversão das contas de resultado da investida no exterior?

Resposta: Para a conversão das contas de resultado da investida, a Holding deverá utilizar como parâmetro a taxa em vigor na data da operação ou quando possível a taxa média que poderá ser mensal, trimestral, semestral, anual etc.

Exemplo:

Conta de Receita

	Receita em dólar $	Mês	Cotação	Média no trimestre
Receita bruta	$ 20.000,00	Outubro	1,50	1.60
Receita bruta	$ 30.000,00	Novembro	1,70	
Receita bruta	$ 40.000,00	Dezembro	1,60	
Total	$ 90.000,00			

Conversão da receita no trimestre $ 90.000,00 x R$ 1,60 (média no trimestre) = R$ 144.000,00

11) Como definir o objeto social da Holding?

Resposta: Para a criação de uma Holding, é necessário seguir os preceitos estabelecidos pelo Código Civil (Lei nº 10.406/2002) – Direito de Empresa, pela Lei nº 6.404/1976 e pelo órgão de registro dos atos constitutivos (Departamento de Registro Empresarial e Integração – DREI ou Cartório).

A sociedade deve adotar um objeto social, como toda e qualquer sociedade e, para isso, precisa definir qual CNAE (Classificação Nacional de Atividades Econômicas) se classificará. A CNAE é o instrumento de padronização nacional dos códigos de atividade econômicae dos critérios de enquadramento utilizados pelos diversos órgãos da Administração Tributária do país, em especial a Secretaria da Receita Federal do Brasil (RFB).

Contudo, é necessário atentar-se para o diferencial desta sociedade, ou seja, o objeto social.

Assim, pode ser objeto social:

Holding Pura: participação no capital ou dos lucros de outras sociedades nacionais ou estrangeiras, na condição de acionista, sócia ou quotista em caráter permanente ou temporário, como controladora ou minoritária;

Holding Mista: administração de patrimônio próprio, bem comoa sua locação; e a participação no capital ou dos lucros de outras sociedades nacionais ou estrangeiras, na condição de acionista, sócia ou quotista em caráter permanente ou temporário, como controladora ou minoritária.

Portanto, o objeto social deve ser claro e objetivo, para que possamos caracterizar a sociedade como Holding.

12) Quais as dificuldades na fase de transição para a 2ª geração na empresa familiar?

Resposta: Falta de comando central capaz de gerar uma reação rápida para enfrentar os desafios do mercado.

Falta de planejamento para médio e longo prazos. Falta de preparação/formação profissional para os herdeiros.

Conflitos que surgem entre os interesses da família e os da empresa como um todo.

Falta de compromisso em todos os setores da empresa, sobretudo com respeito a lucros e desempenho.

Descapitalização da empresa pelos herdeiros em desfrute próprio. Situações em que prevalece o emprego de parentes, sem ser este

orientado ou acompanhado por critérios objetivos de avaliação do desempenho profissional.

Falta de participação efetiva dos sócios que legalmente constituem a empresa nas suas atividades do dia a dia. Frequentemente, há uso de controles contábeis irreais – com o objetivo de burlar o fisco – o que impede o conhecimento da real situação da empresa e sua comparação com os indicadores de desempenho do mercado.

13) Quais são os principais pontos fortes na criação de empresa familiar?

Resposta: Disponibilidade de recursos financeiros e administrativos para autofinanciamento obtido de poupança compulsória feita pela família.

Importantes relações comunitárias e comerciais decorrentes de um nome respeitado.

Organização interna leal e dedicada.

Grupo interessado e unido em torno do fundador.

Sensibilidade em relação ao bem-estar dos empregados e da comunidade onde atua.

Continuidade e integridade de diretrizes administrativas e de focos de atenção da empresa.

9.4. Outras Disposições

Neste tópico relacionamos alguns pontos para que tenhamos uma visão geral da Holding.

Assim, vale a pena termos atenção ao que segue:
- ✓ Se sujeita às mesmas regras de criação das demais sociedades;
- ✓ A tributação deve seguir qualquer regime existente no Brasil, exceto o regime simplificado do Simples Nacional;
- ✓ O tratamento contábil segue as mesmas regras para qualquer empresa, observando que ela deve tratar avaliar o investimento pelo custo de aquisição ou pelo método de equivalência patrimonial;
- ✓ A Holding, como regra geral, possui investimentos permanentes. Mas, nada impede que tenha investimentos temporários também.
- ✓ Sobre os investimentos temporários, observe:
  - A Lei nº 10.833/2003, artigo 10, inciso XXX, que dispondo que as receitas decorrentes da alienação de participações societárias se sujeitam ao regime cumulativo, isso quando a empresa segue o regime não cumulativo por ser lucro real;
  - A Solução de Consulta DISIT/SRRF06 nº 6068/2017, que dispõe sobre o tratamento do PIS/Pasep e da Cofins sobre investimentos temporários e permanentes;
  - A Solução de Consulta COSIT nº 347/2017, que dispõe sobre a receita obtida na alienação de participação societária de caráter não permanente e permanente por empresas do Lucro Presumido (IRPJ, CSLL, Cofins e PIS/Pasep).
- ✓ Para fins de planejamento tributário, atente-se:
  - Forma de tributação, observando o objeto social e o regime tributário mais interessante;
  - Pagamento e recebimento de Juros Sobre o Capital Próprio pode ser uma economia interessante para a Holding que tributa com base no lucro real, em decorrência do recebimento

(receita financeira) e do pagamento/crédito (despesa financeira);
- Integralização de capital com bens e direitos;
- Participação em empresas no Brasil e no exterior – Verificar o que é melhor;
- ITBI (Art. 156, II, CF/88) – Verifique se haverá a incidência quando houver a integralização de capital com bens e direitos;
- Imposto de Renda – Integralização com bens e direitos – Sem tributação quando ocorrer pelo valor constante da declaração de imposto de renda;
- Recebimento de aluguel por Holdings pode ser melhor do que por pessoa física, observando o aspecto tributário – Economia;
- Escolha do melhor tipo societário que pode reduzir obrigações societárias, como por exemplo, uma sociedade empresária limitada em vez de Sociedade por Ações;
- A Holding pode participar de forma direta ou indireta do capital de outras sociedades.
- ✓ Atenção para a prestação de informações ao COAF – Conselho de Controle de Atividade Financeira conforme a Lei nº 9.613/1998;
- ✓ Uma Holding pode participar do capital da Sociedade em Conta de Participação. Não existe vedação!;
- ✓ Acompanhamento de decisões administrativas e judiciais;
- ✓ Ter profissionais habilitados que conhecem o assunto.

9.5. Lei Geral de Proteção de Dados Pessoais

A Lei Geral de Proteção de Dados Pessoais (LGPD), instituída pela Lei nº 13.709 de 2018, dispõe sobre o tratamento de dados pessoais, inclusive nos meios digitais, por pessoa natural ou por pessoa jurídica de direito público ou privado, com o objetivo de proteger os direitos fundamentais de liberdade e de privacidade e o livre desenvolvimento da personalidade da pessoa natural.

É uma importante lei que já está em vigor e deve ser observada por todas as empresas que trabalham com dados de terceiros.

A seguir um resumo disponibilizado pelo Serpro – Serviço Federal de Processamento de Dados, em seu site, juntamente com um Glossário:

Essa lei cria um cenário de segurança jurídica, com a padronização de normas e práticas, para promover a proteção, de forma igualitária e dentro do país e no mundo, aos dados pessoais de todo cidadão que esteja no Brasil.

E, para que não haja confusão, a lei traz logo de cara o que são dados pessoais, define que há alguns desses dados sujeitos a cuidados ainda mais específicos, como os sensíveis e os sobre crianças e adolescentes, e que dados tratados tanto nos meios físicos como nos digitais estão sujeitos à regulação.

A LGPD estabelece ainda que não importa se a sede de uma organização ou o centro de dados dela estão localizados no Brasil ou no exterior: se há o processamento de conteúdo de pessoas, brasileiras ou não, que estão no território nacional, a LGPD deve ser cumprida. Determina também que é permitido compartilhar dados com organismos internacionais e com outros países, desde que isso ocorra a partir de protocolos seguros e/ou para cumprir exigências legais.

Consentimento Outro elemento essencial da LGPD é o consentir. Ou seja, o consentimento do cidadão é a base para que dados pessoais possam ser tratados. Mas há algumas exceções a isso.

É possível tratar dados sem consentimento se isso for indispensável para: cumprir uma obrigação legal; executar política pública prevista em lei; realizar estudos via órgão de pesquisa; executar contratos; defender direitos em processo; preservar a vida e a integridade física de uma pessoa; tutelar ações feitas por profissionais das áreas da saúde ou sanitária; prevenir fraudes contra o titular; proteger o crédito; ou atender a um interesse legítimo, que não fira direitos fundamentais do cidadão.

Automatização com autorização

Por falar em direitos, é essencial saber que a lei traz várias garantias ao cidadão, que pode solicitar que dados sejam deletados, revogar um consentimento, transferir dados para outro fornecedor de serviços, entre outras ações.

E o tratamento dos dados deve ser feito levando em conta alguns quesitos, como finalidade e necessidade, que devem ser previamente acertados e informados ao cidadão. Por exemplo, se a finalidade de um tratamento, feito exclusivamente de modo automatizado, for construir um perfil (pessoal, profissional, de consumo, de crédito), o indivíduo deve ser informado que pode intervir, pedindo revisão desse procedimento feito por máquinas.

ANPD e agentes de tratamento

E tem mais. Para a lei a "pegar", o país contará com a Autoridade Nacional de Proteção de Dados Pessoais, a ANPD.

A instituição vai fiscalizar e, se a LGPD for descumprida, penalizar. Além disso, a ANPD terá, é claro, as tarefas de regular e de orientar, preventivamente, sobre como aplicar a lei. Cidadãos e organizações poderão colaborar com a autoridade.

Mas não basta a ANPD – que está em formação – e é por isso que a Lei Geral de Proteção de Dados Pessoais também estipula os agentes de tratamento de dados e suas funções, nas organizações: tem o controlador, que toma as decisões sobre o tratamento; o operador, que realiza o tratamento, em nome do controlador; e o encarregado, que interage com cidadãos e autoridade nacional (e poderá ou não ser exigido, a depender do tipo ou porte da organização e do volume de dados tratados).

Gestão em foco

Há outro item que não poderia ficar de fora: a administração de riscos e falhas. Isso quer dizer que quem gere base de dados pessoais terá que redigir normas de governança; adotar medidas preventivas de segurança; replicar boas práticas e certificações existentes no mercado.

Terá ainda que elaborar planos de contingência; fazer auditorias; resolver incidentes com agilidade.

Se ocorrer, por exemplo, um vazamento de dados, a ANPD e os indivíduos afetados devem ser imediatamente avisados. Vale lembrar que todos os agentes de tratamento sujeitam-se à lei.

Isso significa que as organizações e as subcontratadas para tratar dados respondem em conjunto pelos danos causados. E as falhas de segurança podem gerar multas de até 2% do faturamento anual da organização no Brasil – e no limite de R$ 50 milhões por infração.

A autoridade nacional fixará níveis de penalidade segundo a gravidade da falha. E enviará, é claro, alertas e orientações antes de aplicar sanções às organizações.

GLOSSÁRIO LGPD
✓ Agentes de tratamento: o controlador e o operador
✓ Anonimização: utilização de meios técnicos razoáveis e disponíveis no momento do tratamento, por meio dos quais um dado perde a possibilidade de associação, direta ou indireta, a um indivíduo
✓ Autoridade nacional: órgão da administração pública responsável por zelar, implementar e fiscalizar o cumprimento desta Lei em todo o território nacional
✓ Banco de dados: conjunto estruturado de dados pessoais, estabelecido em um ou em vários locais, em suporte eletrônico ou físico
✓ Bloqueio: suspensão temporária de qualquer operação de tratamento, mediante guarda do dado pessoal ou do banco de dados
✓ Consentimento: manifestação livre, informada e inequívoca pela qual o titular concorda com o tratamento de seus dados pessoais para uma finalidade determinada
✓ Controlador: pessoa natural ou jurídica, de direito público ou privado, a quem competem as decisões referentes ao tratamento de dados pessoais
✓ Dado anonimizado: dado relativo a titular que não possa ser identificado, considerando a utilização de meios técnicos razoáveis e disponíveis na ocasião de seu tratamento
✓ Dado pessoal: informação relacionada à pessoa natural identificada ou identificável
✓ Dado pessoal de criança e de adolescente: o Estatuto da Criança e do Adolescente (ECA) considera criança a pessoa até 12 anos de idade incompletos e adolescente aquela entre 12 e 18 anos de idade. Em especial, a LGPD determina que as informações sobre o tratamento de dados pessoais de crianças e de adolescentes deverão ser fornecidas de maneira simples, clara e acessível de forma a proporcionar a informação necessária aos pais ou ao responsável legal e adequada ao entendimento da criança
✓ Dado pessoal sensível: dado pessoal sobre origem racial ou étnica, convicção religiosa, opinião política, filiação a sindicato ou à organização de caráter religioso, filosófico ou político, dado referente à saúde ou à vida sexual, dado genético ou biométrico, quando vinculado a uma pessoa natural

✓ Eliminação: exclusão de dado ou de conjunto de dados armazenados em banco de dados, independentemente do procedimento empregado

✓ Encarregado: pessoa indicada pelo controlador e operador para atuar como canal de comunicação entre o controlador, os titulares dos dados e a Autoridade Nacional de Proteção de Dados (ANPD)

✓ Garantia da segurança da informação: capacidade de sistemas e organizações assegurarem a disponibilidade, a integridade, a confidencialidade e a autenticidade da informação. A Política Nacional de Segurança da Informação (PNSI) dispõe sobre a governança da segurança da informação aos órgãos e às entidades da administração pública federal em seu âmbito de atuação

✓ Garantia da segurança de dados: ver garantia da segurança da informação

✓ Interoperabilidade: capacidade de sistemas e organizações operarem entre si. A autoridade nacional poderá dispor sobre padrões de interoperabilidade para fins de portabilidade, além dos padrões de interoperabilidade de governo eletrônico (ePING)

✓ Operador: pessoa natural ou jurídica, de direito público ou privado, que realiza o tratamento de dados pessoais em nome do controlador

✓ Órgão de pesquisa: órgão ou entidade da administração pública direta ou indireta ou pessoa jurídica de direito privado sem fins lucrativos legalmente constituída sob as leis brasileiras, com sede e foro no País, que inclua em sua missão institucional ou em seu objetivo social ou estatutário a pesquisa básica ou aplicada de caráter histórico, científico, tecnológico ou estatístico

✓ Relatório de impacto à proteção de dados pessoais: documentação do controlador que contém a descrição dos processos de tratamento de dados pessoais que podem gerar riscos às liberdades civis e aos direitos fundamentais, bem como medidas, salvaguardas e mecanismos de mitigação de risco

✓ Titular: pessoa natural a quem se referem os dados pessoais que são objeto de tratamento

✓ Transferência internacional de dados: transferência de dados pessoais para país estrangeiro ou organismo internacional do qual o país seja membro

✓ Tratamento: toda operação realizada com dados pessoais; como as que se referem a:

- acesso – possibilidade de comunicar-se com um dispositivo, meio de armazenamento, unidade de rede, memória, registro, arquivo etc., visando receber, fornecer, ou eliminar dados
- armazenamento – ação ou resultado de manter ou conservar em repositório um dado
- arquivamento – ato ou efeito de manter registrado um dado embora já tenha perdido a validade ou esgotada a sua vigência
- avaliação – ato ou efeito de calcular valor sobre um ou mais dados
- classificação – maneira de ordenar os dados conforme algum critério estabelecido
- coleta – recolhimento de dados com finalidade específica
- comunicação – transmitir informações pertinentes a políticas de ação sobre os dados
- controle – ação ou poder de regular, determinar ou monitorar as ações sobre o dado
- difusão – ato ou efeito de divulgação, propagação, multiplicação dos dados
- distribuição – ato ou efeito de dispor de dados de acordo com algum critério estabelecido
- eliminação – ato ou efeito de excluir ou destruir dado do repositório
- extração – ato de copiar ou retirar dados do repositório em que se encontrava
- modificação – ato ou efeito de alteração do dado
- processamento – ato ou efeito de processar dados
- produção – criação de bens e de serviços a partir do tratamento de dados
- recepção – ato de receber os dados ao final da transmissão
- reprodução – cópia de dado preexistente obtido por meio de qualquer processo
- transferência – mudança de dados de uma área de armazenamento para outra, ou para terceiro
- transmissão – movimentação de dados entre dois pontos por meio de dispositivos elétricos, eletrônicos, telegráficos, telefônicos, radioelétricos, pneumáticos etc.
- utilização – ato ou efeito do aproveitamento dos dados

> ✓ Uso compartilhado de dados: comunicação, difusão, transferência internacional, interconexão de dados pessoais ou tratamento compartilhado de bancos de dados pessoais por órgãos e entidades públicas no cumprimento de suas competências legais, ou entre esses e entes privados, reciprocamente, com autorização específica, para uma ou mais modalidades de tratamento permitidas por esses entes públicos, ou entre entes privados

Dessa forma, concluímos este livro sabendo que o assunto Holding é inesgotável, pois a cada dia surgem novas possibilidades e dados que se fazem importantes para a criação dessa empresa.

BIBLIOGRAFIA

COELHO, Fábio Ulhoa. *Manual de Direito Comercial*: direito de empresa. 23. ed. São Paulo: Saraiva, 2011.

HOOG, Wilson Alberto Zappa. *Lei das Sociedades Anônimas*. 3. ed. Curitiba: Juruá, 2010.

Site Centro de Estudos e Distribuição de Títulos e Documentos (CDT): <http://www.cdtsp.com.br/>.

Site da Secretaria da Receita Federal do Brasil: <http://www.receita.fazenda.gov.br>.

*Site*Departamento de Registro Empresarial e Integração(DREI): <http://www.mdic.gov.br/index.php/micro-e-pequenas-empresa/drei>.

Site do Planalto: <http://www2.planalto.gov.br/>.

Site Portal do Empreendedor: <http://www.portaldoempreendedor.gov.br/>.

Site Concla:<http://www.cnae.ibge.gov.br/>.

Site Manual de Perguntas e Respostas Sobre Empresas Familiares: <http://www.crasp.gov.br/crasp/conteudo/livro.pdf>.

Site Serpro: < https://serpro.gov.br/>.

TZIRULNIK, Luiz. *Empresas & Empresários*: no novo Código Civil. 2. ed. rev., ampl. e atual. de acordo com a Lei nº 11.101/2005 (nova Lei de Falências). São Paulo: Editora Revista dos Tribunais, 2005.

PÊGAS, Paulo Henrique. *Manual de Contabilidade Tributária*. 8. ed. Rio de Janeiro: Freitas Bastos, 2014.

NEVES, Silvério das. *Curso Prático de Imposto de Renda Pessoa Jurídica e Tributos Conexos (CSLL, PIS e COFINS)*. 14. ed. São Paulo: Frase Editora, 2009.

IUDÍCIBUS, Sérgio de; MARTINS, Eliseu; GELBCKE, Ernesto Rubens; SANTOS, Ariovaldo dos. *Manual de Contabilidade Societária*.

1. ed. São Paulo: Atlas, 2010.

QUEIROZ, Mary Elbe. II. Benício Júnior, Benedicto Celso. *Responsabilidade de Sócios e Administradores nas Autuações Fiscais*. 1. ed. São Paulo: Foco Fiscal, 2014.

QUEIROZ, Mary Elbe. *Tributação Em Foco*. 1. ed. Recife: IPET, 2013.

Lei nº 12.973/2014 Decreto-Lei nº 1.598/1977

Instrução Normativa RFB nº 1700/2017